Handbuch des
Betriebsbeauftragten

Christian Ehrich

Handbuch des Betriebsbeauftragten

Eine Gesamtdarstellung für die Praxis

1995
Schäffer-Poeschel Verlag Stuttgart

Dr. jur. Christian Ehrich ist Richter am Arbeitsgericht Köln und Autor zahlreicher Fachartikel zu arbeitsrechtlichen Fragestellungen.

Die Deutsche Bibliothek – CIP-Einheitsaufnahme

Ehrich, Christian:
Handbuch des Betriebsbeauftragten :
eine Gesamtdarstellung für die Praxis / Christian Ehrich.
- Stuttgart : Schäffer-Poeschel, 1995
  ISBN 3–7910–0996–6

Gedruckt auf chlorfrei gebleichtem Papier

© 1995 Schäffer-Poeschel Verlag für Wirtschaft · Steuern · Recht GmbH
Einbandgestaltung: Willy Löffelhardt
Satz: DTP + TEXT Eva Burri, Stuttgart
Druck: Franz Spiegel Buch GmbH, Ulm
Printed in Germany

Schäffer-Poeschel Verlag Stuttgart
Ein Tochterunternehmen der Verlagsgruppe Handelsblatt
und der Spektrum Fachverlage GmbH

Inhaltsverzeichnis

Abkürzungsverzeichnis

a.A.	anderer Ansicht
a.a.O.	am angegebenen Ort
AbfG	Abfallgesetz
Abs.	Absatz
a.F.	alte Fassung
AG	Aktiengesellschaft
AktG	Aktiengesetz
Anm.	Anmerkung
AP	Arbeitsrechtliche Praxis
AR-Blattei	Arbeitsrechts-Blattei
ArbG	Arbeitsgericht
ArztR	Arztrecht (Zeitschrift)
ASiG	Gesetz über Betriebsärzte, Sicherheitsingenieure und andere Fachkräfte für Arbeitssicherheit
Aufl.	Auflage
AufzV	Aufzugsverordnung
BAG	Bundesarbeitsgericht
BB	Betriebs-Berater (Zeitschrift)
BBergG	Bundesberggesetz
BBiG	Berufsbildungsgesetz
BDSG	Bundesdatenschutzgesetz
BetrVG	Betriebsverfassungsgesetz
BG	Die Berufsgenossenschaft (Zeitschrift)
BGB	Bürgerliches Gesetzbuch
BGBl.	Bundesgesetzblatt
BImSchG	Bundes-Immissionsschutzgesetz
BImSchV	Verordnung zur Durchführung des Bundes-Immissionsschutzgesetzes
BlStSozArbR	Blätter für Steuerrecht, Sozialversicherung und Arbeitsrecht
BT	Bundestag
BtMG	Betäubungsmittelgesetz
bzw.	beziehungsweise
CR	Computer und Recht (Zeitschrift)

DampfkV	Dampfkesselverordnung
DB	Der Betrieb (Zeitschrift)
d.h.	das heißt
DrucklV	Druckluftverordnung
f., ff.	folgende
GbV	Gefahrgutbeauftragtenverordnung
GenTG	Gentechnikgesetz
GenTSV	Gentechnik-Sicherheitsverordnung
ggf.	gegebenenfalls
GmbH	Gesellschaft mit beschränkter Haftung
GmbHG	Gesetz betreffend die Gesellschaften mit beschränkter Haftung
HandwO	Handwerksordnung
h.M.	herrschende Meinung
i.S.	im Sinne
i.V.	in Verbindung
JArbSchG	Jugendarbeitsschutzgesetz
KG	Kommanditgesellschaft
KSchG	Kündigungsschutzgesetz
LAG	Landesarbeitsgericht
m.	mit
m.w. Nachw.	mit weiteren Nachweisen
MDR	Monatsschrift für Deutsches Recht
n.F.	neue Fassung
Nr.	Nummer(n)
NZA	Neue Zeitschrift für Arbeitsrecht
OHG	offene Handelsgesellschaft
RdA	Recht der Arbeit (Zeitschrift)
Rdnr.	Randnummer(n)
Rechtspr.	Rechtsprechung
RöV	Röntgenverordnung
RVO	Reichsversicherungsordnung

S.,s.	Seite(n), siehe
SchwbG	Schwerbehindertengesetz
s.o.	siehe oben
sog.	sogenannte(r)
SprAuG	Sprecherausschußgesetz
SprengG	Sprengstoffgesetz
StrlSchV	Strahlenschutzverordnung
s.u.	siehe unten
TierSchG	Tierschutzgesetz
u.a.	unter anderem
u.U.	unter Umständen
UVV	Unfallverhütungsvorschrift
vgl.	vergleiche
VwGO	Verwaltungsgerichtsordnung
VwVfG	Verwaltungsverfahrensgesetz
WHG	Wasserhaushaltsgesetz
z.B.	zum Beispiel
Ziff.	Ziffer
z.T.	zum Teil

A. Einleitung

Seit etwa zwei Jahrzehnten geht der Gesetzgeber vermehrt dazu über, die **1** Arbeitgeber zur Bestellung von Betriebsbeauftragten zu verpflichten. Maßgebend hierfür ist die Überlegung, daß die Einhaltung von gesetzlichen Schutzvorschriften – insbesondere in den Bereichen der Arbeitssicherheit, des Umweltschutzes und des Datenschutzes – nicht allein durch staatliche Überwachungstätigkeit, sondern effektiver durch betriebsinterne Personen erreicht werden kann. Die Betriebsbeauftragten haben sonach – gleichsam als innerbetriebliche Kontrollorgane – in erster Linie Arbeitnehmer- und Drittinteressen wahrzunehmen, die sich auch gegen die Interessen des Arbeitgebers richten können. Obwohl die Betriebsbeauftragten im Schrifttum zunächst nicht immer ganz für ernst genommen wurden[1], kommt ihnen mittlerweile in der betrieblichen Praxis ein sehr hoher Stellenwert zu.

Ein eigenständiges Gesetz über die betrieblichen Beauftragten sucht man **2** allerdings vergebens. Die einschlägigen Regelungen sind vielmehr über zahlreiche Gesetze verstreut. Bei diesen Vorschriften, die u.a. im Hinblick auf die Voraussetzungen der Bestellungspflicht, die Form der Bestellung, die Aufgaben der Betriebsbeauftragten sowie deren Rechtsstellung gegenüber dem Arbeitgeber erhebliche Unterschiede aufweisen, handelt es sich insbesondere um die §§ 1 ff. ASiG, § 719 RVO, §§ 53 ff. BImSchG, §§ 58a ff. BImSchG, §§ 21a ff. WHG, §§ 11a ff. AbfG und die §§ 36 ff. BDSG.

Die §§ 1 ff. ASiG betreffen die Betriebsärzte und Fachkräfte für Arbeits- **3** sicherheit. § 719 RVO befaßt sich mit den Sicherheitsbeauftragten. Die §§ 53 ff. BImSchG behandeln die Betriebsbeauftragten für Immissionsschutz, §§ 58a ff. BImSchG die Störfallbeauftragten, §§ 21a ff. WHG die Betriebsbeauftragten für Gewässerschutz, §§ 11a ff. AbfG die Betriebsbeauftragten für Abfall und §§ 36 ff. BDSG die Beauftragten für den Datenschutz. Hinzu kommen u.a. die Tierschutzbeauftragten (§ 8b TierSchG), die Beauftragten für die Biologische Sicherheit (§§ 16 ff. GenTSV), die Gefahrgutbeauftragten (§§ 1 ff. GbV), die Strahlenschutzbeauftragten (§§ 29 ff. StrlSchV und §§ 13 ff. RöV), die Kesselwärter (§ 26 DampfkV), die Druckluftfachkräfte (§ 18 DrucklV), die Aufzugswärter (§ 20 AufzV), die Bildungsbeauftragten (§ 20 Abs. 4 BBiG, § 21 Abs. 4 HandwO, § 98 BetrVG) sowie die Schwerbehindertenbeauftragten (§§ 28 f. SchwbG).

---

1 Vgl. die Glosse von *Gola,* MDR 1976, 376.

4   Aufgrund der Vielzahl der einzelgesetzlichen Bestimmungen über die jeweiligen Betriebsbeauftragten wird für den Arbeitgeber in der Praxis nicht selten Unklarheit darüber bestehen, wann er welche Betriebsbeauftragten in welcher Weise zu bestellen hat, welche Qualifikationen diese haben müssen und welche Rechte und Pflichten diesen zukommen. Offenbar hat inzwischen selbst der Gesetzgeber die Übersicht verloren. Denn anders läßt sich nicht erklären, daß er im Jahre 1990 fast zeitgleich die Festigung der Unabhängigkeit bei den Immissionsschutzbeauftragten durch Erschwerung der *Kündigung* (vgl. § 58 Abs. 2 BImSchG), bei den Datenschutzbeauftragten hingegen durch Erschwerung der *Abberufung* (vgl. § 36 Abs. 3 Satz 4 BDSG) erreichen wollte, ohne daß sachliche Gründe für diese unterschiedlichen Regelungen erkennbar sind.

5   Die Betriebsbeauftragten weisen zudem die Besonderheit auf, daß sie – ähnlich wie Betriebsratsmitglieder – ein Amt wahrnehmen, dem ein schuldrechtlicher Vertrag, in der Regel ein Arbeitsvertrag, zugrundeliegt. Das Nebeneinander von Amt und Grundverhältnis ist in der Praxis häufig mit erheblichen Problemen verbunden. Fragen ergeben sich z.B. im Hinblick auf die Form der Begründung von Amt und Anstellung, deren Inhalte sowie mögliche Wechselwirkungen. Die jeweiligen gesetzlichen Bestimmungen geben hierauf entweder überhaupt keine oder völlig unterschiedliche Antworten. Besondere praktische Schwierigkeiten können auftreten, wenn die Begründung und Beendigung des Amtes anderen Beteiligungsrechten des Betriebsrats unterliegen, als die Begründung, Veränderung oder Beendigung des Anstellungsverhältnisses. Dies gilt etwa bei den Betriebsärzten, Sicherheitsfachkräften, Sicherheitsbeauftragten oder Bildungsbeauftragten.

6   Weitere Unsicherheiten entstehen, wenn die Beendigung des Amtes strengeren Anforderungen unterliegt, als die Beendigung des Grundvertrages. So stellt sich in der Praxis immer häufiger die Frage, ob die Vorschrift des § 36 Abs. 3 Satz 4 BDSG, derzufolge die Bestellung zum Beauftragten für den Datenschutz nur auf Verlangen der Aufsichtsbehörde oder in entsprechender Anwendung von § 626 BGB widerrufen werden kann, gleichzeitig die ordentliche Kündigung eines angestellten Datenschutzbeauftragten ausschließt (s.u. Rdnr. 548 ff.).

7   Eine Gesamtdarstellung und -erläuterung der gesetzlichen Regelungen, die das Recht der betrieblichen Beauftragten betreffen, ist mithin dringend erforderlich. Im folgenden werden daher die wichtigsten Bestimmungen über die Betriebsbeauftragten unter besonderer Berücksichtigung der damit verbundenen praktischen Probleme zusammenfassend behandelt.

B. Betriebsärzte

I. Gesetzliche Grundlage und Zielsetzungen

Die Pflicht des Arbeitgebers zur Bestellung von Betriebsärzten und deren **8** Rechtsstellung richten sich nach den Vorschriften des Gesetzes über Betriebsärzte, Sicherheitsingenieure und andere Fachkräfte für Arbeitssicherheit (ASiG) vom 12.12.1973[2]. Gemäß § 1 Satz 1 ASiG hat der Arbeitgeber nach Maßgabe dieses Gesetzes Betriebsärzte und Fachkräfte für Arbeitssicherheit zu bestellen. Keine Anwendung findet das Gesetz, soweit Arbeitnehmer im Haushalt beschäftigt werden (§ 17 Abs. 1 ASiG). Soweit im Bereich der Seeschiffahrt und des Bergrechts dem ASiG gleichwertige Regelungen vorliegen, gehen diese vor, § 17 Abs. 2 und 3 ASiG. In Verwaltungen und Betrieben des Bundes, der Länder, der Gemeinden und der sonstigen Körperschaften, Anstalten und Stiftungen des öffentlichen Rechts ist ein den Grundsätzen des ASiG gleichwertiger arbeitsmedizinischer und sicherheitstechnischer Arbeitsschutz zu gewährleisten[3].

Die gesetzgeberischen Ziele werden in § 1 Satz 3 Nr. 1 bis 3 ASiG **9** unmittelbar beschrieben. Danach soll mit der Bestellung von Betriebsärzten erreicht werden, daß die dem Arbeitsschutz und der Unfallverhütung dienenden Vorschriften den besonderen Betriebsverhältnissen entsprechend angewandt werden, gesicherte arbeitsmedizinische und sicherheitstechnische Erkenntnisse zur Verbesserung des Arbeitsschutzes verwirklicht werden können und die dem Arbeitsschutz und der Unfallverhütung dienenden Maßnahmen einen möglichst hohen Wirkungsgrad erreichen. Kurzgefaßt bezweckt das ASiG mit der Pflicht zur Bestellung von Betriebsärzten, die Zahl der Arbeitsunfälle und der betriebsbedingten Erkrankungen zu reduzieren[4].

Die Verantwortung für den Arbeitsschutz und die Unfallverhütung wird **10** dem Arbeitgeber jedoch durch die Bestellung von Betriebsärzten nicht abgenommen[5].

---

2 BGBl. I S. 1885.
3 S. hierzu *Ehrich,* Amt und Anstellung, S. 45 ff.
4 Vgl. den Regierungsentwurf des ASiG, BT-Drucksache 7/260, S. 1 (zu A.).
5 *Buschbeck-Bülow,* AR-Blattei SD 470 »Betriebsarzt« Rdnr. 7.

II. Voraussetzungen der Bestellungspflicht

11 Die Voraussetzungen für eine Pflicht zur Bestellung von Betriebsärzten ergeben sich aus § 2 Abs. 1 Nr. 1 bis 3 ASiG. Danach hat der Arbeitgeber Betriebsärzte zu bestellen, soweit dies erforderlich ist im Hinblick auf

- die Betriebsart und die damit für die Arbeitnehmer verbundenen Unfall- und Gesundheitsgefahren (Nr. 1),
- die Zahl der beschäftigten Arbeitnehmer und die Zusammensetzung der Arbeitnehmerschaft (Nr. 2) und
- die Betriebsorganisation, insbesondere im Hinblick auf die Zahl und die Art der für den Arbeitsschutz und die Unfallverhütung verantwortlichen Personen (Nr. 3).

12 Diese drei gesetzlichen Kriterien geben allgemeine Anhaltspunkte für das Ausmaß des erforderlichen Gesundheitsschutzes im Betrieb und sind in ihrer Gesamtheit zu werten. Der Arbeitgeber hat die gesetzlichen Voraussetzungen auf seine Betriebsverhältnisse zu übertragen und zu ermitteln, ob und inwieweit eine betriebsärztliche Betreuung des Betriebs erforderlich ist[6]. Wie sich mittelbar aus den §§ 12, 13 ASiG ergibt, unterliegt die Richtigkeit der arbeitgeberseitigen Feststellung der Kontrolle durch die zuständige Behörde.

13 Unter »Betriebsart« i.S. von § 2 Abs. 1 Nr. 1 ASiG sind nicht die verschiedenen Betriebszweige zu verstehen, wie etwa Stahl-, Holz- oder chemische Fabrikation, sondern die jeweiligen betrieblichen Tätigkeiten, wie z.B. Umgang mit gefährlichen Arbeitsstoffen (Asbest, Benzol, Phosphor, Schwefelwasserstoff, Arsen, radioaktive Strahlen, u.a.), physische Einwirkungen (Lärm, Druckluft), Produktions- und Arbeitsverfahren (Fließband-, Akkord- und Schichtarbeit) oder klimatische Verhältnisse (Hitze, Kälte, Dampf)[7]. Abzustellen ist auf die konkrete Betriebsstätte als organisatorische Einheit, in der ein arbeitstechnischer Zweck verfolgt wird.

14 Anders als bei den Sicherheitsbeauftragten, die nach § 719 Abs. 1 Satz 1 RVO generell in Unternehmen mit mehr als zwanzig Beschäftigten zu bestellen sind (s.u. Rdnr. 143 ff.), hat der Gesetzgeber in § 2 Abs. 1 Nr. 2 ASiG auf die Festsetzung einer bestimmten Anzahl von Beschäftigten als weiteres Kriterium für die Bestellung von Betriebsärzten verzichtet. Statt dessen sollen (abstrakt) die Zahl und die Zusammensetzung der Beschäftigten eine Bestellung von Betriebsärzten erforderlich machen. Hierbei sind insbesondere Alter, Geschlecht, Fähigkeiten, Kenntnisse und gesundheitliche Behinde-

---

6   *Spinnarke/Schork*, ASiG, § 2 Rdnr. 12; *Schelter*, ASiG, § 2 Anm. III.
7   *Schelter*, ASiG, § 2 Anm. III; *Spinnarke/Schork*, ASiG, § 2 Rdnr. 13.

rungen sowie die Anzahl der beschäftigten Gastarbeiter zu berücksichtigen[8]. Maßgebend für die Ermittlung der Beschäftigtenzahl und -zusammensetzung ist wiederum der jeweilige Betrieb als organisatorische Einheit zur Verfolgung eines arbeitstechnischen Zwecks.

Bei der Betriebsorganisation als drittem Kriterium für eine Bestellungs- **15** pflicht von Betriebsärzten (§ 2 Abs. 1 Nr. 3 ASiG) ist in erster Linie das Verhältnis der Zahl der mit der Überwachung des Arbeitsschutzes und der Unfallverhütung betrauten Personen zu der Zahl der Beschäftigten, ferner die Gliederung des Betriebs in kleinere oder größere Abteilungen sowie die Frage der zentralisierten oder dezentralisierten Organisation, von Bedeutung[9].

Präzisiert werden die in § 2 Abs. 1 ASiG enthaltenen unbestimmten **16** Rechtsbegriffe durch die von den Berufsgenossenschaften auf der Grundlage des § 708 Abs. 1 RVO erlassenen Unfallverhütungsvorschrift »Betriebsärzte« (VBG 123) in der Fassung vom 1.4.1989, die für alle Unternehmer gilt, die nach § 2 ASiG Betriebsärzte zu bestellen haben. Der Unfallverhütungsvorschrift sind Tabellen für die einzelnen Gewerbzweige beigefügt, welche die Einsatzzeiten von Betriebsärzten in den einzelnen Betrieben enthalten. Die Einsatzzeiten richten sich nach der Anzahl der Arbeitnehmer und der konkreten Situation im Betrieb. Aus den Einsatzzeiten ergibt sich, ab welcher Beschäftigtenzahl Betriebsärzte zu bestellen sind und mit welchem pauschalen Zeitaufwand diese jährlich tätig sein müssen. Die vorgeschriebenen Einsatzzeiten pro Arbeitnehmer und Jahr variieren zwischen 0,1 Stunden in Gruppe 3 Textil- und Bekleidungs-Berufsgenossenschaft (Herstellung von Bekleidung und Wäsche, Näherei aller Art) und 1,2 Stunden in Gruppe 1 Berufsgenossenschaft der chemischen Industrie (Arbeitnehmer, bei denen spezielle arbeitsmedizinische Vorsorgemaßnahmen in Abständen von einem Jahr oder weniger erforderlich sind).

Sofern die UVV für bestimmte Betriebsarten keine Mindestzahl von **17** Arbeitnehmern festlegt, bei der ein Betriebsarzt zu bestellen ist, richtet sich die Bestellung allein nach den jeweiligen Verhältnissen des konkreten Betriebs[10].

Sind die Unfall- und Gesundheitsgefahren in einem Betrieb, verglichen **18** mit Betrieben der gleichen Art, unterdurchschnittlich gering, so kann die Berufsgenossenschaft nach § 2 Abs. 2 Satz 1 UVV »Betriebsärzte« im Einzelfall im Einvernehmen mit der nach § 12 ASiG zuständigen Behörde (Gewerbeaufsichtsamt) eine Ausnahmebewilligung erteilen und geringere Einsatzzeiten festsetzen. Umgekehrt kann auch die Berufsgenossenschaft gemäß § 2

---

8 *Schelter*, ASiG, § 2 Anm. III.
9 Eingehend hierzu *Schelter*, ASiG, § 2 Anm. III.
10 Vgl. *Schelter*, ASiG, § 2 Anm. III.

Abs. 2 Satz 2 UVV »Betriebsärzte« im Einzelfall im Einvernehmen mit der nach § 12 ASiG zuständigen Behörde höhere Einsatzzeiten festsetzen, soweit im Betrieb, verglichen mit Betrieben der gleichen Art, überdurchschnittliche Unfall- und Gesundheitsgefahren bestehen.

19 Durch die UVV wird folglich der im Rahmen des § 2 Abs. 1 ASiG vorhandene Beurteilungsspielraum des Arbeitgebers bei der Frage, ob Betriebsärzte zu bestellen sind (s.o. Rdnr. 12), weitgehend eingeschränkt[11].

20 Bestellt der Arbeitgeber keinen Betriebsarzt, obwohl die Voraussetzungen nach § 2 Abs. 1 ASiG bzw. § 2 Abs. 1 UVV »Betriebsärzte« vorliegen, kann die zuständige Behörde gemäß § 12 Abs. 1 ASiG die Bestellung eines Betriebsarztes anordnen. Vor der Anordnung hat die zuständige Behörde den Arbeitgeber und den Betriebsrat zu hören und mit ihnen zu erörtern, welche Maßnahmen angebracht erscheinen (§ 12 Abs. 2 Nr. 1 ASiG) und dem zuständigen Träger der gesetzlichen Unfallversicherung Gelegenheit zu geben, an der Erörterung mit dem Arbeitgeber teilzunehmen und zu der von der Behörde in Aussicht genommenen Anordnung Stellung zu nehmen (§ 12 Abs. 2 Nr. 2 ASiG). Zur Ausführung der Anordnung hat die zuständige Behörde dem Arbeitgeber nach § 12 Abs. 3 ASiG eine angemessene Frist zu setzen. Darüber hinaus ist der Betriebsrat von der zuständigen Behörde gemäß § 12 Abs. 4 ASiG über die Anordnung schriftlich in Kenntnis zu setzen.

21 Bei der Anordnung i.S. von § 12 Abs. 1 ASiG handelt es sich um einen belastenden Verwaltungsakt[12], der vom Arbeitgeber mit den Rechtsbehelfen des Widerspruchs und der Klage angegriffen werden kann. Enthält die Anordnung eine ordnungsgemäße Rechtsbehelfsbelehrung gemäß §§ 58, 59 VwGO, muß der Arbeitgeber zunächst binnen einer Frist von einem Monat seit Bekanntgabe bei der zuständigen Behörde Widerspruch einlegen (§ 70 Abs. 1 VwGO). Wird dem Widerspruch nicht abgeholfen, so erläßt die Widerspruchsbehörde einen zu begründenden und mit einer Rechtsmittelbelehrung versehenen Widerspruchsbescheid. Hiergegen kann der Arbeitgeber innerhalb eines Monats nach Zustellung Klage beim Verwaltungsgericht erheben (§ 74 Abs. 1 VwGO)[13].

22 Widerspruch und Anfechtungsklage haben nach § 80 Abs. 1 Satz 1 VwGO aufschiebende Wirkung. Eine Vollstreckung der Anordnung ist somit grundsätzlich erst nach ihrer Rechtskraft möglich. Etwas anderes gilt ausnahmsweise, wenn gemäß § 80 Abs. 2 Nr. 4, Abs. 3 VwGO die sofortige Vollziehung angeordnet wurde. Handelt der Arbeitgeber einer unanfechtbaren oder sofort

---

11 S. *Spinnarke/Schork,* ASiG, § 2 Rdnr. 16; *Galahn,* ArztR 1989, 329.
12 *Spinnarke/Schork,* ASiG, § 12 Anm. 2; *Schelter,* ASiG, § 12 Anm. III.
13 Das weitere Verfahren richtet sich nach den Regelungen der VwGO.

vollziehbaren Anordnung zuwider, kann gegen ihn nach § 20 Abs. 1 Nr. 1, Abs. 2 ASiG eine Geldbuße bis zu 50.000,— DM festgesetzt werden[14].

III.   Form der Bestellung

Die Bestellung muß nach § 2 Abs. 1 ASiG stets **schriftlich** erfolgen, anderenfalls ist sie unwirksam, § 125 Satz 1 BGB. Außerdem bedarf die Bestellung der *Annahme* des Betriebsarztes. Denn gegen ihren Willen kann eine Person nicht einseitig vom Arbeitgeber zum Betriebsarzt bestellt werden. Da das ASiG keine Angaben darüber macht, welchen Inhalt die Bestellung haben muß, reicht der – von Arbeitgeber und Betriebsarzt unterzeichnete – schriftliche Satz »Herr/Frau ... wird hiermit zum Betriebsarzt bestellt« aus. Wegen der Bedeutung und Vielzahl der möglichen Aufgaben und Kompetenzen sollten jedoch zusätzlich die vom Betriebsarzt wahrzunehmenden Tätigkeiten in die schriftliche Bestellung aufgenommen werden.   **23**

Der Abschluß des der Bestellung zugrundeliegenden *Anstellungsvertrages* bedarf dagegen keiner besonderen Form und kann daher auch *mündlich* erfolgen. Gleichwohl sollte auch der Arbeitsvertrag zur Vermeidung von Unklarheiten und Beweisschwierigkeiten stets schriftlich abgeschlossen werden.   **24**

IV.   Möglichkeiten des Arbeitgebers zur Erfüllung der Bestellungspflicht

Ist der Arbeitgeber gemäß § 2 Abs. 1 ASiG zur Bestellung von Betriebsärzten verpflichtet, so hat er drei Möglichkeiten, in dem Betrieb seiner Verpflichtung zur betriebsärztlichen Betreuung nachzukommen.   **25**

Zum einen kann der Arbeitgeber einen Betriebsarzt auf der Grundlage eines Arbeitsvertrages bestellen[15]. Der Betriebsarzt nimmt in dem Fall sein   **26**

---

14 Die Geldbuße kann neben der Durchführung des Verwaltungszwangs verhängt werden, vgl. den Regierungsentwurf des ASiG, BT-Drucksache 7/260, S. 17 (zu § 19); den Bericht des Ausschusses für Arbeit und Sozialordnung, BT-Drucksache 7/1085, S. 9 (zu § 19); *Schelter*, ASiG, § 12 Anm. VII.
15 S. den Mustervertrag zwischen Arbeitgeber und angestelltem Betriebsarzt unter Anhang I.

Amt entweder haupt- oder nebenberuflich als Arbeitnehmer wahr (sog. »arbeitsrechtliche Lösung«). Bei dem Amt und dem Arbeitsvertrag handelt es sich um zwei voneinander zu unterscheidende Rechtsverhältnisse[16].

27 Zulässig ist nicht nur die Einstellung einer – bislang betriebsfremden – Person als Betriebsarzt. Vielmehr können auch einem bereits im Betrieb beschäftigten Mitarbeiter die Aufgaben eines Betriebsarztes übertragen werden, sofern er sich zur Wahrnehmung dieser Aufgaben eignet.

28 Aus § 2 Abs. 2 Satz 2 und § 9 Abs. 3 ASiG folgt mittelbar, daß der Arbeitgeber nicht unbedingt verpflichtet ist, einen Betriebsarzt als Arbeitnehmer zu beschäftigen. Möglich ist auch die Inanspruchnahme eines freiberuflich tätigen Arztes durch Abschluß eines Dienst- oder Geschäftsbesorgungsvertrages (sog. »freiberufliche Lösung«)[17]. Zur Wahrnehmung der Betriebsarztfunktion kommen hier freipraktizierende Ärzte, Krankenhausärzte oder Amtsärzte in Betracht, die über die notwendigen Zeitreserven verfügen[18].

29 Gemäß § 19 ASiG kann der Arbeitgeber die Verpflichtung, Betriebsärzte zu bestellen, auch dadurch erfüllen, daß er einen überbetrieblichen Dienst zur Wahrnehmung der Aufgaben nach § 3 ASiG verpflichtet (sog. »überbetriebliche Lösung«)[19]. Bei den überbetrieblichen Diensten, wie etwa den Werksarztzentren, handelt es sich um selbständige Einrichtungen, die keine bestimmte Rechtsform und keinen bestimmten Träger vorsehen. Mittlerweile wurden sie von den Berufsgenossenschaften auf der Grundlage des § 719 a RVO sowie von Technischen Überwachungsvereinen, Arbeitgeberverbänden und anderen privaten Trägern, z.B. Zusammenschlüssen frei praktizierender Ärzte eingerichtet.

30 Die »Verpflichtung« des überbetrieblichen Dienstes i.S. von § 19 ASiG erfolgt durch Abschluß eines privatrechtlichen Vertrages zwischen Arbeitgeber und überbetrieblichem Dienst. Eines solchen Vertrages bedarf es ausnahmsweise nicht, wenn ein satzungsmäßiger Anschlußzwang besteht, § 719 a Satz 3 RVO[20].

31 Welche Art der eben genannten Möglichkeiten vom Arbeitgeber zu wählen ist, hängt im wesentlichen von den jeweiligen Verhältnissen im konkreten Betrieb, insbesondere von der Anzahl der dort beschäftigten Arbeitnehmer ab. Bei der Auswahlentscheidung hat der Arbeitgeber stets

---

16 Ausführlich dazu *Ehrich*, Amt und Anstellung, S. 8 ff.
17 S. den Mustervertrag zwischen Arbeitgeber und freiberuflich tätigem Betriebsarzt unter Anhang II.
18 *Galahn*, ArztR 1989, 329 (332).
19 S. den Mustervertrag zwischen Arbeitgeber und überbetrieblichem Dienst unter Anhang III.
20 *Galahn*, ArztR 1989, 329 (332) unter Hinweis auf die Bau-Berufsgenossenschaften und die See- und Binnenschiffahrts-Berufsgenossenschaft.

sorgfältig zu prüfen, ob die von ihm geplante betriebsärztliche Versorgung, etwa die Inanspruchnahme eines freiberuflichen Arztes oder eines überbetrieblichen Dienstes, die Voraussetzung zur Erfüllung der gesetzlichen Aufgaben gewährleisten kann[21].

Die arbeitsrechtliche Lösung, also die Beschäftigung eines Betriebsarztes als Arbeitnehmer, kommt in erster Linie bei Betrieben mit einer hohen Beschäftigtenzahl in Betracht, weil dort ein entsprechend weiter arbeitsmedizinischer Tätigkeitsbereich vorhanden ist. Dagegen eignet sich die freiberufliche Lösung regelmäßig bei Betrieben kleinerer und mittlerer Größe, bei denen der Tätigkeitsbereich eines Betriebsarztes ein Arbeitsverhältnis zeitlich nicht ausfüllen würde[22].

32

Jedoch kann auch in einem Betrieb, der nur eine verhältnismäßig geringe Zahl von Arbeitnehmern umfaßt, in dem aber besonders gesundheitsgefährdende Arbeitsstoffe verwendet werden und deshalb Vorsorgeuntersuchungen notwendig sind, die Bestellung eines haupt- oder nebenamtlich tätigen Betriebsarztes erforderlich sein. Umgekehrt können etwa in einer Verwaltungsdienststelle, die eine verhältnismäßig hohe Zahl von Arbeitnehmern umfaßt, die mit dem Dienst verbundenen Gesundheitsgefahren so gering sein, daß die Bestellung eines (angestellten) Betriebsarztes nicht erforderlich ist[23].

33

Zur Mitbestimmungspflichtigkeit der Auswahlentscheidung s. unten Rdnr. 49 f.

34

V. Anforderungen an den Betriebsarzt

Der Arbeitgeber darf nach § 4 ASiG als Betriebsärzte nur Personen bestellen, die berechtigt sind, den ärztlichen Beruf auszuüben, und die über die zur Erfüllung der ihnen übertragenen Aufgaben erforderliche arbeitsmedizinische Fachkunde verfügen. Präzisiert werden die Anforderungen an die arbeitsmedizinische Fachkunde der Ärzte durch § 3 UVV »Betriebsärzte«, der in Abs. 2 bis 4 verschiedene Möglichkeiten des Nachweises vorsieht[24].

35

Der Nachweis der erforderlichen Fachkunde gilt gemäß § 3 Abs. 2 UVV »Betriebsärzte« als erbracht, wenn einem Arzt von der zuständigen Ärztekam-

36

---

21 *Spinnarke/Schork,* ASiG, § 2 Rdnr. 8.
22 *Schüssler,* BlStSozArbR 1974, 74 (76 f.).
23 S. den Regierungsentwurf des ASiG, BT-Drucksache 7/260, S. 10 f. (Begründung zu § 2 ASiG).
24 Hierzu im einzelnen *Buschbeck-Bülow,* AR-Blattei SD 470 »Betriebsarzt« Rdnr. 28 ff.

mer die Berechtigung zum Führen der Gebietsbezeichnung »Arbeitsmedizin« (Nr. 1) oder der Zusatzbezeichnung »Betriebsmedizin« (Nr. 2) erteilt wurde[25]. Ferner kann der Arbeitgeber die erforderliche Fachkunde nach § 3 Abs. 3 UVV »Betriebsärzte« als gegeben ansehen bei Ärzten während ihrer Weiterbildung zum Erwerb der Zusatzbezeichnung »Betriebsmedizin« in der hierfür erforderlichen mindestens zweijährigen durchgehenden regelmäßigen Tätigkeit, wenn sie durch eine von der zuständigen Ärztekammer erteilte Bescheinigung nachweisen, daß sie

1. eine in der Weiterbildungsverordnung vorgeschriebene klinische oder poliklinische Tätigkeit und
2. mindestens ein Drittel des dreimonatigen theoretischen Kurses über Arbeitsmedizin absolviert haben. Allerdings muß die Beendigung des theoretischen Kurses gewährleistet sein (§ 3 Abs. 3 Satz 2 UVV »Betriebsärzte«).

37 Abweichend hiervon erfüllen die Ärzte die Anforderungen an die arbeitsmedizinische Fachkunde nach § 3 Abs. 4 UVV »Betriebsärzte« weiterhin, wenn sie

1. vor dem 1.1.1985 den Nachweis der arbeitsmedizinischen Qualifikation durch die »Fachkundebescheinigung Arbeitsmedizin« erworben haben (sog. »kleine Fachkunde«) und
2. a) bis zum 31.12.1985 mindestens 500 Stunden innerhalb eines Jahres betriebsärztlich tätig waren oder
   b) bis zum 31.12.1987 einen dreimonatigen Kurs über Arbeitsmedizin absolviert haben und über diese Voraussetzungen eine von der zuständigen Ärztekammer erteilte Bescheinigung beibringen.

38 Schließlich kann der Nachweis der erforderlichen arbeitsmedizinischen Fachkunde i.S. von § 4 ASiG auch in anderer Weise als durch Erfüllung der Voraussetzungen des § 3 Abs. 2 bis 4 UVV »Betriebsärzte« erbracht werden, wobei aber das Qualifikationsniveau dieses anderweitigen Nachweises nicht das der UVV »Betriebsärzte« unterschreiten darf[26]. Bestellt der Arbeitgeber einen Betriebsarzt, der die in § 3 Abs. 2 bis 4 UVV »Betriebsärzte« erwähnten formellen Anforderungsnachweise nicht erbringen kann, muß er selbst der zuständigen Behörde gegenüber dessen arbeitsmedizinische Fachkunde nachweisen[27].

25 Eingehend zu diesen Bezeichnungen *Spinnarke/Schork*, ASiG, § 4 Rdnr. 3; *Galahn*, ArztR 1989, 329 (330 f.).
26 *Galahn*, ArztR 1989, 329 (331).
27 *Spinnarke/Schork*, ASiG, § 4 Rdnr. 22.

Gemäß § 18 ASiG kann die zuständige Behörde dem Arbeitgeber **39**
gestatten, auch solche Betriebsärzte zu bestellen, die noch nicht über die
erforderliche Fachkunde i.S. des § 4 ASiG verfügen, wenn sich der Arbeitgeber verpflichtet, in einer festzulegenden Frist den Betriebsarzt entsprechend fortbilden zu lassen. Voraussetzung ist in jedem Fall, daß die zu
bestellende Person die Berechtigung zur Ausübung des ärztlichen Berufes
besitzt[28]. Will der Arbeitgeber von der Möglichkeit des § 18 ASiG Gebrauch
machen, muß er bei der zuständigen Behörde einen Antrag auf Bewilligung
der Ausnahmegenehmigung stellen. Wird dem Antrag stattgegeben, so wird
die Genehmigung unter der Bedingung erteilt, daß sich der Arbeitgeber
verpflichtet, innerhalb einer von der Behörde festgesetzten Frist, die angemessen sein muß und ggf. verlängert werden kann, den Betriebsarzt fortbilden zu lassen[29]. Die Entscheidung steht im pflichtgemäßen Ermessen der
Behörde. Die Erteilung oder Versagung der Ausnahmeerlaubnis ist ein
Verwaltungsakt, der mit den Rechtsbehelfen der VwGO (Widerspruch,
Klage vor dem Verwaltungsgericht) angegriffen werden kann. Da es sich um
eine Ermessensentscheidung der Behörde handelt, ist diese nur unter den
Voraussetzungen des § 114 VwGO auf Ermessensfehler nachprüfbar[30]. Keine
ausdrücklichen Angaben enthält § 18 ASiG darüber, wer die Kosten der
Fortbildung zu tragen hat. Aus der grundsätzlichen Regelung des § 2 Abs. 3
Satz 3 und 4 ASiG folgt jedoch, daß den Arbeitgeber die Kostenpflicht
hinsichtlich des Erwerbs der erforderlichen Fachkunde trifft, sofern der
Betriebsarzt als Arbeitnehmer tätig werden soll[31]. Anderenfalls hat der
Arbeitgeber den (freiberuflichen) Betriebsarzt lediglich für die Zeit des
Erwerbs der Fachkunde von der Erfüllung der ihm übertragenen Aufgaben
freizustellen.

Allzugroße praktische Bedeutung dürfte der Ausnahmeregelung des § 18 **40**
ASiG heute freilich nicht mehr zukommen, da es sich bei dieser Bestimmung
um eine Übergangsregelung handelt, die auf der Erwägung beruht, daß für
die Zeit des Inkrafttretens des ASiG (1.12.1974) und danach eine ausreichende Zahl an Betriebsärzten nicht zur Verfügung stehen wird.

---

28 *Schelter,* ASiG, § 18 Anm. II.
29 *Schelter,* ASiG, § 18 Anm. IV.
30 *Spinnarke/Schork,* ASiG, § 18 Anm. 2; *Schelter,* ASiG, § 18 Anm. IV.
31 *Schelter,* ASiG, § 18 Anm. III; im Ergebnis wohl auch *Spinnarke/Schork,* ASiG, § 18
    Anm. 4 ff. (etwas anderes gelte nur dann, wenn die Ausbildungs-, Weiterbildungs-
    oder Fortbildungsveranstaltungen von den Berufsgenossenschaften selbst oder mit
    deren Einverständnis von Trägereinrichtungen durchgeführt würden).

VI. Mitwirkung des Betriebsrats

41 Bei der Inanspruchnahme eines angestellten Betriebsarztes bedürfen die Bestellung, Abberufung und die Erweiterung oder Einschränkung der Aufgaben des Betriebsarztes nach § 9 Abs. 3 Satz 1 und 2 ASiG der Zustimmung des Betriebsrats. Hierbei handelt es sich um ein echtes Mitbestimmungsrecht. Verweigert der Betriebsrat seine Zustimmung, so muß der Arbeitgeber, der die Maßnahme gleichwohl durchführen will, gemäß § 9 Abs. 3 Satz 2 Halbsatz 2 ASiG i.V. mit §§ 87 Abs. 2, 76 BetrVG die Einigungsstelle anrufen und dort die Ersetzung der Zustimmung beantragen. Die Bestellung, Abberufung oder die Aufgabenveränderung eines Betriebsarztes ohne Zustimmung des Betriebsrats ist **unwirksam**[32].

42 Wegen der rechtlichen Trennung von Amt und Anstellung muß der Arbeitgeber darüber hinaus bei den personellen Einzelmaßnahmen der Einstellung, Versetzung und Kündigung eines Betriebsarztes die Beteiligungsrechte des Betriebsrats nach §§ 99 ff. BetrVG beachten. Ein Mitwirkungsrecht des Betriebsrats aus § 99 BetrVG entfällt jedoch, wenn es sich bei dem Betriebsarzt um einen leitenden Angestellten i.S. von § 5 Abs. 3 BetrVG handelt. In dem Fall hat der Arbeitgeber die Einstellung oder Versetzung des Betriebsarztes nur gemäß § 105 BetrVG dem Betriebsrat sowie nach § 31 Abs. 1 SprAuG dem Sprecherausschuß (sofern ein solcher besteht) rechtzeitig mitzuteilen. Ob ein Betriebsarzt leitender Angestellter ist, kann nicht allgemeingültig gesagt werden, sondern muß im konkreten Einzelfall anhand der Kriterien des § 5 Abs. 3 Satz 2, Abs. 4 BetrVG ermittelt werden. In aller Regel wird es sich bei den Betriebsärzten jedoch nicht um leitende Angestellte handeln[33].

43 Die Dualität der Beteiligungsrechte nach § 9 Abs. 3 ASiG einerseits und §§ 99 ff. BetrVG andererseits kann wegen der unterschiedlichen Ausgestaltung der Mitbestimmungsverfahren zu ganz erheblichen rechtlichen und praktischen Problemen führen[34].

44 Verweigert der Betriebsrat seine Zustimmung sowohl hinsichtlich der Bestellung als auch hinsichtlich der Einstellung eines Betriebsarztes, muß der Arbeitgeber zum einen nach § 9 Abs. 3 Satz 2 Halbsatz 2 ASiG i.V. mit §§ 87 Abs. 2, 76 BetrVG bei der Einigungsstelle die Ersetzung der Zustimmung zur Bestellung und zum anderen nach § 99 Abs. 4 BetrVG beim Arbeitsgericht die Ersetzung der Zustimmung zur Einstellung des Betriebsarztes beantragen.

---

32 *BAG* vom 24.3.1988, AP Nr. 1 zu § 9 ASiG; *Ehrich*, Amt und Anstellung, S. 103 ff. m.w. Nachw.

33 *Ehrich*, Amt und Anstellung, S. 274.

34 Eingehend hierzu *Ehrich*, Amt und Anstellung, S. 120 ff.

Die gesamten Verfahren erweisen sich für den Arbeitgeber letztlich als nutzlos, wenn auch nur eine der Zustimmungen nicht ersetzt wird. Außerdem kann der Betriebsrat mit der Verweigerung der Zustimmung zu der Bestellung oder Einstellung eines Betriebsarztes zumindest in tatsächlicher Hinsicht die Durchführung der jeweils anderen Maßnahme blockieren. Vor der Inanspruchnahme eines angestellten Betriebsarztes sollte sich der Arbeitgeber daher sinnvollerweise beim Betriebsrat vergewissern, daß dieser sowohl mit der Bestellung als auch mit der Einstellung oder Versetzung einverstanden ist.

Wegen der rechtlichen Trennung von Amt und Anstellung führt die bloße **45** Abberufung eines Betriebsarztes nicht bereits automatisch zur Beendigung des Arbeitsverhältnisses. Umgekehrt würde zwar die Kündigung des Arbeitsverhältnisses durch den Arbeitgeber gleichzeitig zur Beendigung des Amtes führen, da eine gleichsam isolierte Amtsausübung nicht möglich ist[35]. In dem Fall könnte allerdings der Arbeitgeber mit der Kündigung, die lediglich dem Anhörungsrecht des Betriebsrats nach § 102 Abs. 1 BetrVG unterliegt, das Mitbestimmungsrecht des § 9 Abs. 3 Satz 1 ASiG hinsichtlich der Abberufung umgehen. Aus diesem Grund führt die *fehlende* und auch nicht ersetzte *Zustimmung des Betriebsrats* zu der *Abberufung* eines Betriebsarztes nach § 9 Abs. 3 ASiG zumindest dann zur **Unwirksamkeit** einer **Kündigung** des Arbeitsverhältnisses, wenn diese auf Gründe gestützt wird, die mit der Amtsausübung in untrennbarem Sachzusammenhang stehen[36].

Soweit der Arbeitgeber die Kündigung jedoch ausschließlich auf Gründe **46** stützt, die keinen unmittelbaren Sachzusammenhang zu der Amtstätigkeit haben, steht die fehlende Zustimmung des Betriebsrats zu der Abberufung nach § 9 ASiG der Wirksamkeit der Kündigung nicht entgegen[37].

Vor der Verpflichtung oder Entpflichtung eines freiberuflich tätigen **47** Arztes oder eines überbetrieblichen Dienstes ist der Betriebsrat nach § 9 Abs. 3 Satz 3 ASiG lediglich anzuhören. Ein Verstoß des Arbeitgebers gegen dieses Anhörungsrecht führt nicht zur Unwirksamkeit der Verpflichtung oder Entpflichtung des freiberuflichen Arztes oder überbetrieblichen Dienstes[38].

Ein Mitwirkungsrecht des Betriebsrats nach §§ 99 ff. BetrVG kommt bei **48** der Inanspruchnahme von freiberuflichen Ärzten oder überbetrieblichen Diensten grundsätzlich nicht in Betracht. Etwas anderes gilt ausnahmsweise

---

35 *Ehrich,* Amt und Anstellung, S. 171 ff.
36 *BAG* vom 24.3.1988, AP Nr. 1 zu § 9 ASiG; *Ehrich,* Amt und Anstellung, S. 175 ff.
37 *Ehrich,* Amt und Anstellung, S. 187 ff.; offengelassen von *BAG* vom 24.3.1988, AP Nr. 1 zu § 9 ASiG.
38 *Ehrich,* Amt und Anstellung, S. 106 f. m.w. Nachw.

dann, wenn die freiberuflichen Ärzte oder die Mitarbeiter der überbetrieblichen Dienste in den Betrieb des Arbeitgebers eingegliedert werden[39].

49   Bei der Entscheidung des Arbeitgebers, ob er einen Betriebsarzt einstellt, einen freiberuflichen Arzt oder einen überbetrieblichen Dienst verpflichtet (s.o. Rdnr. 25 ff.), hat der Betriebsrat nach § 87 Abs. 1 Nr. 7 BetrVG grundsätzlich ein echtes Mitbestimmungsrecht, das auch ein sog. Initiativrecht umfaßt[40].

50   Ein Mitbestimmungsrecht des Betriebsrats nach § 87 Abs. 1 Nr. 7 BetrVG besteht aber ausnahmsweise dann nicht, wenn der Arbeitgeber gemäß § 719 a Satz 3 RVO einem Anschlußzwang an einen überbetrieblichen Dienst unterliegt und hiervon keine Befreiung i.S. von § 719 a Satz 4 RVO erteilt worden ist[41].

VII. Aufgaben des Betriebsarztes

51   Die Aufgaben des Betriebsarztes ergeben sich in erster Linie aus dem Katalog des § 3 Abs. 1 Satz 2 ASiG. Aus der darin enthaltenen Formulierung »insbesondere« folgt, daß es sich hierbei um einen Mindestkatalog handelt. Weitere Aufgaben können somit vereinbart und übertragen werden. § 3 Abs. 3 ASiG stellt jedoch ausdrücklich klar, daß die Überprüfung von Krankmeldungen der Arbeitnehmer auf ihre Berechtigung nicht zu den Aufgaben der Betriebsärzte gehört.

1.   *Unterstützung und Beratung des Arbeitgebers*

52   § 3 Abs. 1 Satz 1 ASiG verpflichtet die Betriebsärzte, den Arbeitgeber beim Arbeitsschutz und bei der Unfallverhütung in allen Fragen des Gesundheitsschutzes zu unterstützen. Die dem Betriebsarzt nach § 3 Abs. 1 Satz 2 Nr. 1 a-f ASiG übertragenen Aufgaben bezeichnen die Gebiete, auf denen der Arbeitgeber und die sonst für den Arbeitsschutz verantwortlichen Personen zu beraten sind. Hierbei handelt es sich im einzelnen um

- die Planung, Ausführung und Unterhaltung von Betriebsanlagen und von sozialen und sanitären Einrichtungen (Nr. 1 a),

---

39 *Ehrich,* Amt und Anstellung, S. 110.
40 *BAG* vom 10.4.1979, AP Nr. 1 zu § 87 BetrVG 1972 Arbeitssicherheit; ausführlich dazu *Ehrich,* Amt und Anstellung, S. 68 ff.
41 *Ehrich,* Amt und Anstellung, S. 80 f. m.w. Nachw.

- die Beschaffung von technischen Arbeitsmitteln und die Einführung von Arbeitsverfahren und Arbeitsstoffen (Nr. 1 b),
- die Auswahl und Erprobung von Körperschutzmitteln (Nr. 1 c),
- arbeitsphysiologische, arbeitspsychologische und sonstige ergonomische sowie arbeitshygienische Fragen, insbesondere des Arbeitsrhythmus, der Arbeitszeit und der Pausenregelung, der Gestaltung der Arbeitsplätze, des Arbeitsablaufs und der Arbeitsumgebung (Nr. 1 d),
- die Organisation »Erste Hilfe« im Betrieb (Nr. 1 e) sowie
- Fragen des Arbeitsplatzwechsels sowie der Eingliederung und Wiedereingliederung Behinderter in den Arbeitsprozeß (Nr. 1 f).

2. Untersuchung und Beratung der Arbeitnehmer

Zu den Aufgaben des Betriebsarztes gehört es weiterhin, die Arbeitnehmer **53** zu untersuchen, arbeitsmedizinisch zu beurteilen und zu beraten sowie die Untersuchungsergebnisse zu erfassen und auszuwerten (§ 3 Abs. 1 Satz 2 Nr. 2 ASiG). In Betracht kommen Einstellungs- und Nachuntersuchungen gesetzlich vorgeschriebener Untersuchungen. Diese können auf § 708 RVO, der Verordnung über gefährliche Stoffe, der Verordnung über Arbeiten in Druckluft, der Verordnung über den Schutz vor Schäden durch Röntgenstrahlen oder dem JArbSchG beruhen. Auf Wunsch des Arbeitnehmers haben die Betriebsärzte gemäß § 3 Abs. 2 Satz 1 ASiG diesem das Ergebnis arbeitsmedizinischer Untersuchungen mitzuteilen.

Für den einzelnen Arbeitnehmer besteht zwar keine erzwingbare Ver- **54** pflichtung, sich den in gesetzlichen oder berufsgenossenschaftlichen Regelungen angeordneten Untersuchungen zu unterziehen[42]. Die Weigerung des Arbeitnehmers, sich solchen Untersuchungen zu unterziehen, die in einzelnen Arbeitsschutzvorschriften als Voraussetzung für die Weiterbeschäftigung vorgeschrieben sind, können den Arbeitgeber allerdings zur Kündigung des Arbeitsverhältnisses berechtigen[43].

3. Beobachtung der Durchführung des Arbeitsschutzes und der Unfallverhütung

Gemäß § 3 Abs. 1 Nr. 3 ASiG haben die Betriebsärzte die Durchführung des **55** Arbeitsschutzes und der Unfallverhütung zu beobachten und im Zusammenhang damit

---

42 *Spinnarke/Schork*, ASiG, § 3 Rdnr. 72.
43 Eingehend hierzu *Spinnarke/Schork*, ASiG, § 3 Rdnr. 73 ff.

— die Arbeitsstätten in regelmäßigen Abständen zu begehen und festgestellte Mängel dem Arbeitgeber oder der sonst für den Arbeitsschutz und die Unfallverhütung verantwortlichen Person mitzuteilen, Maßnahmen zur Beseitigung dieser Mängel vorzuschlagen und auf deren Durchführung hinzuwirken (Nr. 3 a),

— auf die Benutzung der Körperschutzmittel zu achten (Nr. 3 b),

— Ursachen von arbeitsbedingten Krankheiten zu untersuchen, die Untersuchungsergebnisse zu erfassen und auszuwerten und dem Arbeitgeber Maßnahmen zur Verhütung dieser Erkrankungen vorzuschlagen (Nr. 3 c).

4. Verhaltensbeeinflussung der Beschäftigten

56 Schließlich sieht § 3 Abs. 1 ASiG in Nr. 4 eine Einflußnahme der Betriebsärzte darauf vor, daß sich alle im Betrieb Beschäftigten den Anforderungen des Arbeitsschutzes und der Unfallverhütung entsprechend verhalten, wobei die Betriebsärzte die Beschäftigten insbesondere über die Unfall- und Gesundheitsgefahren, denen sie bei der Arbeit ausgesetzt sind, sowie über die Einrichtungen und Maßnahmen zur Abwendung dieser Gefahren zu belehren und bei der Einsatzplanung und Schulung der Helfer in »Erste Hilfe« und des medizinischen Hilfspersonals mitzuwirken haben.

5. Zusammenarbeit mit dem Betriebsrat

57 § 9 Abs. 1 ASiG verpflichtet die Betriebsärzte, bei der Erfüllung ihrer Aufgaben mit dem Betriebsrat zusammenzuarbeiten. Diese Pflicht beschränkt sich nicht nur auf einzelne Aufgaben der Betriebsärzte. Vielmehr betrifft sie sämtliche Aufgaben, die im Katalog des § 3 Abs. 1 ASiG enthalten sind.

58 Der Grundsatz der Zusammenarbeit mit dem Betriebsrat wird durch § 9 Abs. 2 ASiG konkretisiert. Nach § 9 Abs. 2 Satz 1 Halbsatz 1 ASiG haben die Betriebsärzte den Betriebsrat über wichtige Angelegenheiten des Arbeitsschutzes und der Unfallverhütung zu unterrichten. Was unter den »wichtigen Angelegenheiten« zu verstehen ist, läßt das Gesetz offen. Gemeint ist nicht jede Angelegenheit auf dem Gebiet des Arbeitsschutzes und der Unfallverhütung, sondern nur solche von besonderer betrieblicher Bedeutung[44]. In der Praxis wird es allerdings regelmäßig den Betriebsärzten überlassen bleiben, welche Angelegenheiten sie als »wichtig« ansehen. Die Unterrichtung muß

---

44 *Schelter,* ASiG, § 9 Anm. IV.

– wie durch den Arbeitgeber (vgl. § 92 Abs. 1 Satz 1 BetrVG) – rechtzeitig und umfassend sein. Eine bestimmte Form der Unterrichtung sieht § 9 Abs. 2 Satz 1 ASiG nicht vor. Zweckmäßig ist je nach Art des Vorschlages die schriftliche Vornahme der Mitteilung. Bestehen Meinungsverschiedenheiten zwischen Betriebsrat und Betriebsarzt über die Wichtigkeit einer Angelegenheit, so hat darüber der Arbeitgeber zu entscheiden[45]. Zweckmäßig ist es in jedem Fall, über die Form und Reichweite der Unterrichtung eine freiwillige Betriebsvereinbarung (§ 88 BetrVG) abzuschließen[46]. Soweit der Betriebsarzt allerdings nach § 8 Abs. 1 Satz 2 ASiG die Regeln der ärztlichen Schweigepflicht zu beachten hat, gilt dies auch für die Unterrichtung des Betriebsrats.

Weiterhin verpflichtet § 9 Abs. 2 Satz 1 Halbsatz 2 ASiG die Betriebsärzte, **59** dem Betriebsrat den Inhalt eines Vorschlags mitzuteilen, den sie nach § 8 Abs. 3 ASiG dem Arbeitgeber machen. § 8 Abs. 3 ASiG betrifft den Fall, daß sich die Betriebsärzte mit dem Betriebsleiter über eine von ihnen vorgeschlagene Maßnahme nicht einigen können, mit der Folge, daß der Vorschlag unmittelbar dem Arbeitgeber und, wenn dieser eine juristische Person ist, dem zuständigen Mitglied des vertretungsberechtigten Organs unterbreitet werden kann (s.u. Rdnr. 77 ff.). Der gesamte Wortlaut des Vorschlags muß dem Betriebsrat nicht übermittelt werden. Die Mitteilung des wesentlichen Inhalts des Vorschlags reicht aus[47]. Unabhängig von der Informationspflicht des § 9 Abs. 2 Satz 1 Halbsatz 2 ASiG besteht eine Pflicht des Arbeitgebers zur Information des Betriebsrats aus §§ 80, 89 BetrVG[48].

Schließlich haben die Betriebsärzte den Betriebsrat nach § 9 Abs. 2 Satz 2 **60** ASiG auf dessen Verlangen in Angelegenheiten des Arbeitsschutzes und der Unfallverhütung zu beraten. Die Beratungspflicht beschränkt sich – anders als die Unterrichtungspflicht des § 9 Abs. 2 Satz 1 Halbsatz 1 ASiG – nicht auf »wichtige Angelegenheiten«. Demnach ist der Betriebsrat berechtigt, sich in allen Angelegenheiten des Arbeitsschutzes und der Unfallverhütung von den Betriebsärzten beraten zu lassen. Kommt der Betriebsarzt dem unmittelbaren Verlangen des Betriebsrats, diesen zu beraten, nicht nach, so kann sich der Betriebsrat an den Arbeitgeber wenden, der den Betriebsarzt anzuweisen hat, die begehrte Auskunft zu erteilen. Dies gilt für angestellte Betriebsärzte, freiberufliche Ärzte und überbetriebliche Dienste gleichermaßen[49].

Eine Pflicht zur Zusammenarbeit besteht nicht nur einseitig zu Lasten der **61** Betriebsärzte nach § 9 Abs. 2 ASiG. Vielmehr ist umgekehrt auch der

---

45 *Schelter*, ASiG, § 9 Anm. IV.
46 So auch *Spinnarke/Schork*, ASiG, § 9 Anm. 3.1.
47 *Schelter*, ASiG, § 9 Anm. V.
48 *Spinnarke/Schork*, ASiG, § 9 Anm. 3.3.
49 *Spinnarke/Schork*, ASiG, § 9 Anm. 3.4; *Schelter*, ASiG, § 9 Anm. VI.

Betriebsrat gemäß §§ 80 Abs. 1 Nr. 1, 89 Abs. 1 BetrVG verpflichtet, den Betriebsarzt über gesundheitsgefährdende Zustände im Betrieb zu unterrichten und hierüber mit diesem zu beraten[50].

6. Zusammenarbeit mit den Fachkräften für Arbeitssicherheit

62 § 10 Satz 1 ASiG verpflichtet die Betriebsärzte, bei der Erfüllung ihrer Aufgaben mit den Fachkräften für Arbeitssicherheit zusammenzuarbeiten. Da die Aufgabenbereiche der Betriebsärzte und Sicherheitsfachkräfte weitgehend identisch sind, können der Arbeitsschutz und die Unfallverhütung wirkungsvoll nur verbessert werden, wenn die Betriebsärzte und Sicherheitsfachkräfte eng miteinander zusammenarbeiten. Demzufolge ist die Generalklausel des § 10 Satz 1 ASiG nicht nur ein unverbindlicher Programmsatz, sondern unmittelbar geltendes Recht, das für angestellte Betriebsärzte, freiberuflich tätige Ärzte und überbetriebliche Dienste in gleicher Weise gilt[51]. Ein Verstoß des Betriebsarztes gegen die Verpflichtung des § 10 ASiG bzw. entsprechende Anweisungen des Arbeitgebers können diesen zur Kündigung des Arbeitsverhältnisses berechtigen[52].

63 § 10 Satz 2 ASiG nennt als Beispiel (»insbesondere«) für die Zusammenarbeit von Betriebsärzten und Sicherheitsfachkräften die Vornahme gemeinsamer Betriebsbegehungen. Ansonsten enthält das Gesetz keine Angaben darüber, wann die Zusammenarbeit zu erfolgen hat. In Betracht kommen hier

- die Zusammenarbeit bei der Erledigung der in § 3 Abs. 1 und § 6 ASiG genannten Aufgaben, soweit sich die Aufgabengebiete decken,
- die gemeinsame Zusammenarbeit mit dem Betriebsrat (§ 9 Abs. 2 ASiG),
- die gemeinsame Mitarbeit im Arbeitsschutzausschuß (§ 11 ASiG),
- der gemeinsame Vorschlag nach § 8 Abs. 3 ASiG[53].

---

50 Vgl. *Spinnarke/Schork*, ASiG, § 9 Anm. 3.5.
51 *Schelter*, ASiG, § 10 Anm. I f.; *Spinnarke/Schork*, ASiG, § 10 Anm. 1.1.
52 *Spinnarke/Schork*, ASiG, § 10 Anm. 1.2; s. auch *Schelter*, ASiG, § 10 Anm. II, der bei besonders schweren Verstößen auch eine fristlose Kündigung für möglich hält.
53 Eingehend hierzu *Schelter*, ASiG, § 10 Anm. II.

VIII. Pflichten des Arbeitgebers

Die gesetzlichen Pflichten des Arbeitgebers werden in § 2 Abs. 2 und 3 ASiG **64** näher präzisiert. Hierbei handelt es sich um die Überwachungspflicht (**1.**), die Unterstützungspflicht (**2.**) und die Pflicht zur Ermöglichung der beruflichen Fortbildung (**3.**).

1.   *Überwachungspflicht*

Gemäß § 2 Abs. 2 Satz 1 ASiG hat der Arbeitgeber dafür zu sorgen, daß die **65** von ihm bestellten Betriebsärzte ihre Aufgaben erfüllen. Die Verantwortung für die Durchführung der Unfallverhütung und des Arbeitsschutzes verbleibt mithin beim Arbeitgeber[54]. Die Überwachungspflicht bezieht sich nur auf die ordnungsgemäße Erfüllung der Aufgaben, insbesondere auf die Einhaltung der Arbeitszeit und die Durchführung des betrieblichen Arbeitsprogramms. Fachliche Anweisungen dürfen dem Betriebsarzt nach § 8 Abs. 1 Satz 1 ASiG nicht erteilt werden (s. dazu u. Rdnr. 74)[55]. Sofern der Betriebsarzt nach Ansicht des Arbeitgebers seine Aufgaben nicht ordnungsgemäß erfüllt, hat der Arbeitgeber die Mängel durch geeignete Maßnahmen zu beseitigen, etwa durch Einschränkung der Aufgaben oder Abberufung[56]. Die zuständige Behörde kann nicht unmittelbar gegen den Betriebsarzt vorgehen, falls sie eine mangelhafte Wahrnehmung des Amtes feststellt. Vielmehr muß sie den Arbeitgeber durch eine an ihn gerichtete Einzelanordnung i.S. von § 12 Abs. 1 ASiG zur Erfüllung seiner Überwachungsaufgaben anhalten[57].

Die Überwachungspflicht des Arbeitgebers betrifft allein die haupt- oder **66** nebenamtlich tätigen angestellten Betriebsärzte sowie die freiberuflichen Ärzte. Die Aufsicht über die von einem überbetrieblichen Dienst zur Verfügung gestellten Ärzte obliegt hingegen nicht dem Arbeitgeber, sondern dem Leiter des überbetrieblichen Dienstes[58].

---

54 *Spinnarke/Schork,* ASiG, § 2 Rdnr. 19; *Schelter,* ASiG, § 9 Anm. V.
55 *Spinnarke/Schork,* ASiG, § 2 Rdnr. 20.
56 Beide Maßnahmen unterliegen jedoch der Mitbestimmung des Betriebsrats nach § 9 Abs. 3 ASiG, vgl. *Spinnarke/Schork,* ASiG, § 2 Rdnr. 20; *Schelter,* ASiG, § 2 Anm. V.
57 *Spinnarke/Schork,* ASiG, § 2 Rdnr. 20; *Schelter,* ASiG, § 2 Anm. V.
58 *Schelter,* ASiG, § 2 Anm. V.

2. Unterstützungspflicht

67 Weiterhin hat der Arbeitgeber die Betriebsärzte gemäß § 2 Abs. 2 Satz 2 ASiG bei der Erfüllung ihrer Aufgaben zu unterstützen. Insbesondere ist er verpflichtet, ihnen Hilfspersonal sowie Räume, Einrichtungen, Geräte und Mittel zur Verfügung zu stellen, soweit dies zur Erfüllung ihrer Aufgaben erforderlich ist. Der Umfang der Ausstattung richtet sich danach, ob der Arbeitgeber angestellte Betriebsärzte, freiberuflich tätige Ärzte oder überbetriebliche Dienste in Anspruch nimmt. Die vom Hauptverband der Berufsgenossenschaften herausgegebenen »Grundsätze über Ärzte, Hilfspersonal, Räume, Einrichtungen, Geräte und Mittel für Betriebsärzte im Betrieb und überbetriebliche arbeitsmedizinische Dienste« enthalten Hinweise für den Arbeitgeber zur personellen und sachlichen Ausstattung.

3. Pflicht zur Ermöglichung der beruflichen Fortbildung

68 Schließlich hat der Arbeitgeber den Betriebsärzten nach § 2 Abs. 3 Satz 1 ASiG die zur Erfüllung ihrer Aufgaben erforderliche Fortbildung unter Berücksichtigung der betrieblichen Belange zu ermöglichen. Gerade der Fortschritt auf dem Gebiete der Arbeitsmedizin erfordert es zwingend, daß die Betriebsärzte sich fortbilden, da sie anderenfalls nach einiger Zeit ihre Aufgabe nicht mehr sachgerecht erfüllen können[59].

69 Eine Freistellung von der Tätigkeit für die Fortbildung nach § 2 Abs. 3 Satz 1 ASiG kann nur verlangt werden, wenn die Fortbildung zur Erfüllung der Aufgaben des Betriebsarztes unter Berücksichtigung der betrieblichen Belange erforderlich ist. Das Merkmal der Erforderlichkeit liegt nur dann vor, wenn die Fortbildung für die Arbeit des Arztes im Betrieb notwendig oder zumindest zweckmäßig ist. Eine allgemeine Fortbildung genügt nicht[60]. Auch wenn die Erforderlichkeit der Fortbildung gegeben ist, kann der Betriebsarzt vom Arbeitgeber nicht ohne weiteres die Freistellung verlangen. Der Anspruch besteht vielmehr nur dann, wenn es dem Arbeitgeber möglich ist, einen anderen Arzt für die während der Abwesenheit des Betriebsarztes unbedingt notwendige Betreuung des Betriebes zu finden. Anderenfalls muß die Teilnahme an der Fortbildungsveranstaltung vom Betriebsarzt auf einen späteren Zeitpunkt verschoben werden[61]. Lehnt der Arbeitgeber dem Betriebsarzt

59 *Schelter,* ASiG, § 2 Anm. VI; *Schiefer,* Schulung und Weiterbildung im Arbeits- und Dienstverhältnis, Rdnr. 179.
60 *Schelter,* ASiG, § 2 Anm. VI; *Schiefer,* a.a.O., Rdnr. 181, wonach an das Merkmal der Erforderlichkeit strenge Anforderungen zu stellen seien.
61 *Schelter,* ASiG, § 2 Anm. VI; *Schiefer,* a.a.O., Rdnr. 182.

gegenüber zu Unrecht die Freistellung von der Arbeit ab, so kann dieser beim Arbeitsgericht eine entsprechende Klage gegen den Arbeitgeber erheben[62].

Die Dauer der Freistellung ist in § 2 Abs. 3 ASiG nicht geregelt. Da es über die Frage des zeitlichen Umfangs keine Aussagen in Richtlinien oder allgemeingültigen Grundsätzen gibt[63], wird man dem Betriebsarzt insoweit einen Beurteilungsspielraum zubilligen müssen, den er allerdings dem Arbeitgeber gegenüber konkret darzulegen hat[64].

70

Während der Dauer der Fortbildung ist dem als Arbeitnehmer eingestellten Betriebsarzt gemäß § 2 Abs. 3 Satz 2 ASiG die Arbeitsvergütung fortzuentrichten. Darunter ist das vereinbarte Entgelt zu verstehen. Nicht weiter zu entrichten sind Bezüge, die zur Abgeltung von Auslagen gezahlt werden, sofern diese Auslagen während der Teilnahme an der Fortbildung nicht anfallen[65].

71

Ist der Betriebsarzt als Arbeitnehmer in den Betrieb eingegliedert, hat der Arbeitgeber nach § 2 Abs. 3 Satz 3 ASiG auch die Kosten der Fortbildung zu tragen. Zu den Fortbildungskosten gehören Fahrtkosten, Teilnehmergebühren für den Lehrgang, Tage- und Übernachtungsgelder und notwendige Fachliteratur, soweit sich die Kosten in einem angemessenen Rahmen halten. Es ist die Fortbildungsart zu wählen, die unter Berücksichtigung der gesamten Umstände die kostengünstigste ist. Der Betrieb darf nicht mit den Kosten einer Fortbildung belastet werden, die für ihn untragbar sind[66]. Ist ein Betriebsarzt für mehrere Arbeitgeber tätig und ist er jeweils in den Betrieb eingegliedert, so haben die Arbeitgeber die Kosten der Fortbildung anteilig zu tragen (zu gleichen Teilen; wenn die Tätigkeit in den einzelnen Betrieben verschiedenen Umfang hat, dann entsprechend dem Umfang der einzelnen Tätigkeiten). Voraussetzung für diese Verteilung ist jedoch, daß die Fortbildung allen Betrieben zugute kommt. Anderenfalls trifft die Kostenlast nur den oder die Betriebe, in deren Interesse die Fortbildung liegt[67]. Eine Pflicht des Arbeitgebers zur Kostentragung nach § 2 Abs. 3 Satz 3 ASiG entfällt wegen § 720 Abs. 2 RVO, wenn die Fortbildungsveranstaltung von einer Berufsgenossenschaft durchgeführt wird[68].

72

Die nicht als Arbeitnehmer eingestellten Betriebsärzte sind gemäß § 2 Abs. 3 Satz 4 ASiG lediglich für die Zeit der Fortbildung von der Erfüllung

73

---

62 *Schelter*, ASiG, § 2 Anm. VI; *Schiefer*, a.a.O., Rdnr. 188.
63 Vgl. *Schiefer*, a.a.O., Rdnr. 183.
64 Ähnlich *Schiefer*, a.a.O., Rdnr. 183; vgl. auch *Schelter*, ASiG, § 2 Anm. VI (Mindestdauer der Fortbildungsveranstaltung innerhalb eines Jahres: 6 Tage).
65 *Schelter*, ASiG, § 2 Anm. VII; *Schiefer*, a.a.O., Rdnr. 184.
66 *Schelter*, ASiG, § 2 Anm. VII; *Schiefer*, a.a.O., Rdnr. 186.
67 *Schelter*, ASiG, § 2 Anm. VII; *Schiefer*, a.a.O., Rdnr. 187.
68 S. hierzu *Spinnarke/Schork*, ASiG, § 2 Rdnr. 25.

der ihnen übertragenen Aufgaben freizustellen. Aus der Reihenfolge der Sätze in § 2 Abs. 3 ASiG folgt, daß die freiberuflich tätigen Ärzte gegen den Arbeitgeber weder einen Anspruch auf Fortzahlung der Vergütung noch auf Kostenerstattung haben. Allerdings kann zwischen dem Arzt und dem Arbeitgeber vertraglich etwas anderes vereinbart werden[69].

IX. Weisungsfreiheit

74 Nach § 8 Abs. 1 Satz 1 ASiG sind die Betriebsärzte bei der Anwendung ihrer arbeitsmedizinischen Fachkunde weisungsfrei. Sie sind also keinen Weisungen des Arbeitgebers, des Betriebsrats, der Gewerbeaufsicht oder der Unfallversicherungträger unterworfen. § 8 Abs. 1 Satz 1 ASiG sichert die Unabhängigkeit der Betriebsärzte bei der Anwendung ihrer Fachkunde[70]. Die Weisungsfreiheit bezieht sich jedoch nur auf die Anwendung der arbeitsmedizinischen Fachkunde, nicht aber auf andere Fragen, wie etwa solche Weisungen, die sich aus dem Direktionsrecht des Arbeitgebers ergeben[71]. Ist in einem Betrieb ein leitender Betriebsarzt bestellt, so gilt die Weisungsfreiheit auch ihm gegenüber. Der leitende Arzt kann jedoch selbst organisatorische Weisungen erteilen[72].

X. Stellung im Betrieb

75 Die Betriebsärzte unterstehen gemäß § 8 Abs. 2 ASiG unmittelbar dem Leiter des Betriebs. Sind für einen Betrieb mehrere Betriebsärzte bestellt, so gilt diese unmittelbare Unterstellung für den leitenden Betriebsarzt. In dem Fall können sich die anderen Betriebsärzte nicht unmittelbar, sondern nur unter Einschaltung des leitenden Arztes an den Betriebsleiter wenden. § 8 Abs. 2 ASiG verpflichtet den Arbeitgeber jedoch nicht, bei mehreren Betriebsärzten einen leitenden Betriebsarzt zu bestellen[73]. Vielmehr ist die Einsetzung eines leitenden Arztes in sein Belieben gestellt. Verzichtet der Arbeitgeber auf die

---

69 *Schelter,* ASiG, § 2 Anm. VII.
70 *Schelter,* ASiG, § 8 Anm. I.
71 *Schelter,* ASiG, § 8 Anm. II.
72 *Spinnarke/Schork,* ASiG, § 8 Rdnr. 4; *Schelter,* ASiG, § 8 Anm. II.
73 *Schelter,* ASiG, § 8 Anm. IV mit zutreffendem Hinweis darauf, daß auch der Betriebsrat nicht die Einsetzung eines leitenden Betriebsarztes erzwingen kann.

Einsetzung eines leitenden Betriebsarztes, so unterstehen alle Betriebsärzte unmittelbar dem Betriebsleiter.

Durch die Vorschrift soll sowohl die Unabhängigkeit als auch der Einfluß **76** des Betriebsarztes gestärkt werden[74]. Unter »Leiter des Betriebs« i.S. von § 8 Abs. 2 ASiG ist diejenige Person zu verstehen, die den Betrieb eigenverantwortlich führt[75]. Eine hiervon abweichende vertragliche Vereinbarung zwischen Arbeitgeber und Betriebsarzt kann nicht wirksam getroffen werden. Jedoch müssen der Leiter des Betriebs und der Arbeitgeber nicht zwingend identisch sein. Im Falle der Inanspruchnahme freiberuflicher Ärzte oder überbetrieblicher Dienste muß den Ärzten entsprechend § 8 Abs. 2 ASiG der unmittelbare Zugang zum Arbeitgeber oder Betriebsleiter gewährleistet sein[76].

XI. Verfahren bei Meinungsverschiedenheiten

Nach § 8 Abs. 3 Satz 1 ASiG können Betriebsärzte, wenn sie sich über eine **77** von ihnen vorgeschlagene arbeitsmedizinische Maßnahme mit dem Leiter des Betriebs nicht verständigen können, den Vorschlag unmittelbar dem Arbeitgeber unterbreiten. Ist der Arbeitgeber eine juristische Person, so können sie den Vorschlag dem zuständigen Mitglied des Organs unterbreiten, das zur gesetzlichen Vertretung berufen ist (bei einer AG dem zuständigen Vorstandsmitglied, bei der GmbH dem zuständigen Geschäftsführer). Die Vorschrift des § 8 Abs. 3 Satz 1 ASiG umfaßt lediglich ein Vorschlagsrecht des Arztes, nicht aber ein Weisungsrecht gegenüber dem Arbeitgeber bzw. dem zuständigen Organmitglied bei juristischen Personen. Zwar muß sich der Arbeitgeber mit den Vorschlägen kritisch auseinandersetzen und sorgfältig prüfen, ob sie realisierbar sind und der damit erstrebte Zweck erreicht wird. Die Entscheidungsberechtigung verbleibt indes letztendlich beim Arbeitgeber[77].

Die Möglichkeit, den Vorschlag unmittelbar dem Arbeitgeber bzw. dem **78** zuständigen Organmitglied zu unterbreiten, steht gemäß § 8 Abs. 3 Satz 2

---

74 *Schelter*, ASiG, § 8 Anm. IV; s. auch *Spinnarke/Schork*, ASiG, § 8 Rdnr. 30 (»Die wirksame Beratung und Unterstützung des Arbeitgebers durch den Betriebsarzt und die Fachkraft hängt davon ab, daß der unmittelbare Zugang zur Betriebsspitze offensteht«).

75 *Schelter*, ASiG, § 8 Anm. IV; *Spinnarke/Schork*, ASiG, § 8 Rdnr. 30.

76 *Spinnarke/Schork*, ASiG, § 8 Rdnr. 30.

77 Vgl. *Spinnarke/Schork*, ASiG, § 8 Rdnr. 31; *Schelter*, ASiG, § 8 Anm. V mit Darlegung weiterer Möglichkeiten der Betriebsärzte zur Unterbreitung ihrer Vorschläge.

ASiG nur dem leitenden Betriebsarzt zu, wenn dieser für einen Betrieb oder ein Unternehmen bestellt ist. Anderenfalls kann jeder Betriebsarzt von dem Recht des § 8 Abs. 3 Satz 1 ASiG Gebrauch machen[78].

79   Lehnt der Arbeitgeber bzw. das zuständige Mitglied des Organs, das zur gesetzlichen Vertretung berufen ist, den Vorschlag des Betriebsarztes ab, so muß die Ablehnung gemäß § 8 Abs. 3 Satz 3 ASiG dem Vorschlagenden schriftlich mitgeteilt und begründet werden. Die Ablehnung und die Begründung ist vom Arbeitgeber oder dem zuständigen Organmitglied schriftlich zu unterzeichnen[79]. Weiterhin hat der Arbeitgeber den Betriebsrat über die ablehnende Entscheidung mittels Durchschrift der schriftlichen Begründung zu unterrichten. Die Ablehnung des Vorschlags stellt keine Ordnungswidrigkeit dar, weil sie in den §§ 13, 20 ASiG nicht aufgeführt ist. Jedoch kann sie die zuständige Behörde zu Maßnahmen nach § 12 ASiG veranlassen[80].

XII. Haftung des Betriebsarztes

80   Besondere praktische Bedeutung kommt der Frage zu, ob und unter welchen Voraussetzungen der Betriebsarzt haftet, die durch dessen Pflichtverletzungen, wie etwa Erteilung falscher Ratschläge, unzureichende Vorschläge zur Beseitigung von Mängeln und Gefahren, falsche Einschätzung des Gesundheitszustandes eines Arbeitnehmers oder Übersehen gravierender Gesundheitsgefahren, entstanden sind. Während das AktG in § 93 und das GmbHG in § 43 besondere Bestimmungen über die Verantwortlichkeit der zum Vorstand oder Geschäftsführer bestellten Personen enthalten, fehlen im ASiG entsprechende Vorschriften über die Haftung der Betriebsärzte. Maßgebend sind daher die allgemeinen zivilrechtlichen Haftungsgrundsätze. Zu unterscheiden ist dabei zwischen der Verantwortlichkeit gegenüber den Mitarbeitern des Betriebs (Haftung im Außenverhältnis) und der Verantwortlichkeit gegenüber dem Arbeitgeber (Haftung im Innenverhältnis).

81   Im **Außenverhältnis** kommt eine Haftung des Betriebsarztes nur dann in Betracht, wenn dieser eine unerlaubte Handlung i.S. der §§ 823, 826 BGB begeht. Vertragliche Ansprüche des geschädigten Arbeitnehmers gegen den

---

78 *Schelter,* ASiG, § 8 Anm. V.

79 *Schelter,* ASiG, § 8 Anm. VI. Die Annahme von *Spinnarke/Schork,* ASiG, § 8 Rdnr. 32, der Betriebsarzt habe gegen den Arbeitgeber keinen durchsetzbaren Anspruch auf Bescheidung und Begründung, ist mit dem eindeutigen Wortlaut des § 8 Abs. 3 Satz 3 ASiG unvereinbar.

80 *Schelter,* ASiG, § 8 Anm. VI. Zu den Möglichkeiten des Betriebsrats im Falle der Ablehnung des Vorschlags s. *Spinnarke/Schork,* ASiG, § 8 Rdnr. 33.

Betriebsarzt scheiden in aller Regel aus[81]. Zu verneinen ist insbesondere ein Anspruch aus positiver Forderungsverletzung, da zwischen dem betroffenen Mitarbeiter und dem Betriebsarzt keinerlei vertraglichen Beziehungen bestehen. Ebensowenig kann aus § 3 Abs. 2 ASiG, wonach die Betriebsärzte auf Wunsch des Arbeitnehmers diesem das Ergebnis arbeitsmedizinischer Untersuchungen mitzuteilen haben, eine unmittelbare Haftung des Betriebsarztes gegenüber dem geschädigten Arbeitnehmer abgeleitet werden[82]. Auch aus dem Rechtsinstitut des Vertrages mit Schutzwirkung zugunsten Dritter läßt sich ein Schadensersatzanspruch des Arbeitnehmers gegen den Betriebsarzt nicht ableiten, weil das ASiG allein den Arbeitgeber verpflichtet und als Konkretisierung der dem Arbeitgeber aus dem Arbeitsverhältnis seinem Arbeitnehmer gegenüber obliegenden Fürsorgepflichten anzusehen ist[83].

82 Die – an sich zwar mögliche – Schadensersatzpflicht aus unerlaubter Handlung wird bei angestellten Betriebsärzten im Falle von Körperschäden, etwa wegen fehlerhafter Untersuchung oder Behandlung, regelmäßig nach §§ 636, 637 RVO eingeschränkt sein[84].

83 Im **Innenverhältnis** haften die als Arbeitnehmer beschäftigten Betriebsärzte, die freiberuflich tätigen Ärzte und die überbetrieblichen Dienste dem Arbeitgeber für Schäden, die auf schuldhaften Pflichtverletzungen beruhen, in erster Linie aus positiver Forderungsverletzung, ggf. auch nach §§ 823 ff. BGB. Zugunsten der angestellten Betriebsärzte greift aber die von der Rechtsprechung im Wege der Rechtsfortbildung entwickelte Beschränkung der Arbeitnehmerhaftung ein[85].

84 Danach haftet der Arbeitnehmer für geringe Schuld (leichteste bzw. leichte Fahrlässigkeit) nicht, für Vorsatz und grobe Fahrlässigkeit voll, während bei sonstiger (mittlerer) Fahrlässigkeit der Schaden in der Regel quotal zu teilen ist. Ob und ggf. in welchem Umfang der Arbeitnehmer an den Schadensfolgen zu beteiligen ist, richtet sich im Rahmen einer Abwägung der Gesamtumstände, insbesondere von Schadensanlaß und Schadensfolgen, nach Billigkeits- und Zumutbarkeitsgesichtspunkten. Diese Grundsätze gelten für alle Arbeiten, die durch den Betrieb veranlaßt sind, d.h. für solche Tätigkeiten des Arbeitnehmers, die ihm arbeitsvertraglich übertragen

---

81   Vgl. hierzu *Gitter,* RdA 1983, 156 (158 f.).
82   Zutreffend *Gitter,* RdA 1983, 156 (158). A.A. *Schelter,* ASiG, § 1 Anm. X.
83   So zu Recht *Gitter,* RdA 1983, 156 (158 f.); im Ergebnis auch *Weber,* Der Betriebsbeauftragte, S. 232 ff.; a.A. *Spinnarke / Schork,* ASiG, § 3 Rdnr. 88, wonach zumindest im Hinblick auf die Durchführung spezieller arbeitsmedizinischer Untersuchungen die Rechtsfigur des Vertrages zugunsten Dritter für die Rechtsbeziehungen zwischen Arzt und Arbeitnehmer herangezogen werden könne.
84   S. hierzu im einzelnen *Buschbeck-Bülow,* AR-Blattei SD 470 »Betriebsarzt« Rdnr. 76 ff.
85   *BAG (GS)* vom 27.9.1994, DB 1994, 2237 = BB 1994, 2205.

worden sind oder die er im Interesse des Arbeitgebers für den Betrieb ausführt. Unerheblich ist, ob es sich hierbei um gefahrgeneigte oder nicht gefahrgeneigte Arbeiten handelt[86].

---

86 *BAG (GS)* vom 27.9.1994, DB 1994, 2237 = BB 1994, 2205.

C. Fachkräfte für Arbeitssicherheit

I. Gesetzliche Grundlage und Zielsetzungen

Die Pflicht zur Bestellung von Fachkräften für Arbeitssicherheit sowie deren **85** Aufgaben, Rechte und Pflichten sind ebenfalls im Gesetz über Betriebsärzte, Sicherheitsingenieure und andere Fachkräfte für Arbeitssicherheit (ASiG) vom 12.12.1973 geregelt. Gemäß § 1 Satz 2 ASiG sollen die Fachkräfte für Arbeitssicherheit den Arbeitgeber beim Arbeitsschutz und bei der Unfallverhütung unterstützen. Damit will der Gesetzgeber erreichen, daß die dem Arbeitsschutz und der Unfallverhütung dienenden Vorschriften den besonderen Betriebsverhältnissen entsprechend angewandt werden, gesicherte arbeitsmedizinische und sicherheitstechnische Erkenntnisse zur Verbesserung des Arbeitsschutzes und der Unfallverhütung verwirklicht werden können und die dem Arbeitsschutz und der Unfallverhütung dienenden Maßnahmen einen möglichst hohen Wirkungsgrad erreichen (§ 1 Satz 3 Nr. 1 bis 3 ASiG). Nach Sinn und Zweck des Gesetzes soll durch die normative Regelung der innerbetrieblichen Sicherheitsorganisation die Zahl der Arbeitsunfälle verringert werden.[87]

II. Voraussetzungen der Bestellungspflicht

Gemäß § 5 Abs. 1 ASiG hat der Arbeitgeber Fachkräfte für Arbeitssicherheit **86** (Sicherheitsingenieure, -techniker, -meister) schriftlich zu bestellen und ihnen die in § 6 ASiG genannten Aufgaben zu übertragen, soweit dies erforderlich ist im Hinblick auf

- die Betriebsart und die damit für die Arbeitnehmer verbundenen Unfall- und Gesundheitsgefahren (Nr. 1),
- die Zahl der beschäftigten Arbeitnehmer und die Zusammensetzung der Arbeitnehmerschaft (Nr. 2) und
- die Betriebsorganisation, insbesondere im Hinblick auf die Zahl und Art der für den Arbeitsschutz und die Unfallverhütung verantwortlichen Personen (Nr. 3).

---

87 Vgl. den Regierungsentwurf des ASiG, BT-Drucksache 7/260, S. 1 (zu A.).

87 Da die in § 5 Abs. 1 Nr. 1 bis 3 ASiG genannten Kriterien mit denen von § 2 Abs. 1 Nr. 1 bis 3 ASiG identisch sind, gelten hier grundsätzlich die gleichen Überlegungen wie bei der Bestellung von Betriebsärzten (s.o. Rdnr. 11 ff.).

88 Die Kriterien des § 5 Abs. 1 Nr. 1 bis 3 ASiG sind darüber hinaus nicht nur maßgebend dafür, ob eine Fachkraft für Arbeitssicherheit zu bestellen ist, sondern auch dafür, welche Fachkraft bestellt werden muß (Sicherheitsingenieur, Sicherheitstechniker oder Sicherheitsmeister). Die Aufgaben können so schwierig sein, daß sie nur ein Ingenieur erfüllen kann. Erfordern die Aufgaben hingegen keine Ingenieur-Ausbildung, so kann auch ein Sicherheitstechniker oder Sicherheitsmeister als alleinige Fachkraft bestellt werden. Entscheidend ist stets die Größe des jeweiligen Betriebs. Überdies sind die Kriterien des § 5 Abs. 1 Nr. 1 bis 3 ASiG dafür maßgebend, ob die Sicherheitsfachkräfte haupt- oder nebenberuflich bestellt werden müssen[88].

89 Konkretisiert werden die unbestimmten Rechtsbegriffe durch die Unfallverhütungsvorschrift »Sicherheitsingenieure und andere Fachkräfte für Arbeitssicherheit« (VGB 122) vom 1.12.1974, die von den Berufsgenossenschaften auf der Grundlage des § 708 Abs. 1 Nr. 4 RVO erlassen wurde. In deren Anlage sind Tabellen der einzelnen Berufsgenossenschaften enthalten, aus denen sich die erforderlichen Einsatzzeiten der Fachkräfte für Arbeitssicherheit ergeben (vgl. § 2 Abs. 1 UVV »Sicherheitsingenieure«).

90 Sind die Unfall- und Gesundheitsgefahren, verglichen mit Betrieben der gleichen Art, unterdurchschnittlich gering, so kann die Berufsgenossenschaft gemäß § 2 Abs. 2 Satz 1 UVV »Sicherheitsingenieure« im Einzelfall im Einvernehmen mit der nach § 12 ASiG zuständigen Behörde eine Ausnahme von § 2 Abs. 1 UVV »Sicherheitsingenieure« bewilligen und geringere Einsatzzeiten festsetzen. Ferner kann die Berufsgenossenschaft im Einzelfall im Einvernehmen mit der nach § 12 ASiG zuständigen Behörde abweichend von § 2 Abs. 1 UVV »Sicherheitsingenieure« auch höhere Einsatzzeiten festsetzen, soweit im Betrieb, verglichen mit Betrieben der gleichen Art, überdurchschnittliche Unfall- und Gesundheitsgefahren bestehen, und die Bestellung eines Sicherheitsingenieurs verlangen, soweit die Tätigkeit der Fachkraft im Betrieb eine ingenieurmäßige Ausbildung erfordert (§ 2 Abs. 2 Satz 2 UVV »Sicherheitsingenieure«).

91 Zur Anordnung der Behörde nach § 12 Abs. 1 ASiG hinsichtlich der Bestellung einer Fachkraft für Arbeitssicherheit und den Rechtsbehelfen des Arbeitgebers gegen diese Anordnung s.o. Rdnr. 20 ff.

---

88 *Schelter*, ASiG, § 5 Anm. IV.

III. Form der Bestellung

Die Bestellung muß nach § 5 Abs. 1 ASiG stets **schriftlich** erfolgen, **92** anderenfalls ist sie unwirksam, § 125 Satz 1 BGB. Außerdem bedarf die Bestellung der *Annahme* der Sicherheitsfachkraft. Denn gegen ihren Willen kann eine Person nicht einseitig vom Arbeitgeber zur Fachkraft für Arbeitssicherheit bestellt werden. Da das ASiG keine Angaben darüber macht, welchen Inhalt die Bestellung haben muß, reicht der – von Arbeitgeber und Sicherheitsfachkraft unterzeichnete – schriftliche Satz »Herr/Frau ... wird hiermit zum Sicherheitsingenieur/-techniker/-meister bestellt« aus. Wegen der Bedeutung und Vielzahl der möglichen Aufgaben und Kompetenzen sollten jedoch zusätzlich die von der Sicherheitsfachkraft wahrzunehmenden Tätigkeiten in die schriftliche Bestellung aufgenommen werden.

Der Abschluß des der Bestellung zugrundeliegenden *Anstellungsvertrages* **93** bedarf dagegen keiner besonderen Form und kann daher auch *mündlich* erfolgen. Gleichwohl sollte auch der Anstellungsvertrag zur Vermeidung von Unklarheiten und Beweisschwierigkeiten stets schriftlich abgeschlossen werden.

IV. Möglichkeiten des Arbeitgebers zur Erfüllung der Bestellungspflicht

Ebenso wie bei den Betriebsärzten (s.o. Rdnr. 25 ff.) hat der Arbeitgeber drei **94** Möglichkeiten, seiner Pflicht zur Bestellung von Fachkräften für Arbeitssicherheit nachzukommen: Erstens durch Bestellung einer – bereits im Betrieb beschäftigten oder neu einzustellenden – haupt- oder nebenberuflich tätigen Sicherheitsfachkraft auf der Grundlage eines Arbeitsvertrages (»arbeitsrechtliche Lösung«), zweitens durch Verpflichtung einer freiberuflichen Fachkraft für Arbeitssicherheit (»freiberufliche Lösung«) und drittens durch Verpflichtung eines überbetrieblichen Dienstes (sog. »überbetriebliche Lösung«).

Welche Möglichkeit vom Arbeitgeber zu wählen ist, hängt von den jewei- **95** ligen Verhältnissen im konkreten Betrieb, insbesondere von der Anzahl der dort beschäftigten Arbeitnehmer und den zu verrichtenden Tätigkeiten ab[89].

Die Bestellung eines bereits beschäftigten Arbeitnehmers zur Fachkraft für **96** Arbeitssicherheit wird in der Praxis weitaus häufiger vorkommen, als bei der Bestellung von Betriebsärzten, da insbesondere in technischen Betrieben

---

89 *Schelter,* ASiG, § 5 Anm. V.

oftmals Arbeitnehmer vorhanden sein werden, die über die nach § 7 Abs. 1 ASiG, § 3 UVV »Sicherheitsingenieure« erforderliche sicherheitstechnische Fachkunde verfügen. Auch hier setzt jedoch die Bestellung eine einvernehmliche Änderung des Arbeitsvertrages voraus, sofern sich der Arbeitnehmer nicht vertraglich zur Wahrnehmung der Aufgaben einer Sicherheitsfachkraft verpflichtet hat. Denn eine Verpflichtung zur Übernahme der besonderen Aufgaben einer Fachkraft für Arbeitssicherheit kann nicht bereits aus der allgemeinen Treuepflicht abgeleitet werden und ist dem Arbeitsverhältnis auch nicht immanent[90].

97   Die Auswahlentscheidung des Arbeitgebers unterliegt der Mitbestimmung des Betriebsrats nach § 87 Abs. 1 Nr. 7 BetrVG, sofern nicht der Arbeitgeber einem Anschlußzwang an einen überbetrieblichen Dienst i.S. von § 719 a Satz 3 RVO unterliegt (s.o. Rdnr. 49 f.).

V.   Anforderungen an die Fachkraft für Arbeitssicherheit

98   Gemäß § 7 Abs. 1 ASiG darf der Arbeitgeber als Fachkräfte für Arbeitssicherheit nur Personen bestellen, die folgenden Anforderungen genügen: Der Sicherheitsingenieur muß berechtigt sein, die Berufsbezeichnung Ingenieur zu führen und über die zur Erfüllung der ihm übertragenen Aufgaben erforderliche sicherheitstechnische Fachkunde verfügen. Der Sicherheitstechniker oder -meister muß über die zur Erfüllung der ihm übertragenen Aufgaben erforderliche Fachkunde verfügen.

99   Konkretisiert wird der unbestimmte Rechtsbegriff der »Fachkunde« durch die Bestimmung des § 3 UVV »Sicherheitsingenieure«. Nach § 3 Abs. 1 Satz 1 UVV »Sicherheitsingenieure« kann der Unternehmer die erforderliche Fachkunde von Fachkräften für Arbeitssicherheit als nachgewiesen ansehen, wenn sie den in den Absätzen 2 bis 4 des § 3 UVV »Sicherheitsingenieure« festgelegten Anforderungen genügen.

100   Sicherheitsingenieure erfüllen nach § 3 Abs. 2 UVV »Sicherheitsingenieure« die Anforderungen, wenn sie

1. berechtigt sind, die Berufsbezeichnung Ingenieur zu führen,
2. danach eine praktische Tätigkeit als Ingenieur mindestens zwei Jahre lang ausgeübt haben und

---

90 Zutreffend *Spinnarke/Schork*, ASiG, § 5 Rdnr. 6, allerdings mit der Einschränkung, daß der Arbeitnehmer kraft seiner Treuepflicht gehalten sei, in Notfällen vorübergehend die Aufgaben einer Fachkraft für Arbeitssicherheit zu übernehmen.

3. einen staatlichen oder berufsgenossenschaftlichen Ausbildungslehrgang oder
einen staatlich oder berufsgenossenschaftlich anerkannten Ausbildungslehrgang eines anderen Verwaltungsträgers mit Erfolg abgeschlossen haben.

Allerdings ist es nach § 7 Abs. 2 ASiG im Einzelfall zulässig, mit Genehmigung der zuständigen Behörde (§ 12 ASiG) anstelle eines Sicherheitsingenieurs, der berechtigt ist, die Berufsbezeichnung Ingenieur zu führen, eine andere Fachkraft zu bestellen, wenn diese die zur Erfüllung der Aufgaben entsprechenden Fachkenntnisse besitzt. **101**

Für den Sicherheitstechniker sind die Anforderungskriterien in § 3 Abs. 3 UVV »Sicherheitsingenieure« näher beschrieben. Danach erfüllen Sicherheitstechniker die Anforderungen an die Fachkunde, wenn sie **102**

1. eine Prüfung als staatlich anerkannter Techniker erfolgreich abgelegt haben,
2. danach eine praktische Tätigkeit als Techniker mindestens zwei Jahre lang ausgeübt haben und
3. einen staatlich oder berufsgenossenschaftlich anerkannten Ausbildungslehrgang eines anderen Verwaltungsträgers mit Erfolg abgeschlossen haben.

Als Sicherheitstechniker kann außerdem bestellt werden, wer ohne Prüfung mindestens vier Jahre als staatlich anerkannter Techniker oder als Sicherheitsmeister tätig war und einen staatlichen oder berufsgenossenschaftlichen Ausbildungslehrgang oder einen staatlich oder berufsgenossenschaftlich anerkannten Ausbildungslehrgang eines anderen Verwaltungsträgers mit Erfolg abgeschlossen hat (§ 3 Abs. 3 Satz 2 UVV »Sicherheitsingenieure«). **103**

Ein Sicherheitsmeister erfüllt die Anforderungen an die Fachkunde nach § 3 Abs. 4 UVV »Sicherheitsingenieure«, wenn er **104**

1. die Meisterprüfung erfolgreich abgelegt hat,
2. danach eine praktische Tätigkeit als Meister mindestens zwei Jahre lang ausgeübt hat und
3. einen staatlichen oder berufsgenossenschaftlichen Ausbildungslehrgang oder
einen staatlich oder berufsgenossenschaftlich anerkannten Ausbildungslehrgang eines anderen Verwaltungsträgers mit Erfolg abgeschlossen hat.

Die Anforderungen an die Fachkunde eines Sicherheitsmeisters erfüllt nach § 3 Abs. 4 Satz 2 UVV »Sicherheitsingenieure« auch, wer ohne Meisterprüfung mindestens vier Jahre lang als Meister oder in gleichwertiger Funktion tätig war und einen staatlichen oder berufsgenossenschaftlichen Ausbildungslehrgang oder einen staatlich oder berufsgenossenschaftlich anerkannten **105**

Ausbildungslehrgang eines anderen Verwaltungsträgers mit Erfolg abgeschlossen hat.

106   Ferner werden die Anforderungen an die Fachkunde auch von denjenigen Fachkräften für Arbeitssicherheit erfüllt, die vor dem 1.12.1974 mindestens ein Jahr lang überwiegend auf dem Gebiet der Arbeitssicherheit tätig waren (§ 3 Abs. 5 UVV »Sicherheitsingenieure«).

107   Zudem kann der Unternehmer gemäß § 3 Abs. 1 Satz 2 UVV »Sicherheitsingenieure« im Einzelfall Fachkräfte für Arbeitssicherheit bestellen, die den Anforderungen der Absätze 2 bis 4 von § 3 UVV »Sicherheitsingenieure« nicht genügen, sofern er auf Verlangen der Berufsgenossenschaft den Nachweis der Fachkunde erbringt.

108   Eine weitere Ausnahmeregelung enthält schließlich § 18 ASiG, wonach die zuständige Behörde dem Arbeitgeber gestatten kann, auch solche Fachkräfte für Arbeitssicherheit zu bestellen, die noch nicht über die erforderliche Fachkunde i.S. des § 7 ASiG verfügen, wenn sich der Arbeitgeber verpflichtet, in einer festzulegenden Frist die Sicherheitsfachkraft entsprechend fortbilden zu lassen.

VI. Mitwirkung des Betriebsrats

109   Hinsichtlich der Beteiligungsrechte des Betriebsrats bei der Inanspruchnahme einer Fachkraft für Arbeitssicherheit gelten die Ausführungen zu den Betriebsärzten entsprechend (s.o. Rdnr. 41 ff.).

VII. Aufgaben der Fachkraft für Arbeitssicherheit

110   Die Aufgaben der Fachkräfte für Arbeitssicherheit sind im wesentlichen in dem Aufgabenkatalog des § 6 Satz 2 ASiG genannt. Aus der Formulierung »insbesondere« folgt allerdings, daß es sich hierbei um einen Mindestkatalog handelt und den Fachkräften für Arbeitssicherheit weitere, nicht in § 6 ASiG ausdrücklich aufgeführte Aufgaben übertragen werden können[91].

---

91 *Schelter,* ASiG, § 6 Anm. VIII; *Spinnarke/Schork,* ASiG, § 6 Rdnr. 1.

1. Unterstützung und Beratung des Arbeitgebers

§ 6 Satz 1 ASiG verpflichtet die Fachkräfte für Arbeitssicherheit zunächst, den **111** Arbeitgeber beim Arbeitsschutz und bei der Unfallverhütung in allen Fragen der Arbeitssicherheit einschließlich der menschengerechten Gestaltung der Arbeit zu unterstützen. Die der Fachkraft für Arbeitssicherheit nach § 6 Satz 2 Nr. 1 a-d ASiG übertragenen Aufgaben bezeichnen die Gebiete, auf denen der Arbeitgeber und die sonst für den Arbeitsschutz und die Unfallverhütung verantwortlichen Personen zu beraten sind. Hierbei handelt es sich im einzelnen um

- die Planung, Ausführung und Unterhaltung von Betriebsanlagen und von sozialen und sanitären Einrichtungen (Nr. 1 a),
- die Beschaffung von technischen Arbeitsmitteln und die Einführung von Arbeitsverfahren und Arbeitsstoffen (Nr. 1 b),
- die Auswahl und Erprobung von Körperschutzmitteln (Nr. 1 c) sowie
- die Gestaltung der Arbeitsplätze, des Arbeitsablaufs, der Arbeitsumgebung und sonstige Fragen der Ergonomie (Nr. 1 d).

2. Überprüfung der Betriebsanlagen, technischen Arbeitsmittel und Arbeitsverfahren

Weiterhin haben die Fachkräfte für Arbeitssicherheit gemäß § 6 Satz 2 Nr. 2 **112** die Betriebsanlagen und die technischen Arbeitsmittel insbesondere vor der Inbetriebnahme und die Arbeitsverfahren insbesondere vor ihrer Einführung sicherheitstechnisch zu überprüfen. Die Betriebsanlagen, technischen Arbeitsmittel und Arbeitsverfahren sind von den Fachkräften für Arbeitssicherheit an Ort und Stelle zu beurteilen und etwaige Mängel dem Arbeitgeber mitzuteilen. Gleichzeitig ist ein Vorschlag zur Beseitigung der vorgefundenen Mängel zu machen. Die Überprüfung endet mit der Mitteilung des Prüfungsergebnisses und des Verbesserungsvorschlags an den Arbeitgeber. Die Beseitigung der Mängel gehört hingegen nicht zur »Überprüfung« i.S. des § 6 Satz 2 Nr. 2 ASiG[92].

Die Betriebsanlagen, technischen Arbeitsmittel und Arbeitsverfahren sind **113** von den Fachkräften für Arbeitssicherheit insbesondere vor der Inbetriebnahme bzw. ihrer Einführung sicherheitstechnisch zu überprüfen. Aus der Formulierung »insbesondere« ergibt sich, daß weitere Überprüfungen zu

---

92 *Schelter*, ASiG, § 6 Anm. IV.

späteren Zeitpunkten erfolgen können. Insoweit hat die Fachkraft für Arbeitssicherheit einen Ermessensspielraum[93].

3. Beobachtung der Durchführung des Arbeitsschutzes und der Unfallverhütung

114 Nach § 6 Satz 2 Nr. 3 ASiG haben die Fachkräfte für Arbeitssicherheit die Durchführung des Arbeitsschutzes und der Unfallverhütung zu beobachten und im Zusammenhang damit

- die Arbeitsstätten in regelmäßigen Abständen zu begehen und festgestellte Mängel dem Arbeitgeber oder der sonst für den Arbeitsschutz und die Unfallverhütung verantwortlichen Person mitzuteilen, Maßnahmen zur Beseitigung dieser Mängel vorzuschlagen und auf deren Durchführung hinzuwirken (Nr. 3 a),
- auf die Benutzung der Körperschutzmittel zu achten (Nr. 3 b),
- Ursachen von Arbeitsunfällen zu untersuchen, die Untersuchungsergebnisse zu erfassen und auszuwerten und dem Arbeitgeber Maßnahmen zur Verhütung dieser Arbeitsunfälle vorzuschlagen (Nr. 3 c).

4. Verhaltensbeeinflussung der Beschäftigten

115 Schließlich haben die Fachkräfte für Arbeitssicherheit gemäß § 6 Satz 2 Nr. 4 ASiG darauf hinzuwirken, daß sich alle im Betrieb Beschäftigten den Anforderungen des Arbeitsschutzes und der Unfallverhütung entsprechend verhalten. Insbesondere sind die Beschäftigten über die Unfall- und Gesundheitsgefahren, denen sie bei ihrer Arbeit ausgesetzt sind, sowie über die Einrichtungen und Maßnahmen zur Abwendung dieser Gefahren zu belehren. Ferner haben die Fachkräfte für Arbeitssicherheit bei der Schulung der Sicherheitsbeauftragten mitzuwirken.

5. Zusammenarbeit mit dem Betriebsrat

116 § 9 Abs. 1 ASiG verpflichtet die Fachkräfte für Arbeitssicherheit, bei der Erfüllung ihrer Aufgaben mit dem Betriebsrat zusammenzuarbeiten. Da sich diese Vorschrift gleichermaßen auf Betriebsärzte und Fachkräfte für Arbeits-

---

93 Vgl. *Schelter*, ASiG, § 6 Anm. IV (Die Überprüfungen sind zu wiederholen, sobald ein Bedürfnis dafür vorliegt).

sicherheit bezieht, gelten die obigen Ausführungen zu den Betriebsärzten (s. Rdnr. 57 ff.) hier sinngemäß.

6.   *Zusammenarbeit mit den Betriebsärzten*

§ 10 Satz 1 ASiG verpflichtet die Fachkräfte für Arbeitssicherheit, bei der Erfüllung ihrer Aufgaben mit den Betriebsärzten zusammenzuarbeiten. Auch hier gelten die Ausführungen zu den Betriebsärzten (s.o. Rdnr. 62 f.) entsprechend.   **117**

VIII. Pflichten des Arbeitgebers

Die gesetzlichen Pflichten des Arbeitgebers werden in § 5 Abs. 2 und 3 ASiG näher beschrieben. Hierbei handelt es sich um die Überwachungspflicht (**1.**), die Unterstützungspflicht (**2.**) und die Pflicht zur Ermöglichung der beruflichen Fortbildung (**3.**).   **118**

1.   *Überwachungspflicht*

Nach § 5 Abs. 2 Satz 1 ASiG hat der Arbeitgeber dafür zu sorgen, daß die von ihm bestellten Fachkräfte für Arbeitssicherheit ihre Aufgaben erfüllen. Diese Pflicht leitet sich aus der Verantwortlichkeit des Arbeitgebers für den Arbeitsschutz ab, die auch nach der Bestellung von Sicherheitsfachkräften beim Arbeitgeber verbleibt[94]. Der Arbeitgeber muß die Fachkraft für Arbeitssicherheit, soweit ihm dies aufgrund eigener Sachkunde möglich ist, überwachen, ob sie ihre Aufgaben erfüllt. Aus § 5 Abs. 2 Satz 1 ASiG folgt, daß die Fachkraft für Arbeitssicherheit dem Arbeitgeber gegenüber Rechenschaft abzugeben hat über die Erfüllung ihrer Aufgaben. Kommt die Sicherheitsfachkraft ihren Aufgaben nicht oder nicht ordnungsgemäß nach, muß sie der Arbeitgeber zur pflichtgemäßen Durchführung ihrer Aufgaben anhalten. Bleibt diese Maßnahme des Arbeitgebers ohne Erfolg, so muß er die Fachkraft für Arbeitssicherheit – unter Wahrung des Mitbestimmungsrechts des Betriebsrats aus § 9 Abs. 3 ASiG – abberufen. Stellt die Überwachungsbehörde fest, daß eine Fachkraft für Arbeitssicherheit ihre Aufgaben nicht oder nicht ordnungsgemäß erfüllt, kann sie nicht unmittelbar gegen diese vorgehen,   **119**

---

94   *Spinnarke/Schork*, ASiG, § 5 Rdnr. 16; *Schelter*, ASiG, § 5 Anm. VIII.

sondern muß den Arbeitgeber durch eine an ihn gerichtete Einzelanordnung nach § 12 Abs. 1 ASiG zur Erfüllung seiner Überwachungsaufgaben anhalten[95].

120   Die Überwachungspflicht des Arbeitgebers bezieht sich auf die haupt- oder nebenamtlich tätigen Sicherheitsfachkräfte und die freiberuflichen Kräfte, nicht aber auf die Mitarbeiter eines überbetrieblichen Dienstes. Die Überwachung der letztgenannten Personen obliegt dem Leiter des überbetrieblichen Dienstes. Stellt der Arbeitgeber fest, daß die Mitarbeiter eines überbetrieblichen Dienstes ihre Aufgaben nicht oder nicht ordnungsgemäß erfüllen, so muß er sich an den überbetrieblichen Dienst wenden und dort Abhilfe verlangen.

2.   *Unterstützungspflicht*

121   Zudem hat der Arbeitgeber die Fachkräfte für Arbeitssicherheit gemäß § 5 Abs. 2 Satz 2 ASiG bei der Erfüllung ihrer Aufgaben zu unterstützen. Insbesondere ist er verpflichtet, ihnen Hilfspersonal sowie Räume, Einrichtungen, Geräte und Mittel zur Verfügung zu stellen, soweit dies zu Erfüllung ihrer Aufgaben erforderlich ist. Danach hat der Arbeitgeber die Voraussetzungen für die Arbeit der Sicherheitsfachkräfte in finanzieller, organisatorischer und personeller Hinsicht zu schaffen. Die Aufzählung in § 5 Abs. 2 Satz 2 ASiG ist nur beispielhaft, nicht abschließend[96]. Anders als bei den Betriebsärzten (s.o. Rdnr. 67) wird die Unterstützungspflicht des Arbeitgebers gegenüber den Fachkräften für Arbeitssicherheit von den Berufsgenossenschaften nicht näher präzisiert. Maßgebend für den Umfang der Unterstützung seitens des Arbeitgebers ist, was unter Berücksichtigung der jeweiligen Betriebsverhältnisse objektiv zur Erfüllung der Aufgaben notwendig ist[97].

122   Als Hilfspersonal kommen Sachbearbeiter, Schreibkräfte und sonstiges Personal, nicht aber Sicherheitsbeauftragte i.S. von § 719 RVO in Betracht. Bei den »Mitteln« handelt es sich um diejenigen Gegenstände, die für die Ausübung der Tätigkeit als Fachkraft für Arbeitssicherheit im konkreten Fall erforderlich sind. Hierzu gehören etwa Ausrüstung, Prüfgeräte, der Wortlaut der notwendigen Vorschriften, ggf. auch Fachliteratur, Statistik und Mittel zur Aufklärung der Arbeitnehmer[98].

---

95 *Spinnarke/Schork*, ASiG, § 5 Rdnr. 16; *Schelter*, ASiG, § 5 Anm. VIII.
96 *Spinnarke/Schork*, ASiG, § 5 Rdnr. 20; *Schelter*, ASiG, § 5 Anm. VIII.
97 *Spinnarke/Schork*, ASiG, § 5 Rdnr. 20; *Schelter*, ASiG, § 5 Anm. VIII.
98 S. *Schelter*, ASiG, § 5 Anm. VIII.

Bei Nichterfüllung der Verpflichtung zur Unterstützung der Fachkraft für **123** Arbeitssicherheit kann die zuständige Behörde eine entsprechende Anordnung nach § 12 ASiG treffen[99].

Bei der Inanspruchnahme freiberuflicher Sicherheitsfachkräfte und über- **124** betrieblicher Dienste braucht der Arbeitgeber die in § 5 Abs. 2 Satz 2 ASiG genannten Verpflichtungen insoweit nicht zu erfüllen, als den freiberuflich tätigen Fachkräften bzw. den Mitarbeitern des überbetrieblichen Dienstes bereits Personen, Räume, Einrichtungen, Geräte und Mittel zur Erfüllung ihrer Aufgaben zur Verfügung stehen. Die grundsätzliche Unterstützungspflicht des § 5 Abs. 2 Satz 2 ASiG bleibt hiervon jedoch unberührt, d.h. der Arbeitgeber muß dazu beitragen, daß die freiberuflichen Sicherheitsfachkräfte und die überbetrieblichen Dienste ihre Arbeitsschutzaufgaben erfüllen können[100].

3.   Pflicht zur Ermöglichung der beruflichen Fortbildung

Schließlich hat der Arbeitgeber den Fachkräften für Arbeitssicherheit nach **125** § 5 Abs. 3 Satz 1 ASiG die zur Erfüllung ihrer Aufgaben erforderliche Fortbildung unter Berücksichtigung der betrieblichen Belange zu ermöglichen. Diese Bestimmung trägt dem Umstand Rechnung, daß zwar zum Zeitpunkt der Bestellung bei der Fachkraft für Arbeitssicherheit eine ausreichende Fachkunde vorhanden war, daß sich jedoch sowohl die fachkundlichen Erkenntnisse als auch die betrieblichen Verhältnisse so ändern können, daß die ursprünglich vorhandene Fachkunde nicht mehr ausreicht, um die der Sicherheitsfachkraft übertragenen Aufgaben zu erfüllen[101].

Die Regelung des § 5 Abs. 3 ASiG verpflichtet den Arbeitgeber nicht, für **126** eine Fortbildung zu sorgen, d.h. darauf hinzuwirken, daß sich die Fachkräfte für Arbeitssicherheit fortbilden lassen. Vielmehr sind die Sicherheitsfachkräfte persönlich für die eigene Fortbildung verantwortlich[102].

Eine Freistellung von der Tätigkeit für die Fortbildung gemäß § 5 Abs. 3 **127** Satz 1 ASiG kann nur verlangt werden, wenn die Fortbildung zur Erfüllung der Aufgaben einer Fachkraft für Arbeitssicherheit unter Berücksichtigung der betrieblichen Belange erforderlich ist. Es muß sich um eine Fortbildung handeln, die für die Tätigkeit der Sicherheitsfachkraft im Betrieb notwendig

---

99 *Spinnarke/Schork*, ASiG, § 5 Rdnr. 20.
100 *Spinnarke/Schork*, ASiG, § 5 Rdnr. 21; *Schelter*, ASiG, § 5 Anm. VIII.
101 *Schelter*, ASiG, § 5 Anm. IX; *Schiefer*, Schulung und Weiterbildung im Arbeits- und Dienstverhältnis, Rdnr. 190.
102 *Schiefer*, a.a.O., Rdnr. 191.

oder zumindest zweckmäßig ist. Dabei muß die Fortbildungsart gewählt werden, die die betrieblichen Interessen am geringsten beeinträchtigt. Gleiches gilt für die Dauer der Fortbildungsveranstaltung. Eine allgemeine Fortbildung genügt nicht. Vielmehr muß die Fortbildung sicherheitstechnisch bezogen sein und im Zusammenhang mit den Einzelaufgaben stehen, die ggf. auch technische Fortbildungshilfen bedingen. Die Sicherheitsfachkraft muß aber auch durch die Fortbildung in die Lage versetzt werden, in einem gewissen Rahmen über die eigentlichen Aufgaben im Betrieb hinaus durch allgemeine Fortbildung den Anschluß an die Entwicklung beim Arbeitsschutz und der Unfallverhütung zu halten[103].

128   Auch wenn die Erforderlichkeit der Fortbildung gegeben ist, kann die Fachkraft für Arbeitssicherheit vom Arbeitgeber nicht ohne weiteres die Freistellung verlangen. Der Anspruch besteht nur dann, wenn es dem Arbeitgeber möglich ist, eine andere Sicherheitsfachkraft für die während der Abwesenheit der Fachkraft unbedingt erforderliche Betreuung des Betriebes zu finden. Gelingt dies trotz aller zumutbaren Bemühungen nicht, muß die Teilnahme an der Fortbildungsveranstaltung auf einen späteren Zeitpunkt verschoben werden[104].

129   Lehnt der Arbeitgeber der Fachkraft für Arbeitssicherheit gegenüber zu Unrecht die Freistellung von der Arbeit ab, so kann diese eine entsprechende Klage beim Arbeitsgericht erheben. Außerdem hat die Sicherheitsfachkraft die Möglichkeit, sich an die Aufsichtsbehörde zu wenden, damit diese dem Arbeitgeber eine auf § 12 ASiG gestützte Anordnung erteilt, der Sicherheitsfachkraft die erforderliche Ausbildung zu ermöglichen[105].

130   Die Dauer der Freistellung ist in § 5 Abs. 3 ASiG nicht geregelt. Da es über die Frage des zeitlichen Umfangs keine Aussagen in Richtlinien oder allgemeingültigen Grundsätzen gibt, wird man – ebenso wie bei den Betriebsärzten (s.o. Rdnr. 70) – der Fachkraft für Arbeitssicherheit einen Beurteilungsspielraum zubilligen müssen, den sie allerdings dem Arbeitgeber gegenüber konkret darzulegen hat[106].

131   Während der Dauer der Fortbildung hat der Arbeitgeber der als Arbeitnehmer eingestellten Fachkraft für Arbeitssicherheit nach § 5 Abs. 3 Satz 2 ASiG die Arbeitsvergütung fortzuentrichten. Darunter ist das vereinbarte Entgelt zu verstehen. Nicht weiter zu entrichten sind Bezüge, die zur Abgeltung von Auslagen gezahlt werden, sofern diese Auslagen während der Teilnahme an der Fortbildung nicht anfallen. Ist eine Fachkraft für Arbeits-

103 *Schelter*, ASiG, § 5 Anm. IX; *Schiefer*, a.a.O., Rdnr. 194.
104 *Schelter*, ASiG, § 5 Anm. IX; *Schiefer*, a.a.O., Rdnr. 195.
105 *Schelter*, ASiG, § 5 Anm. IX; *Schiefer*, a.a.O., Rdnr. 205.
106 Vgl. *Schiefer*, a.a.O., Rdnr. 196 f.

sicherheit als Arbeitnehmer bei mehreren Arbeitgebern tätig, so müssen alle Arbeitgeber die jeweils vereinbarte Arbeitsvergütung weiterzahlen[107].

Ist die Fachkraft für Arbeitssicherheit als Arbeitnehmer in den Betrieb **132** eingegliedert, hat der Arbeitgeber nach § 5 Abs. 3 Satz 3 ASiG auch die Kosten der Fortbildung zu tragen. Hierzu gehören Fahrtkosten, Teilnehmergebühren für den Lehrgang, Tage- und Übernachtungsgelder bzw. Kosten für auswärtige Unterbringung und notwendige Fachliteratur. Dabei müssen sich diese Kosten jedoch in einem angemessenen Rahmen halten. Der Betrieb darf nicht mit den Kosten einer Fortbildung belastet werden, die für ihn untragbar sind[108]. Ist eine Fachkraft als Arbeitnehmer bei mehreren Arbeitgebern tätig, so haben die Arbeitgeber die Kosten der Fortbildung anteilig zu tragen (zu gleichen Teilen; wenn die Tätigkeit in den einzelnen Betrieben einen verschiedenen Umfang hat, dann entsprechend dem Umfang der einzelnen Tätigkeiten). Voraussetzung für die Verteilung ist jedoch, daß die Fortbildung allen Betrieben zugute kommt. Anderenfalls trifft die Kostenlast nur den oder die Betriebe, in deren Interesse die Fortbildung liegt[109]. Eine Pflicht des Arbeitgebers zur Kostentragung entfällt wegen § 720 Abs. 2 RVO, wenn die Fortbildungsveranstaltung von einer Berufsgenossenschaft durchgeführt wird[110].

Die nicht als Arbeitnehmer eingestellten Fachkräfte für Arbeitssicherheit **133** sind gemäß § 5 Abs. 3 Satz 4 ASiG lediglich für die Zeit der Fortbildung von der Erfüllung der ihnen übertragenen Aufgaben freizustellen. Aus der Reihenfolge der Sätze in § 5 Abs. 3 ASiG folgt, daß die freiberuflichen Sicherheitsfachkräfte gegen den Arbeitgeber weder einen Anspruch auf Fortzahlung der Vergütung noch auf Kostenerstattung haben. Allerdings kann zwischen der Sicherheitsfachkraft und dem Arbeitgeber eine hiervon abweichende vertragliche Vereinbarung getroffen werden[111].

IX. Weisungsfreiheit

Nach § 8 Abs. 1 Satz 1 ASiG sind die Fachkräfte für Arbeitssicherheit bei der **134** Anwendung ihrer sicherheitstechnischen Fachkunde weisungsfrei. Sie sind keinen Weisungen des Arbeitgebers, des Betriebsrats, der Gewerbeaufsicht oder der Unfallversicherungsträger unterworfen. § 8 Abs. 1 Satz 1 ASiG

---

107 *Schelter*, ASiG, § 5 Anm. X; *Schiefer*, a.a.O., Rdnr. 198.
108 *Schelter*, ASiG, § 5 Anm. X.
109 *Schiefer*, a.a.O., Rdnr. 200.
110 S. hierzu *Schelter*, ASiG, § 5 Anm. X; *Schiefer*, a.a.O., Rdnr. 202 ff.
111 *Schelter*, ASiG, § 5 Anm. X.

sichert die Unabhängigkeit der Sicherheitsfachkräfte bei der Anwendung ihrer Fachkunde[112]. Die Weisungsfreiheit bezieht sich allerdings nur auf die Anwendung der sicherheitstechnischen Fachkunde, nicht aber auf andere Fragen, wie etwa solche Weisungen, die sich aus dem Direktionsrecht des Arbeitgebers ergeben[113]. Ist in einem Betrieb eine leitende Fachkraft für Arbeitssicherheit bestellt, so gilt die Weisungsfreiheit auch ihr gegenüber. Die leitende Sicherheitsfachkraft kann jedoch selbst organisatorische Weisungen erteilen[114].

X. Stellung im Betrieb

135 Die Fachkräfte für Arbeitssicherheit unterstehen nach § 8 Abs. 2 ASiG unmittelbar dem Leiter des Betriebs. Sind für einen Betrieb mehrere Fachkräfte bestellt, so gilt diese unmittelbare Unterstellung für die leitende Sicherheitsfachkraft. In dem Fall können sich die anderen Fachkräfte für Arbeitssicherheit nicht unmittelbar, sondern nur unter Einschaltung der leitenden Sicherheitsfachkraft an den Betriebsleiter wenden. § 8 Abs. 2 ASiG verpflichtet den Arbeitgeber jedoch nicht, bei mehreren Sicherheitsfachkräften eine leitende Fachkraft für Arbeitssicherheit zu bestellen[115]. Vielmehr ist die Einsetzung einer leitenden Sicherheitsfachkraft in sein Belieben gestellt. Verzichtet der Arbeitgeber auf die Einsetzung einer leitenden Fachkraft für Arbeitssicherheit, so unterstehen alle Fachkräfte unmittelbar dem Betriebsleiter.

136 Durch die Vorschrift soll sowohl die Unabhängigkeit als auch der Einfluß der Fachkraft für Arbeitssicherheit gestärkt werden[116]. Unter »Leiter des Betriebs« i.S. von § 8 Abs. 2 ASiG ist diejenige Person zu verstehen, die den Betrieb eigenverantwortlich führt[117]. Eine hiervon abweichende vertragliche Vereinbarung zwischen Arbeitgeber und Sicherheitsfachkraft kann nicht wirksam getroffen werden. Jedoch müssen der Leiter des Betriebs und der

---

112 *Schelter,* ASiG, § 8 Anm. I.
113 *Schelter,* ASiG, § 8 Anm. II.
114 *Spinnarke / Schork,* ASiG, § 8 Rdnr. 4; *Schelter,* ASiG, § 8 Anm. II.
115 *Schelter,* ASiG, § 8 Anm. IV mit zutreffendem Hinweis darauf, daß auch der Betriebsrat nicht die Einsetzung einer leitenden Fachkraft für Arbeitssicherheit erzwingen kann.
116 *Schelter,* ASiG, § 8 Anm. IV; s. auch *Spinnarke / Schork,* ASiG, § 8 Rdnr. 30 (»Die wirksame Beratung und Unterstützung des Arbeitgebers durch den Betriebsarzt und die Fachkraft hängt davon ab, daß der unmittelbare Zugang zur Betriebsspitze offensteht«).
117 *Schelter,* ASiG, § 8 Anm. IV; *Spinnarke / Schork,* ASiG, § 8 Rdnr. 30.

Arbeitgeber nicht zwingend identisch sein. Im Falle der Inanspruchnahme freiberuflicher Fachkräfte oder überbetrieblicher Dienste muß den Sicherheitsfachkräften entsprechend § 8 Abs. 2 ASiG der unmittelbare Zugang zum Arbeitgeber oder Betriebsleiter gewährleistet sein[118].

XI. Verfahren bei Meinungsverschiedenheiten

Nach § 8 Abs. 3 Satz 1 ASiG können Fachkräfte für Arbeitssicherheit, wenn sie sich über eine von ihnen vorgeschlagene sicherheitstechnische Maßnahme mit dem Leiter des Betriebs nicht verständigen können, den Vorschlag unmittelbar dem Arbeitgeber unterbreiten. Ist der Arbeitgeber eine juristische Person, so können sie den Vorschlag dem zuständigen Mitglied des Organs unterbreiten, das zur gesetzlichen Vertretung berufen ist (bei einer AG dem zuständigen Vorstandsmitglied, bei der GmbH dem zuständigen Geschäftsführer). Die Vorschrift des § 8 Abs. 3 Satz 1 ASiG umfaßt lediglich ein Vorschlagsrecht der Sicherheitsfachkraft, nicht aber ein Weisungsrecht gegenüber dem Arbeitgeber bzw. dem zuständigen Organmitglied bei juristischen Personen. Zwar muß sich der Arbeitgeber mit den Vorschlägen kritisch auseinandersetzen und sorgfältig prüfen, ob sie realisierbar sind und der damit erstrebte Zweck erreicht wird. Die Entscheidungsberechtigung verbleibt allerdings beim Arbeitgeber[119].

137

Die Möglichkeit, den Vorschlag unmittelbar dem Arbeitgeber bzw. dem zuständigen Organmitglied zu unterbreiten, steht gemäß § 8 Abs. 3 Satz 2 ASiG nur der leitenden Fachkraft für Arbeitssicherheit zu, wenn diese für einen Betrieb oder ein Unternehmen bestellt ist. Anderenfalls kann jede Fachkraft von dem Recht des § 8 Abs. 3 Satz 1 ASiG Gebrauch machen[120].

138

Lehnt der Arbeitgeber bzw. das zuständige Mitglied des Organs, das zur gesetzlichen Vertretung berufen ist, den Vorschlag der Fachkraft für Arbeitssicherheit ab, so muß die Ablehnung gemäß § 8 Abs. 3 Satz 3 ASiG dem Vorschlagenden schriftlich mitgeteilt und begründet werden. Die Ablehnung und die Begründung ist vom Arbeitgeber oder dem zuständigen Organmitglied schriftlich zu unterzeichnen[121]. Weiterhin hat der Arbeitgeber den

139

---

118 *Spinnarke/Schork,* ASiG, § 8 Rdnr. 30.
119 Vgl. *Spinnarke/Schork,* ASiG, § 8 Rdnr. 31; *Schelter,* ASiG, § 8 Anm. V mit Darlegung weiterer Möglichkeiten der Fachkräfte für Arbeitssicherheit zur Unterbreitung ihrer Vorschläge.
120 *Schelter,* ASiG, § 8 Anm. V.
121 *Schelter,* ASiG, § 8 Anm. VI. Die Annahme von *Spinnarke/Schork,* ASiG, § 8 Rdnr. 32, die Sicherheitsfachkraft habe gegen den Arbeitgeber keinen durchsetzba-

Betriebsrat über die ablehnende Entscheidung mittels Durchschrift der schriftlichen Begründung zu unterrichten. Die Ablehnung des Vorschlags stellt keine Ordnungswidrigkeit dar, weil sie in den §§ 13, 20 ASiG nicht aufgeführt ist. Jedoch kann sie die zuständige Behörde zu Maßnahmen nach § 12 ASiG veranlassen[122].

XII. Haftung der Fachkraft für Arbeitssicherheit

140 Hinsichtlich der Haftung der Fachkräfte für Arbeitssicherheit gelten die Ausführungen zu den Betriebsärzten entsprechend (s.o. Rdnr. 80 ff.).

---

ren Anspruch auf Bescheidung und Begründung, ist mit dem eindeutigen Wortlaut des § 8 Abs. 3 Satz 3 ASiG unvereinbar.

122 *Schelter*, ASiG, § 8 Anm. VI. Zu den Möglichkeiten der Sicherheitsfachkraft im Falle der Ablehnung des Vorschlags s. *Spinnarke/Schork*, ASiG, § 8 Rdnr. 33.

D. Sicherheitsbeauftragte

I. Gesetzliche Grundlage und Zielsetzungen

Die Pflicht zur Bestellung von Sicherheitsbeauftragten sowie deren Rechts- **141**
stellung sind in § 719 RVO geregelt. Diese Bestimmung ist durch das Gesetz
zur Neuregelung des Rechts der gesetzlichen Unfallversicherung (Unfallversicherungs-Neuregelungsgesetz) vom 30.4.1963[123] in die RVO eingefügt
worden. Damit verfolgte der Gesetzgeber u.a. das Ziel, in den Betrieben
Sicherheitsorgane einzurichten, die mit der Betriebsleitung und dem Betriebsrat vertrauensvoll zusammenarbeiten[124].

   Die Vorschrift des § 719 RVO dient der Erhöhung des Wirkungsgrades **142**
der Unfallverhütung. Sie geht von der Überlegung aus, daß eine Einwirkung
auf die Arbeitnehmer zu gefahrbewußtem, vorsichtigem und umsichtigem
Verhalten und zur Verwendung der Unfallverhütungsmittel am nachhaltig-
sten durch Arbeitskollegen möglich ist und daß es zur Erreichung einer
effektiven Unfallverhütung der ständigen Beobachtung der gesamten Einrichtungen des Unternehmens und der Arbeitsverfahren durch besondere
Beauftragte bedarf[125].

II. Voraussetzungen der Bestellungspflicht

Die Voraussetzungen für die Pflicht des Unternehmers zur Bestellung von **143**
Sicherheitsbeauftragten ergeben sich zunächst aus § 719 Abs. 1 Satz 1 RVO.
Danach hat der Unternehmer in Unternehmen mit mehr als 20 Beschäftigten
einen oder mehrere Sicherheitsbeauftragte zu bestellen. Für Betriebe mit
geringerer Unfallgefahr können die Berufsgenossenschaften gemäß § 719
Abs. 1 Satz 3 RVO die Zahl 20 in ihrer Satzung erhöhen.

   Zu den Unternehmen i.S. von § 719 Abs. 1 Satz 1 RVO gehören alle **144**
Unternehmen (vgl. § 658 Abs. 2 Nr. 1 RVO) ohne Rücksicht darauf, ob es

---

123 BGBl. I S. 241.
124 Schriftlicher Bericht des Ausschusses für Sozialpolitik, BT-Drucksache IV/938
     (neu), S. 21.
125 Zur Abgrenzung des Sicherheitsbeauftragten von der Fachkraft für Arbeitssicher-
     heit s. *Ehrich,* Amt und Anstellung, S. 215 ff.

sich um industrielle, handwerkliche oder Verwaltungsunternehmen handelt. Auch landwirtschaftliche Unternehmen und Unternehmen der öffentlichen Hand fallen nach § 801 Abs. 1 RVO bzw. § 767 Abs. 1 RVO unter diese Vorschrift.

145   Als Beschäftigte i.S. von § 719 Abs. 1 Satz 1 RVO gelten alle Betriebsangehörigen, folglich auch leitende Angestellte nach § 5 Abs. 3 Satz 2 BetrVG und Auszubildende, nicht aber vorübergehend Beschäftigte oder der Unternehmer selbst. Gemäß § 719 Abs. 1 Satz 4 RVO gelten in Kindergärten, Schulen, Hochschulen und sonstigen in § 539 Abs. 1 Nr. 14 RVO genannten Einrichtungen Kinder, Schüler und andere Lernende als Beschäftigte i.S. des § 719 Abs. 1 Satz 1 RVO. Bei der Zahl der Beschäftigten ist auf das gesamte Unternehmen abzustellen. Ist ein Unternehmen in mehrere Betriebe untergliedert, so sind die in den einzelnen Betrieben Beschäftigten zusammenzuzählen.

146   Die genaue Zahl der zu bestellenden Sicherheitsbeauftragten ist gemäß § 719 Abs. 5 RVO in den Unfallverhütungsvorschriften unter Berücksichtigung der nach der Eigenart der Unternehmen bestehenden Unfallgefahren und der Zahl der Arbeitnehmer zu bestimmen. So wurde nach Ziff. 1 der Anlage 1 zu § 9 Abs. 1 der Unfallverhütungsvorschrift »Allgemeine Vorschriften« (VBG 1) für alle Mitgliedsunternehmen der Fleischerei-Berufsgenossenschaft als Mindestzahl der zu bestellenden Sicherheitsbeauftragten bestimmt:

Unternehmen mit	Mindestanzahl der Sicherheitsbeauftragten:
21 bis 100 Arbeitnehmern	1 Sicherheitsbeauftragter
101 bis 200 Arbeitnehmern	2 Sicherheitsbeauftragte
201 bis 400 Arbeitnehmern	3 Sicherheitsbeauftragte
401 bis 700 Arbeitnehmern	4 Sicherheitsbeauftragte
701 bis 1000 Arbeitnehmern	5 Sicherheitsbeauftragte
1001 bis 1500 Arbeitnehmern	6 Sicherheitsbeauftragte
mehr als 1500 Arbeitnehmern	7 Sicherheitsbeauftragte

147   Gemäß Ziff. 2 dieser Anlage kann je nach Gliederung der Unternehmen eine größere Zahl von Sicherheitsbeauftragten erforderlich sein. In dem Fall soll der Unternehmer die vorstehend angegebenen Mindestzahlen überschreiten. Im gegebenen Einzelfall kann die Fleischerei-Berufsgenossenschaft durch schriftlichen Bescheid die Bestellung von zusätzlichen Sicherheitsbeauftragten zur Auflage machen.

148   Zulässig ist auch die freiwillige Bestellung eines oder mehrerer Sicherheitsbeauftragter in Unternehmen mit weniger als zwanzig Beschäftigten, die von § 719 Abs. 1 Satz 1 RVO bzw. den Unfallverhütungsvorschriften nicht erfaßt werden[126].

Verstößt der Unternehmer vorsätzlich oder fahrlässig gegen seine Pflicht **149** zur Bestellung eines oder mehrerer Sicherheitsbeauftrager, so kann gegen ihn nach § 710 RVO ein Bußgeld verhängt werden. Zudem kann die Berufsgenossenschaft, soweit der Unternehmer seiner Pflicht zur Bestellung von Sicherheitsbeauftragten nicht nachkommt, eine Anordnung nach § 712 Abs. 1 Satz 2 RVO erlassen und, falls der Unternehmer schuldhaft der Anordnung zuwiderhandelt, nach § 717 a Abs. 1 Nr. 3, Abs. 2 RVO eine Geldbuße bis zu 20.000,— DM festsetzen.

III. Form der Bestellung

Da in § 719 RVO – anders als in § 2 Abs. 1, § 5 Abs. 1 ASiG hinsichtlich der **150** Betriebsärzte und Fachkräfte für Arbeitssicherheit – keine besondere Form für die Bestellung eines Sicherheitsbeauftragten vorgeschrieben ist, kann diese grundsätzlich auch mündlich wirksam erfolgen. In jedem Fall bedarf sie aber der *Annahme* des zu bestellenden Arbeitnehmers[127]. Gegen seinen Willen kann ein Mitarbeiter nicht einseitig zum Sicherheitsbeauftragten bestellt werden[128].

IV. Anforderungen an den Sicherheitsbeauftragten

Anders als § 7 Abs. 1 ASiG hinsichtlich der Bestellung von Fachkräften für **151** Arbeissicherheit macht § 719 RVO die Bestellung eines Sicherheitsbeauftragten von keinen beruflichen Qualifikationen oder sonstigen Anforderungen abhängig. Dennoch ist aus Sinn und Zweck des § 719 RVO, nämlich der

---

126 Vgl. dazu die Durchführungsanweisungen vom April 1977 zur Unfallverhütungsvorschrift Allgemeine Vorschriften (VBG 1) vom 1.4.1977 zu § 9 Abs. 1: »Auch in Unternehmen, die nach der Reichsversicherungsordnung keine Sicherheitsbeauftragten zu bestellen haben, hat sich der Einsatz von Sicherheitsbeauftragten bewährt. Es liegt im Ermessen des Unternehmers, Sicherheitsbeauftragte auch dann zu bestellen, wenn er hierzu nach den Unfallverhütungsvorschriften nicht verpflichtet ist.«

127 Vgl. *Dangers,* BG 1973, 83 (84). Unzutreffend dagegen *Ilgenfritz,* BB 1964, 263, demzufolge die Wirksamkeit einer Bestellung nach § 719 RVO nicht voraussetze, daß der Arbeitnehmer der Bestellung zustimme oder vorher sein Einverständnis hierzu erklärt habe.

128 Vgl. dazu *Ehrich,* Amt und Anstellung, S. 222 ff.

Erhöhung des Wirkungsgrades der Unfallverhütung, abzuleiten, daß der Unternehmer nur solche Personen als Sicherheitsbeauftragte bestellen darf, die für das Amt geeignet sind. Neben Zuverlässigkeit und beruflicher Erfahrung setzt dies einen guten Kontakt zur Belegschaft und zu den Vorgesetzten voraus[129].

152   Bei der Auswahl des bzw. der zu bestellenden Sicherheitsbeauftragten ist der Unternehmer zwar grundsätzlich frei. Die Bestellung von leitenden Angestellten, Meistern, Vorarbeitern oder nicht betriebsangehörigen Personen läßt sich indes kaum mit den gesetzlichen Zielsetzungen (s.o. Rdnr. 142) vereinbaren. Ebensowenig kann sich der Unternehmer selbst zum Sicherheitsbeauftragten bestellen.

153   Die Bestellung eines Arbeitnehmers sowohl zum Sicherheitsbeauftragten als auch zur Fachkraft für Arbeitssicherheit (sog. Doppelbestellung) ist zwar rechtlich nicht unzulässig, da weder § 719 RVO noch den § 5 Abs. 1, § 6 Satz 2 Nr. 4 und § 11 ASiG die gesetzgeberische Wertung entnommen werden kann, daß zwischen beiden Ämtern eine personelle Trennung bestehen soll[130]. Im Hinblick auf die unterschiedliche Stellung von Sicherheitsbeauftragtem und Fachkraft für Arbeitssicherheit zum Unternehmer und den Arbeitnehmern, denen gegenüber die Sicherheitsfachkraft meist weisungsberechtigt ist, wird eine solche Doppelbestellung jedoch zumindest unangebracht sein[131].

V.   Pflicht zur Amtsübernahme aufgrund des Arbeitsvertrages

154   Erklären sich keine Arbeitnehmer dazu bereit, die Aufgaben des Sicherheitsbeauftragten im Unternehmen wahrzunehmen, so stellt sich die Frage, ob der Unternehmer von einem Arbeitnehmer bereits aufgrund des Arbeitsvertrages die Ausübung des Amtes eines Sicherheitsbeauftragten verlangen kann, selbst wenn der Arbeitsvertrag keine entsprechende Verpflichtung enthält.

155   Nach h.M.[132] berechtigt das allgemeine Direktionsrecht des Unternehmers nicht dazu, die Übernahme des Amtes einseitig anzuordnen. Ein solches Direktionsrecht kann weder aus § 719 RVO noch aus den Unfallverhütungs-

---

129 Vgl. *Nickenig*, BlStSozArbR 1966, 136 (138).
130 S. dazu *Ehrich*, Amt und Anstellung, S. 216 f.
131 Vgl. *Ilgenfritz*, BB 1964, 263; *Gotzen*, BlStSozArbR 1963, 264 (267).
132 *Siller*, BG 1972, 63 (64); *Dangers*, BG 1973, 83 (84); *Wolber*, BlStSozArbR 1977, 359 (360); weitere Nachw. bei *Ehrich*, Amt und Anstellung, S. 233.

vorschriften abgeleitet werden. Ebensowenig ist es dem Arbeitsverhältnis immanent. Denn das allgemeine Weisungsrecht des Arbeitgebers berechtigt diesen nur dazu, die im Arbeitsvertrag enthaltenen Rahmen-Arbeitsbedingungen hinsichtlich Art, Zeit und Ort näher zu konkretisieren. Dagegen unterliegt der Umfang der beiderseitigen Hauptleistungspflichten nicht dem Direktionsrecht[133]. Da dem Sicherheitsbeauftragten mit der Bestellung die in § 719 Abs. 2 RVO genannten Aufgaben zukommen, betrifft deren Wahrnehmung nicht nur Art, Zeit und Ort der Leistungspflicht, sondern den Umfang der beiderseitigen Hauptleistungspflichten. Diese können aber dem Arbeitnehmer vom Arbeitgeber nicht ohne Vertragsänderung (§ 305 BGB) einseitig auferlegt werden.

Abgesehen von der fehlenden Berechtigung des Arbeitgebers, einem Arbeitnehmer das Amt des Sicherheitsbeauftragten im Wege des allgemeinen Direktionsrechts zuzuweisen, würde die »erzwungene« Bestellung eines Arbeitnehmers zum Sicherheitsbeauftragten den Zwecken des § 719 RVO widersprechen, der von der freiwilligen Ausübung des Amtes ausgeht. **156**

Eine Verpflichtung zur Übernahme der Funktion eines Sicherheitsbeauftragten kann sich jedoch aus einem auf das Arbeitsverhältnis anwendbaren Tarifvertrag oder einer Betriebsvereinbarung ergeben. Gleiches gilt, wenn der Arbeitsvertrag die Pflicht zur Übernahme des Amtes eines Sicherheitsbeauftragten vorsieht[134]. **157**

VI. Mitwirkung des Betriebsrats

Die Bestellung einer Person zum Sicherheitsbeauftragten hat gemäß § 719 Abs. 1 Satz 2 RVO unter Mitwirkung des Betriebsrats (Personalrats) zu erfolgen. Hierbei handelt es sich **nicht** um ein **echtes Mitbestimmungsrecht**[135]. **158**

§ 719 Abs. 1 Satz 2 RVO verpflichtet den Unternehmer lediglich dazu, den Betriebsrat über die geplante Bestellung des Sicherheitsbeauftragten zu unterrichten und zu versuchen, sich mit diesem über die betreffende Person zu verständigen. Kommt zwischen Unternehmer und Betriebsrat keine Einigung zustande, verbleibt es beim Letztentscheidungsrecht des Unternehmers. **159**

Ein Verstoß des Unternehmers gegen das Mitwirkungsrecht des Betriebsrats aus § 719 Abs. 1 Satz 2 RVO führt nicht zur Unwirksamkeit der **160**

---

133 Vgl. *Ehrich,* Amt und Anstellung, S. 223 m.w. Nachw. der Rechtspr.
134 S. dazu *Ehrich,* Amt und Anstellung, S. 223.
135 Eingehend dazu *Ehrich,* Amt und Anstellung, S. 224 ff. m.w. Nachw.

Bestellung eines Sicherheitsbeauftragten, da es sich bei dieser Vorschrift – wie eben ausgeführt – nicht um ein Mitbestimmungsrecht im engeren Sinne handelt und der Gesetzgeber die Unwirksamkeitsfolge, anders als etwa bei § 102 Abs. 1 Satz 3 BetrVG, nicht ausdrücklich angeordnet hat[136].

161   Obwohl sich der Wortlaut des § 719 Abs. 1 Satz 2 RVO allein auf die Bestellung des Sicherheitsbeauftragten bezieht, findet dieses Mitwirkungsrecht nach Sinn und Zweck auch auf die **Abberufung** eines Sicherheitsbeauftragten Anwendung, da die Interessen der Gesamtbelegschaft, deren Schutz das Beteiligungsrecht bei der Bestellung bezweckt, durch die Abberufung des Sicherheitsbeauftragten in gleicher Weise betroffen werden wie durch dessen Bestellung[137].

162   Allerdings kann der Betriebsrat – anders als bei der Fachkraft für Arbeitssicherheit – letztlich nicht die Abberufung des Sicherheitsbeauftragten verhindern (s.o. Rdnr. 159).

163   Da das Amt des Sicherheitsbeauftragten und das zugrundeliegende Anstellungsverhältnis rechtlich voneinander zu unterscheiden sind, hat der Unternehmer neben dem Mitwirkungsrecht des § 719 Abs. 1 Satz 2 RVO zusätzlich die Beteiligungsrechte des Betriebsrats nach §§ 99 ff. BetrVG zu beachten, sofern mit der Bestellung oder Abberufung personelle Einzelmaßnahmen einhergehen.

164   Regelmäßig wird es sich bei der Bestellung eines Mitarbeiters zum Sicherheitsbeauftragten um eine zustimmungspflichtige Versetzung i.S. der §§ 99 Abs. 1 Satz 1, 95 Abs. 3 Satz 1 BetrVG handeln. Denn aufgrund der Bestellung zum Sicherheitsbeauftragten hat der Arbeitnehmer zusätzliche, in § 719 Abs. 2 RVO genannte, Aufgaben wahrzunehmen, so daß sich insoweit die Funktion des betreffenden Arbeitnehmers im Unternehmen ändert. Auch bei der Abberufung eines Sicherheitsbeauftragten wird es sich regelmäßig zugleich um eine Versetzung handeln, da dem Mitarbeiter die in § 719 Abs. 2 RVO genannten Aufgaben entzogen werden.

165   Bei der Kündigung des mit einem Sicherheitsbeauftragten bestehenden Arbeitsverhältnisses hat der Arbeitgeber das Anhörungsrecht des Betriebsrats gemäß § 102 Abs. 1 BetrVG zu beachten. Zwar endet mit der Kündigung des Arbeitsverhältnisses gleichzeitig das Amt des Sicherheitsbeauftragten, weil eine isolierte Amtsausübung nicht möglich ist. Da jedoch die Abberufung des Sicherheitsbeauftragten keinen strengeren Anforderungen unterliegt als die Kündigung des Arbeitsverhältnisses, führt die fehlende Mitwirkung des Betriebsrats nach § 719 Abs. 1 Satz 2 RVO hinsichtlich der Abberufung – anders als bei den Betriebsärzten und Fachkräften für Arbeitssicherheit (s.o.

---

136 *Ehrich,* Amt und Anstellung, S. 229 ff. m.w. Nachw.
137 *Ehrich,* Amt und Anstellung, S. 228 f.

Rdnr. 45 f., 109) – nicht wegen objektiv funktionswidriger Gesetzesumgehung zur Unwirksamkeit der Kündigung[138].

VII. Aufgaben des Sicherheitsbeauftragten

§ 719 RVO enthält – anders als die §§ 3, 6 ASiG hinsichtlich der Betriebsärzte **166**
und Fachkräfte für Arbeitssicherheit – keinen Aufgabenkatalog der Sicherheitsbeauftragten. Vielmehr besagt § 719 Abs. 2 RVO lediglich, daß die
Sicherheitsbeauftragten den Unternehmer bei der Durchführung des Unfallschutzes zu unterstützen, insbesondere sich von dem Vorhandensein und der
ordnungsgemäßen Benutzung der vorgeschriebenen Schutzvorrichtungen
fortlaufend zu überzeugen haben.

Im einzelnen handelt es sich dabei um folgende Aufgaben: **167**

– Aufklärung der Kollegen über die ordnungsgemäße Benutzung der
  vorgeschriebenen oder angeordneten Schutzeinrichtungen,
– Förderung des Interesses an sicherheitsgerechtem Verhalten,
– Regelmäßige Überwachung der Kollegen auf unfallsicheres Verhalten bei
  der Arbeit,
– Feststellung von Mängeln und unverzügliche Unterrichtung der Unternehmensleitung,
– Unterbreitung von Verbesserungsvorschlägen für die Arbeitssicherheit
  gegenüber dem Unternehmer bzw. Weiterleitung von Verbesserungsvorschlägen von Kollegen,
– Zusammenarbeit mit Vorgesetzten, Betriebsrat, Betriebsärzten und Fachkräften für Arbeitssicherheit,
– Hilfe bei der Durchführung von Aufklärungs- und Arbeitssicherheitsmaßnahmen,
– Teilnahme an der Untersuchung von Betriebsunfällen,
– Besondere Überwachung des Arbeitsschutzes für Berufsanfänger, neue
  Arbeitnehmer, behinderte und ausländische Arbeitnehmer,
– Begleitung der Aufsichtsbeamten der Berufsgenossenschaft und des Gewerbeaufsichtsamtes bei Betriebsbesichtigungen[139].

---

138 *Ehrich,* Amt und Anstellung, S. 235.
139 S. *Dangers,* BG 1973, 83 (85).

VIII. Rechtsstellung des Sicherheitsbeauftragten

1. Weisungsfreiheit

168 Während § 8 Abs. 1 Satz 1 ASiG vorsieht, daß die Betriebsärzte und Fachkräfte für Arbeitssicherheit bei der Anwendung ihrer arbeitsmedizinischen und sicherheitstechnischen Fachkunde weisungsfrei sind, ist in § 719 RVO ein Weisungsverbot des Unternehmers gegenüber den Sicherheitsbeauftragten nicht ausdrücklich normiert. Gleichwohl rechtfertigen Sinn und Zweck des § 719 RVO die Annahme, daß auch die Sicherheitsbeauftragten bei der Wahrnehmung ihrer Aufgaben weisungsfrei sind. Denn der Sicherheitsbeauftragte kann seine Aufgaben nur dann den Vorstellungen des Gesetzgebers entsprechend erfüllen, wenn er insoweit keinen Weisungen unterliegt[140].

169 Freilich beschränkt sich die Weisungsfreiheit nur auf die Wahrnehmung der Amtsaufgaben. Anweisungen, die vom allgemeinen Direktionsrecht gedeckt sind und mit der Ausübung des Amtes als solcher nichts zu tun haben, bleiben hiervon unberührt und können seitens des Unternehmers wirksam erteilt werden[141].

2. Benachteiligungsverbot

170 Für die Sicherheitsbeauftragten von besonderer praktischer Bedeutung ist das in § 719 Abs. 3 RVO enthaltene Benachteiligungsverbot. Danach dürfen die Sicherheitsbeauftragten wegen der Erfüllung der ihnen übertragenen Aufgaben nicht benachteiligt werden. Ihr Vorbild findet die Bestimmung des § 719 Abs. 3 RVO in § 78 Satz 2 BetrVG, demzufolge die Betriebsratsmitglieder wegen ihrer Tätigkeit nicht benachteiligt oder begünstigt werden dürfen. Das Benachteiligungsverbot soll die sachgerechte Aufgabenerfüllung sicherstellen und die Unabhängigkeit der Sicherheitsbeauftragten gewährleisten, die bei ihrer Amtsausübung u.U. in ein Spannungsfeld zwischen den Interessen des Unternehmers und den wahrzunehmenden Belangen der Mitarbeiter geraten können[142].

171 In zeitlicher Hinsicht beschränkt sich das Benachteiligungsverbot des § 719 Abs. 3 RVO nicht nur auf die Ausübung des Amtes, sondern erfaßt nach Sinn und Zweck auch Maßnahmen, die nach der Beendigung des Amtes

---

140 *Weber,* Der Betriebsbeauftragte, S. 149.
141 *Weber,* Der Betriebsbeauftragte, S. 150 m.w. Nachw.
142 *Weber,* Der Betriebsbeauftragte, S. 151 f.

erfolgen, sofern sie durch die (frühere) Tätigkeit als Sicherheitsbeauftragter motiviert sind[143].

Unter »Benachteiligung« i.S. von § 719 Abs. 3 RVO ist jede für den **172** Sicherheitsbeauftragten ungünstige Veränderung seiner persönlichen Rechts- und Interessensphäre zu verstehen. Unzulässig sind alle rechtlichen oder tatsächlichen Maßnahmen, die sich objektiv als Benachteiligung darstellen, ohne daß es auf eine Benachteiligungsabsicht oder ein Verschulden des Unternehmers ankommt. Jedoch verbietet § 719 Abs. 3 RVO nur solche Maßnahmen, die »wegen der Erfüllung« der den Sicherheitsbeauftragten übertragenen Aufgaben erfolgen. Zwischen der benachteiligenden Maßnahme und der (ordnungsgemäßen) Tätigkeit als Sicherheitsbeauftragter muß mithin ein Ursachenzusammenhang bestehen. Hieran fehlt es, wenn alle betriebsangehörigen Personen in vergleichbarer Tätigkeit und Position Schlechterstellungen in Kauf nehmen müssen. Ebensowenig kann sich der Sicherheitsbeauftragte auf das Benachteiligungsverbot des § 719 Abs. 3 RVO berufen, wenn der Unternehmer die Überschreitung des Aufgabenbereiches, die nicht ordnungsgemäße Wahrnehmung der Amtsaufgaben oder anderweitige Pflichtverletzungen arbeitsrechtlich sanktioniert. In all diesen Fällen erfolgt die Benachteiligung nicht »wegen« der ordnungsgemäßen Erfüllung der dem Sicherheitsbeauftragten übertragenen Aufgaben[144].

Bei dem Benachteiligungsverbot des § 719 Abs. 3 RVO handelt es sich um **173** ein gesetzliches Verbot i.S. von § 134 BGB, so daß Maßnahmen, die hiergegen verstoßen, nichtig sind. Dies gilt in erster Linie für die Kündigung des Sicherheitsbeauftragten, sofern sie allein wegen der ordnungsgemäßen Wahrnehmung der Amtsaufgaben ausgesprochen wird. Ebenso liegt eine unzulässige Benachteiligung vor, wenn der Unternehmer den Sicherheitsbeauftragten in sonstiger Weise schlechter stellt, etwa durch ungünstigere Arbeitsbedingungen, den Entzug bestimmter Aufgaben, verhinderte Aufstiegsmöglichkeiten, die Verweigerung von Höhergruppierung oder den Ausschluß von besonderen Zuwendungen und Vergünstigungen, die vergleichbaren Mitarbeitern gewährt werden, falls diese Maßnahmen auf die ordnungsgemäße Wahrnehmung der Amtsaufgaben zurückzuführen sind. Keine Benachteiligung i.S. von § 719 Abs. 3 RVO stellt die Abberufung des Sicherheitsbeauftragten von seinem Amt durch den Unternehmer dar, weil die Abberufung als solche die Stellung des Sicherheitsbeauftragten im Unternehmen nicht verschlechtert. Überdies läßt sich aus dem Benachteiligungsverbot kein Anspruch des Sicherheitsbeauftragten auf die Fortdauer seines Amtes ableiten. Eine Schlechterstellung, für die das Benachteiligungs-

---

143 Zutreffend *Weber,* Der Betriebsbeauftragte, S. 155.
144 Vgl. *Weber,* Der Betriebsbeauftragte, S. 154 f.

verbot des § 719 Abs. 3 RVO maßgebend ist, kommt vielmehr erst dann in Betracht, wenn dem abberufenen Sicherheitsbeauftragten ein ungünstigerer oder weniger verantwortungsvoller Arbeitsplatz zugewiesen wird.

174   Darlegungs- und beweispflichtig für das Vorliegen einer Benachteiligung und eines Kausalzusammenhanges zwischen der ordnungsgemäßen Wahrnehmung der Amtsaufgaben und der benachteiligenden Maßnahme ist entsprechend den allgemeinen zivilprozessualen Beweislastregeln der Sicherheitsbeauftragte, wobei hier jedoch oftmals die Grundsätze des sog. Anscheinsbeweises zu seinen Gunsten eingreifen werden[145].

IX. Bildung eines Sicherheitsausschusses

175   In Unternehmen mit mehr als drei Sicherheitsbeauftragten ist gemäß § 719 Abs. 4 Satz 1 Halbsatz 1 RVO ein Sicherheitsausschuß zu bilden. Auf diese Weise soll die Arbeit der einzelnen Sicherheitsbeauftragten koordiniert werden[146]. Der in § 719 Abs. 4 Satz 1 Halbsatz 1 RVO enthaltenen Formulierung »so bilden sie aus ihrer Mitte einen Sicherheitsausschuß« ist zu entnehmen, daß nicht alle Sicherheitsbeauftragte des Unternehmens dem Sicherheitsausschuß angehören müssen. Bei einer großen Zahl von Sicherheitsbeauftragten, die in einem Großunternehmen der Industrie regelmäßig zu bestellen sind, wäre ein solcher Ausschuß praktisch kaum funktionsfähig. Vielmehr ist der Ausschuß in einer bestimmten Größe, die im Interesse der Beweglichkeit und Funktionsfähigkeit nicht zu hoch sein sollte, von allen Sicherheitsbeauftragten zu wählen. Die genaue Zahl der Sicherheitsbeauftragten in dem Sicherheitsausschuß kann von der Berufsgenossenschaft in den Unfallverhütungsvorschriften festgelegt werden. Fehlt eine solche Bestimmung, so haben der Unternehmer und die Sicherheitsbeauftragten hierüber eine sinnvolle Regelung zu treffen.

176   Der Unternehmer oder sein Beauftragter sollen nach § 719 Abs. 4 Satz 2 RVO mindestens einmal in Monat mit dem Sicherheitsausschuß unter Beteiligung des Betriebsrats (Personalrats) zum Zwecke des Erfahrungsaustauschs zusammentreffen. Da es sich lediglich um eine Soll-Vorschrift handelt, können die Zusammenkünfte in Klein- und Mittelbetrieben mit einer geringen Unfallhäufigkeit auch in längeren Zeitabständen erfolgen. Bei Großbetrieben und Betrieben mit hoher Unfallhäufigkeit sind die monatlichen Zusammenkünfte hingegen strikt einzuhalten. Darüber hinaus kann der

---

145 Vgl. *Weber*, Der Betriebsbeauftragte, S. 156.
146 *Dangers*, BG 1973, 83 (84).

Sicherheitsausschuß auch zwischenzeitlich dringende Anliegen dem Unternehmer vortragen, wobei eine gleichzeitige Unterrichtung des Betriebsrats (Personalrats) empfehlenswert ist[147].

Ein Sicherheitsausschuß ist nicht zu bilden, wenn Betriebsärzte oder **177** Fachkräfte für Arbeitssicherheit für den Betrieb bestellt sind (§ 719 Abs. 4 Satz 1 Halbsatz 2 RVO), da in dem Falle die Bildung eines Arbeitsschutzausschusses i.S. von § 11 ASiG erforderlich ist (s.u. Rdnr. 178 ff.), der an die Stelle des Sicherheitsausschusses tritt[148].

X.   Arbeitsschutzausschuß

1.   *Voraussetzungen der Errichtung*

§ 11 Satz 1 ASiG verpflichtet den Arbeitgeber, in Betrieben mit Betriebsärz- **178** ten und Fachkräften für Arbeitssicherheit einen Arbeitsschutzausschuß zu bilden. Auf diese Weise sollen die mit dem Arbeitsschutz und der Unfallverhütung befaßten Stellen des Betriebs zusammenarbeiten. Die Bildung des Arbeitsschutzausschusses ist bereits dann zwingend erforderlich, wenn mindestens ein Betriebsarzt oder eine Fachkraft für Arbeitssicherheit für den Betrieb bestellt worden ist[149]. Der Bestellung eines (angestellten) Betriebsarztes bzw. einer (angestellten) Sicherheitsfachkraft stehen die Inanspruchnahme eines freiberuflichen Arztes bzw. einer freiberuflichen Sicherheitsfachkraft sowie die Inanspruchnahme eines überbetrieblichen Dienstes gleich[150].

2.   *Zusammensetzung*

Der Arbeitsschutzausschuß setzt sich gemäß § 11 Satz 2 ASiG zusammen aus **179** dem Arbeitgeber oder einem von ihm Beauftragten, zwei vom Betriebsrat bestimmten Betriebsratsmitgliedern, Betriebsärzten, Fachkräften für Arbeits-

---

147 *Dangers*, BG 1973, 83 (85).
148 Ein bereits vorhandener Sicherheitsausschuß kann jedoch nach Bildung eines Arbeitsschutzausschusses weiterbestehen, vgl. *Schelter*, ASiG, § 11 Anm. III 5; *Spinnarke/Schork*, ASiG, § 11 Anm. 1.
149 *Schelter*, ASiG, § 11 Anm. II.
150 *Schelter*, ASiG, § 11 Anm. II m.w. Nachw.; a.A. *Spinnarke/Schork*, § 11 Anm. 1, die jedoch selbst einräumen, daß die Bildung eines Arbeitsschutzausschusses auch bei der Verpflichtung freiberuflicher Kräfte und überbetrieblicher Dienste im Interesse einer sinnvollen Koordination zweckmäßig sei.

sicherheit sowie den Sicherheitsbeauftragten nach § 719 RVO[151]. Neben den gesetzlich genannten Mitgliedern können dem Arbeitsschutzausschuß auch noch weitere Mitglieder mit beratenden Befugnissen angehören, wie etwa Vertreter der Personal- oder Ausbildungsabteilung sowie der Vertrauensmann der Schwerbehinderten[152].

180 Die Zahl der in den Arbeitsschutzausschuß zu entsendenden Sicherheitsbeauftragten ist in § 11 ASiG nicht geregelt. Sie kann in einer freiwilligen Betriebsvereinbarung zwischen Arbeitgeber und Betriebsrat (§ 88 BetrVG) festgelegt werden. Die Berufung der jeweiligen Sicherheitsbeauftragten in den Arbeitsschutzausschuß ist allein dem Arbeitgeber zugewiesen. Ein Beteiligungsrecht des Betriebsrats hat der Arbeitgeber hierbei nicht zu beachten. Das Mitwirkungsrecht des § 719 Abs. 1 Satz 2 RVO bezieht sich lediglich auf die Bestellung der Sicherheitsbeauftragten, nicht aber auf deren Berufung in den Arbeitsschutzausschuß. Umgekehrt kann der Arbeitgeber einen Sicherheitsbeauftragten aus dem Arbeitsschutzausschuß jederzeit ohne Einhaltung einer Frist oder ohne Vorliegen besonderer Gründe abberufen. Die Abberufung des Sicherheitsbeauftragten aus dem Arbeitsschutzausschuß ist nur dann unzulässig, wenn sie sich als ein Akt reiner Willkür oder als Schikane darstellt[153].

3. Aufgaben

181 Der Arbeitsschutzausschuß hat gemäß § 11 Satz 3 ASiG die Aufgabe, Anliegen des Arbeitsschutzes und der Unfallverhütung zu beraten. Damit soll eine Koordinierung der Arbeitsschutzaufgaben aller Beteiligten stattfinden. Weiterhin sollen Meinungsverschiedenheiten der Beteiligten in dem Arbeitsschutzausschuß beseitigt werden. Zu den Aufgaben des Arbeitsschutzausschusses gehören im einzelnen

- das Aufstellen und Erarbeiten von Grundsätzen für die Weiterentwicklung des Arbeitsschutzes (Arbeitssicherheitsprogramme, Vorschläge über Körperschutzmittel),
- Vorschläge zur Verbesserung der Arbeitssicherheit und des Gesundheitsschutzes,
- die Koordinierung der verschiedenen Aufgaben (Betriebsärzte, Fachkräfte für Arbeitssicherheit, Sicherheitsbeauftragte),

---

151 Hierzu im einzelnen *Schelter*, ASiG, § 11 Anm. III.
152 S. *Schelter*, ASiG, § 11 Anm. III 5; *Spinnarke/Schork*, ASiG, § 11 Anm. 2.
153 *Schelter*, ASiG, § 11 Anm. III 5; *Spinnarke/Schork*, ASiG, § 11 Anm. 2;

- der Erfahrungsaustausch und die Ausarbeitung von Vorschlägen nach Arbeitsunfällen oder arbeitsbedingten Erkrankungen zur Verhütung derselben sowie
- die Unterrichtung über den Sicherheitszustand des Betriebs[154].

Eine Beschränkung der Aufgaben des Arbeitsschutzausschusses lediglich auf **182** wichtige Angelegenheiten des Arbeitsschutzes ist zwar an sich möglich, jedoch nicht angebracht, da der Ausschuß der umfassenden Zusammenarbeit aller im Betrieb vertretenen Arbeitsschutzinstanzen dienen soll[155].

Die Befugnisse des Arbeitsschutzausschusses beschränken sich auf die **183** Beratung der eben erwähnten Angelegenheiten und auf die Unterbreitung von Vorschlägen gegenüber dem Arbeitgeber und dem Betriebsrat. Eine Entscheidungs- oder Kontrollbefugnis steht dem Arbeitsschutzausschuß dagegen nicht zu[156]. Hiervon unberührt bleibt das Vorschlagsrecht der Betriebsärzte und Fachkräfte für Arbeitssicherheit nach § 8 Abs. 3 ASiG (s.o. Rdnr. 77 ff., 137 ff.).

4. Zeitpunkt der Sitzungen

Gemäß § 11 Satz 4 ASiG tritt der Arbeitsschutzausschuß mindestens einmal **184** vierteljährlich zusammen. Diese Vorschrift verpflichtet den Arbeitgeber, den Ausschuß dementsprechend zusammentreten zu lassen. Bei Bedarf muß der Ausschuß auch häufiger zusammentreten und dazu – ggf. auf Verlangen der sonstigen Ausschußmitglieder – vom Arbeitgeber einberufen werden[157]. Liegen keine Angelegenheiten zur Beratung für eine Sitzung vor, kann von dem vorgeschriebenen vierteljährlichen Zusammentreten im Einverständnis aller Mitglieder des Ausschusses abgesehen werden.

Die Arbeit des Ausschusses kann durch eine Geschäftsordnung geregelt **185** werden. Möglich ist dies durch einen Beschluß des Ausschusses oder durch Abschluß einer freiwilligen Betriebsvereinbarung (§ 88 BetrVG). In der Geschäftsordnung können u.a. Geschäftsführung, Vorsitz, Form und Frist für die Einberufung des Ausschusses, Aufstellen der Tagesordnung, Anfertigung von Niederschriften und ihre Genehmigung sowie die Aufgaben des Ausschusses im einzelnen festgelegt werden[158].

---

154 *Schelter*, ASiG, § 11 Anm. IV.
155 *Spinnarke/Schork*, ASiG, § 11 Anm. 3.1; *Schelter*, ASiG, § 11 Anm. IV.
156 *Spinnarke/Schork*, ASiG, § 11 Anm. 2, 3.1; *Schelter*, ASiG, § 11 Anm. IV.
157 *Schelter*, ASiG, § 11 Anm. V.
158 Vgl. *Schelter*, ASiG, § 11 Anm. V.

XI. Haftung des Sicherheitsbeauftragten

186   Im Gegensatz zur Fachkraft für Arbeitssicherheit oder zu einem vom Arbeitgeber nach § 708 Abs. 1 Nr. 1 RVO Beauftragten trägt der Sicherheitsbeauftragte als solcher grundsätzlich weder eine zivilrechtliche oder strafrechtliche Verantwortung in dem Sinne, daß er für einen durch Verstoß gegen die Sicherheitsbestimmungen eingetretenen Schaden verantwortlich gemacht werden kann. Denn die in § 719 Abs. 2 RVO vorgesehenen Aufgaben sind nur unterstützender, beobachtender und beratender Art. Die Verantwortung für die Durchführung der Unfallverhütung trägt in jedem Fall der Unternehmer[159].

187   Eine persönliche Haftung des Sicherheitsbeauftragten wird nur in seltenen Ausnahmefällen, nämlich bei vorsätzlich oder grob fahrlässig herbeigeführten Schäden, in Betracht kommen (s. dazu bereits oben Rdnr. 83 f.).

---

159 *Dangers,* BG 1973, 83 (85); *Janert,* Der Arbeitgeber 1964, 359.

E. Betriebsbeauftragte für Immissions- schutz

I. Gesetzliche Grundlage und Zielsetzungen

Die Pflicht zur Bestellung von Betriebsbeauftragten für Immissionsschutz **188** (Immissionsschutzbeauftragten) und deren Rechtsstellung sind in den §§ 53– 58 BImSchG[160] geregelt. Diese Vorschriften beruhen auf der Überlegung, daß die Einhaltung der Umweltschutzbestimmungen in der betrieblichen Praxis allein durch die staatlichen Überwachungsbehörden nicht gewährleistet werden kann. Mit dem Immissionsschutzbeauftragten soll dem Betreiber genehmigungsbedürftiger Anlagen daher ein Instrument zur Selbstkontrolle zur Hand gegeben werden, das den Betrieb der technischen Anlage überwacht und den verantwortlichen Anlagenbetreiber fachkundig berät. Auf diese Weise sollen das Verantwortungsbewußtsein des Anlagenbetreibers gestärkt, die Vorsorge gegen das Entstehen schädlicher Umwelteinwirkungen verbessert sowie die Wirksamkeit materieller Immissionsschutz- und Sicherheitsanforderungen erhöht werden[161].

Mit dem dritten Gesetz zur Änderung des BImSchG vom 11.5.1990[162] **189** wurden die §§ 53–58 BImSchG teilweise neu gefaßt. Die für die Praxis wichtigste Änderung bildet die Ergänzung des § 58 BImSchG durch Abs. 2, der die ordentliche Kündigung eines Immissionsschutzbeauftragten ausschließt und diesen Kündigungsschutz in Satz 2 auf die Zeit von einem Jahr nach der Abberufung ausdehnt (s.u. Rdnr. 304 ff.).

II. Voraussetzungen der Bestellungspflicht

Nach § 53 Abs. 1 Satz 1 BImSchG haben Betreiber genehmigungsbedürftiger **190** Anlagen einen oder mehrere Immissionsschutzbeauftragte zu bestellen, sofern dies im Hinblick auf die Art oder die Größe der Anlage wegen der

---

160 Gesetz zum Schutz vor schädlichen Umwelteinwirkungen durch Luftverunreinigungen, Geräusche, Erschütterungen und ähnliche Vorgänge (Bundes-Immissionsschutzgesetz – BImSchG) vom 15.3.1974 (BGBl. I S. 721).
161 Vgl. Hansmann in: *Landmann/Rohmer*, Vor § 53 BImSchG Rdnr. 1.
162 BGBl. I S. 870.

– von den Anlagen ausgehenden Emissionen,
– technischen Problemen der Emissionsbegrenzung oder
– Eignung der Erzeugnisse, bei bestimmungsgemäßer Verwendung schädliche Umwelteinwirkungen durch Luftverunreinigungen, Geräusche oder Erschütterungen hervorzurufen,

erforderlich ist.

191 Die Vorschrift des § 53 Abs. 1 Satz 1 BImSchG ist jedoch nicht unmittelbar verbindlich. Vielmehr muß sie durch eine Rechtsverordnung nach § 53 Abs. 1 Satz 2 BImSchG (**1.**) oder durch eine behördliche Einzelanordnung nach § 53 Abs. 2 BImSchG (**2.**) konkretisiert werden[163].

1.   Pflicht zur Bestellung aufgrund Rechtsverordnung

192 Von der Ermächtigung des § 53 Abs. 1 Satz 2 BImSchG, wonach der Bundesminister für Umwelt, Naturschutz und Reaktorsicherheit durch Rechtsverordnung mit Zustimmung des Bundesrates die genehmigungsbedürftigen Anlagen bestimmt, deren Betreiber Immissionsschutzbeauftragte zu bestellen haben, wurde mit der 5. BImSchV[164] Gebrauch gemacht.

193 Die allgemeine Pflicht des § 53 Abs. 1 Satz 1 BImSchG zur Bestellung eines Immissionsschutzbeauftragten wird durch die Vorschrift des § 1 Abs. 1 5. BImSchV konkretisiert, die festlegt, für welche Anlagen ein Immissionsschutzbeauftragter zu bestellen ist. Danach haben Betreiber der im – insgesamt 46 Nummern umfassenden – Anhang I zur 5. BImSchV[165] bezeichneten genehmigungsbedürftigen Anlagen einen betriebsangehörigen Immissionsschutzbeauftragten zu bestellen.

194 Obwohl in der 5. BImSchV nicht ausdrücklich erwähnt, ist ein Immissionsschutzbeauftragter auch dann zu bestellen, wenn mehrere Anlagen desselben Betreibers, die im Anhang I zur 5. BImSchV bezeichnet sind, zusammen die festgelegten Leistungsgrenzen oder Anlagegrößen erreichen oder überschreiten[166].

195 Als Adressaten der Verpflichtung zur Bestellung des Immissionsschutzbeauftragten bezeichnet § 1 Abs. 1 5. BImSchV in Übereinstimmung mit § 53

---

163 *Hansmann* in: *Landmann/Rohmer,* § 53 BImSchG Rdnr. 2.
164 Fünfte Verordnung zur Durchführung des Bundes-Immissionsschutzgesetzes (Verordnung über Immissionsschutz- und Störfallbeauftragte – 5. BImSchV) vom 30.7.1993 (BGBl. I S. 1433). Die 5. BImSchV ist am 8.8.1993 in Kraft getreten und vereint gleichsam die bisherige 5. und 6. BImSchV a.F., die am 8.8.1993 außer Kraft getreten sind. Zum Anlaß der Neuregelung und zu den Änderungen im einzelnen s. *Ehrich,* DB 1993, 1772.
165 Abgedruckt unter Anhang V.
166 Zu den Gründen s. *Ehrich,* DB 1993, 1772 (1773).

Abs. 1 Satz 1 BImSchG den Anlagenbetreiber. Bei ihm handelt es sich um diejenige natürliche oder juristische Person, die den bestimmenden Einfluß auf die Anlage hat und mit dem Eigentümer der Anlage nicht identisch zu sein braucht[167].

Die Pflicht zur Bestellung eines Immissionsschutzbeauftragten besteht unabhängig davon, ob für die betroffene Anlage eine wirksame Genehmigung erteilt worden ist oder nicht. Maßgebend ist allein die *Genehmigungsbedürftigkeit* der Anlage[168]. **196**

Die Vorschrift des § 1 Abs. 1 5. BImSchV ist gegenüber dem Anlagenbetreiber unmittelbar verbindlich, ohne daß sie eine weitere Anordnung der Behörde voraussetzt. Kommt der Betreiber einer im Anhang I zur 5. BImSchV aufgeführten Anlage seiner Pflicht zur Bestellung eines Immissionsschutzbeauftragten nicht nach, kann ihn die Überwachungsbehörde durch einen anfechtbaren Verwaltungsakt zur Erfüllung der ihm obliegenden Pflichten anhalten. Hierbei handelt es sich um eine sog. unselbständige Verfügung, da lediglich ein abschließend normiertes Gebot wiederholt wird[169]. Diese Anordnung kann im Wege des Verwaltungszwangs (Anordnung und Festsetzung von Zwangsgeld) durchgesetzt werden. **197**

Allerdings hat die zuständige Behörde[170] nach § 6 5. BImSchV auf Antrag den Betreiber einer Anlage i.S. des § 1 5. BImSchV von der Verpflichtung zur Bestellung eines Immissionsschutzbeauftragten zu befreien, wenn die Bestellung im Einzelfall aus den in § 53 Abs. 1 Satz 1 BImSchG genannten Gesichtspunkten nicht erforderlich ist. **198**

Die Befreiung von der Verpflichtung zur Bestellung eines Immissionsschutzbeauftragten setzt zunächst einen (schriftlichen, mündlichen oder konkludenten) Antrag des Anlagenbetreibers voraus. Eine Befreiung ohne entsprechenden Antrag ist rechtswidrig, wobei dieser Fehler aber durch nachträgliche Antragstellung des Anlagenbetreibers geheilt werden kann (§ 45 Abs. 1 Nr. 1 VwVfG). Sind bei Anlagen i.S. von § 1 Abs. 1 5. BImSchV weder gefährliche Emissionen, besondere technische Probleme der Emissionsbegrenzung, noch eine potentiell umweltschädliche Produktion zu erwarten (vgl. § 53 Abs. 1 Satz 1 BImSchG), so begründet § 6 5. BImSchV einen **199**

---

167 *Ehrich,* DB 1993, 1772 (1773) m.w. Nachw.
168 *Ehrich,* DB 1993, 1772 (1773) m.w. Nachw.
169 Vgl. *Ehrich,* DB 1993, 1772 (1773 f.) m.w. Nachw.
170 Welche Behörde im konkreten Fall zuständig ist, richtet sich nach den entsprechenden Zuständigkeitsverordnungen der Länder bzw. dem Bayerischen Immissionsschutzgesetz. Vgl. dazu die Übersicht bei *Hansmann* in: *Landmann/Rohmer,* § 53 BImSchG Rdnr. 21.

Rechtsanspruch auf Befreiung von der Pflicht zur Bestellung eines Immissionsschutzbeauftragten[171].

200 Beweispflichtig für den Sachverhalt, von dem die Beurteilung der fehlenden Erforderlichkeit abhängt, ist der Anlagenbetreiber, der aus § 6 5. BImSchV eine ihm günstige Rechtsfolge ableitet. Daraus folgt, daß die Befreiung nicht ausgesprochen werden kann, wenn eine hinreichende Aufklärung des Sachverhalts nicht möglich ist[172]. Gegen die Ablehnung des Befreiungsantrages kann der Anlagenbetreiber Widerspruch einlegen und ggf. Verpflichtungsklage beim Verwaltungsgericht erheben. Das Vorliegen der Voraussetzungen für eine Befreiung nach § 6 5. BImSchV unterliegt der uneingeschränkten gerichtlichen Kontrolle[173].

2. Pflicht zur Bestellung aufgrund Einzelanordnung

201 Die Pflicht zur Bestellung eines oder mehrerer Immissionsschutzbeauftragter kann sich nicht nur aus § 1 5. BImSchV, sondern – statt dessen – aus einer behördlichen Einzelanordnung nach § 53 Abs. 2 BImSchG ergeben. Gemäß § 53 Abs. 2 BImSchG kann die zuständige Behörde anordnen, daß Betreiber genehmigungsbedürftiger Anlagen, für die die Bestellung eines Immissionsschutzbeauftragten nicht durch Rechtsverordnung vorgeschrieben ist, sowie Betreiber nicht genehmigungsbedürftiger Anlagen einen oder mehrere Immissionsschutzbeauftragte zu bestellen haben, soweit sich im Einzelfall die Notwendigkeit der Bestellung aus den in § 53 Abs. 1 Satz 1 BImSchG genannten Gesichtspunkten ergibt.

202 Anders als der Verordnungsgeber im Rahmen von § 53 Abs. 1 Satz 2 BImSchG hat die anordnende Behörde keine generalisierende Betrachtung, sondern eine Einzelfallbetrachtung vorzunehmen. Aus diesem Grund muß sie die besonderen Verhältnisse beim Betrieb der Anlage untersuchen und prüfen, ob die bestehenden oder die zu erwartenden Immissionsschutzprobleme eine sachverständige Beratung des Anlagenbetreibers und seiner Bediensteten erfordern. Im Hinblick auf die erforderliche Einzelfallbetrachtung ist die Erfassung ganzer Anlagearten in Form von Allgemeinverfügungen unzulässig[174].

203 Neben der Frage, ob ein Immissionsschutzbeauftragter zu bestellen ist, kann die Anordnung nach § 53 Abs. 2 BImSchG auch alle damit zusammen-

---

171 In diesem Fall steht der Behörde kein Ermessensspielraum zu, vgl. *Ehrich,* DB 1993, 1772 (1774) m.w. Nachw.

172 *Ehrich,* DB 1993, 1772 (1774) m.w. Nachw.

173 *Ehrich,* DB 1993, 1772 (1774 f.) m.w. Nachw.

174 *Hansmann* in: *Landmann/Rohmer,* § 53 BImSchG Rdnr. 17 m.w. Nachw.

hängenden Fragen regeln, wie etwa die Anzahl der zu bestellenden Immissionsschutzbeauftragten, das Erfordernis der Betriebszugehörigkeit oder die Bestellung für mehrere Anlagen. Dagegen kann die Bestellung einer bestimmten Person zum Immissionsschutzbeauftragten nicht verbindlich vorgeschrieben werden. Ebensowenig können die gesetzlich umschriebenen Aufgaben in der Anordnung nach § 53 Abs. 2 BImSchG erweitert oder eingeschränkt werden, da eine dem § 21 b Abs. 3 WHG entsprechende Ermächtigung im BImSchG nicht enthalten ist[175].

Im Rahmen dieser behördlichen Anordnung nach § 53 Abs. 2 BImSchG **204** finden die Bestimmungen der §§ 2–6 5. BImSchV keine unmittelbare Anwendung, da sie sich jeweils auf die Betreiber von Anlagen i.S. des § 1 5. BImSchV beziehen. Diese Vorschrift konkretisiert jedoch allein § 53 Abs. 1 BImSchG, nicht aber § 53 Abs. 2 BImSchG. Gleichwohl sind im Rahmen dieser Anordnungen etwa bei den Fragen, wieviele Beauftragte zu bestellen sind, ob ein gemeinsamer Beauftragter bestellt werden darf, oder ob ein betriebs- oder nicht betriebsangehöriger Beauftragter zu bestellen ist (s. dazu u. Rdnr. 216 ff., 223 ff., 227 ff.), von der Behörde die Grundsätze der §§ 2–6 5. BImSchV entsprechend heranzuziehen[176].

Bei der Anordnung zur Bestellung eines oder mehrerer Immissionsschutz- **205** beauftragter nach § 53 Abs. 2 BImSchG handelt es sich um einen anfechtbaren Verwaltungsakt, gegen den der Anlagenbetreiber die in der VwGO vorgesehenen Rechtsbehelfe (Widerspruch, Anfechtungsklage vor dem Verwaltungsgericht) ergreifen kann. Ob die Voraussetzungen für den Erlaß dieser Anordnung gegeben sind, unterliegt im vollen Umfang der verwaltungsgerichtlichen Nachprüfung[177].

III. Form der Bestellung

Die Bestellung muß – anders als der zugrundeliegende Anstellungsvertrag – **206** nach § 55 Abs. 1 Satz 1 BImSchG stets **schriftlich** erfolgen, ansonsten ist sie unwirksam, § 125 Satz 1 BGB. Wirksamkeitsvoraussetzung der Bestellung ist außerdem deren *Annahme* durch den Immissionsschutzbeauftragten[178].

Darüber hinaus hat der Betreiber dem Immissionsschutzbeauftragten **207** gemäß § 55 Abs. 1 Satz 1 BImSchG die ihm obliegenden Aufgaben genau zu

---

175 *Hansmann* in: *Landmann/Rohmer*, § 53 BImSchG Rdnr. 18 ff.
176 *Ehrich*, DB 1993, 1772 (1777) m.w. Nachw.
177 S. dazu *Hansmann* in: *Landmann/Rohmer*, § 53 BImSchG Rdnr. 29.
178 *Hansmann* in: *Landmann/Rohmer*, § 55 BImSchG Rdnr. 26 m.w. Nachw.

bezeichnen. Dies kann dadurch geschehen, daß die in § 54 BImSchG genannten Aufgaben in der Bestellungsurkunde wiederholt und in Bezug zu der konkreten Anlage gesetzt werden. Ausreichend ist aber auch die Verweisung auf § 54 BImSchG in der Bestellungsurkunde, wobei jedoch stets eine Konkretisierung der in dem jeweiligen Betrieb anfallenden Aufgaben hinzukommen muß. Zur Abgrenzung der wahrzunehmenden Aufgaben bedarf es weiterhin einer ausdrücklichen Bezeichnung der Anlage, für die der Immissionsschutzbeauftragte bestellt wird, insbesondere wenn mit der Hauptanlage Nebenanlagen und -einrichtungen verbunden sind[179].

208　　Die genaue Bezeichnung der Aufgaben muß nicht zwingend in der Bestellungsurkunde enthalten sein, da dem Immissionsschutzbeauftragten nach § 55 Abs. 1 Satz 3 eine Abschrift der erforderlichen Anzeige an die Behörde auszuhändigen ist, aus der sich die genaue Bezeichnung seiner Aufgaben ergibt (vgl. § 55 Abs. 1 Satz 2 BImSchG).

IV.　Anzeige an die zuständige Behörde

209　　Gemäß § 55 Abs. 1 Satz 2 BImSchG hat der Anlagenbetreiber die Bestellung des Immissionsschutzbeauftragten und die Bezeichnung seiner Aufgaben der jeweils zuständigen Behörde unverzüglich anzuzeigen. Die Anzeige darf sich nicht nur auf die Mitteilung des Bestellungsvorgangs beschränken. Da der Behörde aufgrund der Anzeige die Prüfung ermöglicht werden soll, ob der Anlagenbetreiber seiner Pflicht zur Bestellung eines fachkundigen und zuverlässigen Immissionsschutzbeauftragten nachgekommen ist, muß der Betreiber vielmehr auch

— die Person, die er zum Immissionsschutzbeauftragten bestellt hat,
— den Zeitpunkt, zu dem die Bestellung wirksam werden soll,
— die Anlagen, für die die Bestellung ausgesprochen worden ist,
— die konkret übertragenen Aufgaben sowie
— die tatsächlichen Voraussetzungen für die Fachkunde und Zuverlässigkeit des Immissionsschutzbeauftragten

angeben[180].

210　　Aus der Bestimmung des § 55 Abs. 1 Satz 3 BImSchG (»Abschrift«) folgt mittelbar, daß die Anzeige schriftlich erfolgen muß. Nach § 52 Abs. 2 Satz 1

179 *Hansmann* in: *Landmann/Rohmer*, § 55 BImSchG Rdnr. 27 f.
180 Vgl. *Hansmann* in: *Landmann/Rohmer*, § 55 BImSchG Rdnr. 46.

BImSchG kann die Behörde von dem Anlagenbetreiber weitere Auskünfte und Unterlagen verlangen[181].

Dem Immissionsschutzbeauftragten ist gemäß § 55 Abs. 1 Satz 3 BImSchG **211** eine Abschrift der Anzeige auszuhändigen. Auf diese Weise erhält er einen Beleg mit der genauen Bezeichnung seiner Aufgaben.

Unterläßt der Anlagenbetreiber die nach § 55 Abs. 1 Satz 2 BImSchG **212** erforderliche Anzeige, so wird die Wirksamkeit der Bestellung zum Immissionsschutzbeauftragten dadurch nicht berührt. Denn die Anzeige dient lediglich dazu, der Behörde die Prüfung zu erleichtern, ob der Anlagenbetreiber seiner Pflicht zur Bestellung eines fachkundigen und zuverlässigen Immissionsschutzbeauftragten nachgekommen ist[182].

Zur Erfüllung der Anzeigepflicht kann die Behörde allerdings eine auf **213** § 55 Abs. 1 Satz 2 BImSchG gestützte (unselbständige) Verfügung erlassen und diese mit den Mitteln des Verwaltungszwangs (Androhung und Festsetzung von Zwangsgeld) durchsetzen[183].

V. Doppelbestellung

Zulässig ist nach § 1 Abs. 3 5. BImSchV die Bestellung derselben Person **214** sowohl zum Immissionsschutz- als auch zum Störfallbeauftragten (sog. Doppelbestellung), soweit hierdurch die sachgemäße Erfüllung der Aufgaben nicht beeinträchtigt wird. Diese Vorschrift trägt dem Umstand Rechnung, daß die sog. Doppelbestellung gerade den Zielsetzungen des modernen Umweltschutzes entspricht.

Die Bestellung derselben Person zum Immissionsschutz- und Störfallbe- **215** auftragten bedarf ausweislich des Gesetzeswortlauts keiner Genehmigung der zuständigen Behörde. Allerdings darf durch die Wahrnehmung beider Ämter nicht die sachgemäße Erfüllung der Aufgaben beeinträchtigt werden. Eine solche Beeinträchtigung der sachgemäßen Aufgabenerfüllung ist etwa dann anzunehmen, wenn die betreffende Person wegen des Umfangs oder des Schwierigkeitsgrades der unterschiedlichen Aufgaben mit der Wahrnehmung beider Ämter überfordert wäre[184]. Hält die zuständige Behörde entgegen der Ansicht des Anlagenbetreibers die Zulässigkeitsvoraussetzun-

181 Zu den weitergehenden Angaben im einzelnen *Hansmann* in: *Landmann/Rohmer,* § 55 BImSchG Rdnr. 47.
182 *Hansmann* in: *Landmann/Rohmer,* § 55 BImSchG Rdnr. 44, 61.
183 *Hansmann* in: *Landmann/Rohmer,* § 55 BImSchG Rdnr. 61.
184 Vgl. *Ehrich,* DB 1993, 1772 (1774).

gen für eine Doppelbestellung nicht für gegeben, kann sie den Betreiber durch eine unselbständige Verfügung zur Bestellung unterschiedlicher Personen als Immissionsschutz- und Störfallbeauftragte anhalten. Die Verfügung ist mit den Mitteln des Verwaltungszwangs durchsetzbar und kann von dem Anlagenbetreiber mit den Rechtsbehelfen des Widerspruchs und der Anfechtungsklage vor dem Verwaltungsgericht angegriffen werden.

VI. Anzahl der zu bestellenden Immissionsschutz-beauftragten

216   Die Regelung des § 53 Abs. 1 Satz 1 BImSchG, wonach Betreiber genehmigungsbedürftiger Anlagen unter den dort genannten Voraussetzungen »einen oder mehrere« Immissionsschutzbeauftragte zu bestellen haben, wird durch § 1 Abs. 1 5. BImSchV in der Weise konkretisiert, daß grundsätzlich für jede Anlage ein Immissionsschutzbeauftragter zu bestellen ist. Betreibt ein Unternehmer mehrere genehmigungsbedürftige Anlagen, so muß er mehrere Immissionsschutzbeauftragte bestellen, selbst wenn die Anlagen in einem organisatorischen Zusammenhang betrieben werden[185].

217   Ausnahmsweise kann die zuständige Behörde nach § 2 Halbsatz 1 5. BImSchV anordnen, daß der Betreiber einer Anlage i.S. des § 1 5. BImSchV mehrere Immissionsschutzbeauftragte zu bestellen hat. Dabei ist die Zahl der Beauftragten so zu bemessen, daß eine sachgerechte Erfüllung der in § 54 BImSchG bezeichneten Aufgaben gewährleistet ist (§ 2 Halbsatz 2 5. BImSchV).

218   Wie sich aus § 2 Halbsatz 2 5. BImSchV mittelbar ergibt, setzt die Anordnung tatbestandlich voraus, daß die sachgerechte Erfüllung der in § 54 BImSchG bezeichneten Aufgaben durch eine Person nicht gewährleistet ist. Dies richtet sich nach den jeweiligen Umständen des Einzelfalls. Entscheidend ist, ob eine Person wegen des Umfangs oder des Schwierigkeitsgrads der Aufgaben überfordert wäre. Die Bestellung mehrerer Immissionsschutzbeauftragter kann etwa erforderlich sein, wenn eine kontinuierlich betriebene Anlage ständig überwacht werden muß oder eine große Anlage aus zahlreichen schwer zu beherrschenden Einzelanlagen besteht[186].

219   Ob die zuständige Behörde von der Befugnis des § 2 5. BImSchV Gebrauch macht, liegt in ihrem pflichtgemäßen Ermessen (»kann«). Bei der Ermessensentscheidung sind insbesondere das mögliche Ausmaß der schäd-

---

185 S. *Ehrich,* DB 1993, 1772 (1775) m.w. Nachw.
186 *Ehrich,* DB 1993, 1772 (1775) m.w. Nachw.

lichen Umwelteinwirkungen von dem Betreiber der Anlage sowie die Belastung des Betreibers durch die Bestellung eines weiteren Immissionsschutzbeauftragten gegeneinander abzuwägen. Falls die Bestellung eines weiteren Immissionsschutzbeauftragten hohe Kosten verursachen würde, die zu erwartenden Vorteile für den Immissionsschutz jedoch nur gering wären, wäre eine Anordnung nach § 2 5. BImSchV ermessensfehlerhaft[187].

Weiterhin hat die Behörde bei der Ermessensentscheidung zu berücksichtigen, ob die Beauftragten – und ggf. in welchem Umfang – andere Aufgaben wahrnehmen. Mindestzeiten für die Aufgabenwahrnehmung als Immissionsschutz- oder Störfallbeauftragter vorzusehen, erschien dem Verordnungsgeber wegen der Vielzahl der möglichen Konstellationen nicht sinnvoll[188]. **220**

Adressat der Anordnung nach § 2 5. BImSchV ist stets der Betreiber einer genehmigungsbedürftigen Anlage i.S. von § 1 Abs. 1 5. BImSchV. Dagegen kommt nur die Vorschrift des § 53 Abs. 2 BImSchG in Betracht, wenn die zuständige Behörde von den Betreibern anderer Anlagen die Bestellung mehrerer Immissionsschutzbeauftragter verlangt. Dies gilt auch dann, wenn der Betreiber einer in § 1 5. BImSchV genannten Anlage einen weiteren Immissionsschutzbeauftragten für die von der Genehmigungspflicht nicht erfaßten Anlagen seines Betriebes bestellen soll. **221**

Bei der Anordnung nach § 2 5. BImSchV handelt es sich um einen Verwaltungsakt, der vom Anlagenbetreiber mit den Rechtsbehelfen des Widerspruchs und der Anfechtungsklage vor den Verwaltungsgerichten angegriffen werden kann. Ist die Anordnung unanfechtbar oder ihre sofortige Vollziehung nach § 80 Abs. 2 Nr. 4 VwGO angeordnet worden, kann sie im Wege des Verwaltungszwangs (Androhung und Festsetzung von Zwangsgeld) durchgesetzt werden. **222**

---

187 *Ehrich*, DB 1993, 1772 (1775) m.w. Nachw. Vgl. auch zur ähnlich gelagerten Problematik des § 2 AbfBeauftrV (Anordnungsbefugnis der zuständigen Behörde zur Bestellung mehrerer Betriebsbeauftragter für Abfall) *Hösel/von Lersner*, AbfG, § 11a Rdnr. 10, wonach von der Anordnungsbefugnis des § 2 AbfBeauftrV nur zurückhaltend Gebrauch gemacht werden sollte, weil es sich bei der Anordnung um einen Eingriff in die Personalhoheit des Unternehmers handele. Nach dem Grundsatz der Verhältnismäßigkeit von Mittel und Zweck müsse die Behörde zunächst prüfen, ob die Gewährleistung der sachgemäßen Aufgabenerfüllung durch die Unterstellung weiterer Mitarbeiter erreicht werden könne. Erforderlich sei die Bestellung mehrerer Beauftragter nur dann, wenn die Verschiedenartigkeit der nötigen Kenntnisse und Fähigkeiten oder die Quantität der Aufgaben die Kraft eines Beauftragten auch dann übersteige, wenn ihm Mitarbeiter beigegeben seien.

188 S. die Begründung der Bundesregierung zum Entwurf der 5. BImSchV, BR-Drucksache 212/93, S. 27 (Zu § 2).

VII. Gemeinsamer Beauftragter

223 Abweichend von dem Grundsatz, daß für jede Anlage i.S. von § 1 Abs. 1 5. BImSchV ein Immissionsschutzbeauftragter zu bestellen ist (s.o. Rdnr. 216), kann ein Betreiber mehrerer Anlagen gemäß § 3 Satz 1 5. BImSchV für diese Anlagen einen gemeinsamen Immissionsschutzbeauftragten bestellen, wenn hierdurch eine sachgemäße Erfüllung der in § 54 BImSchG bezeichneten Aufgaben nicht gefährdet wird. Aus Gründen des Immissionsschutzes erscheint es bei räumlich, betriebstechnisch und organisatorisch zusammenhängend betriebenen Anlagen nicht selten zweckmäßiger, wenn nur eine Person die Aufgaben für die verschiedenen Anlagen wahrnimmt, da sie besser die Zusammenhänge zwischen dem Betrieb der einzelnen Anlagen erkennen und aufgrund ihres Überblicks die effektivsten Vorschläge für Verbesserungsmaßnahmen unterbreiten kann[189].

224 Die Vorschrift des § 3 Satz 1 5. BImSchV betrifft den Fall, daß derselbe Unternehmer mehrere selbständige Anlagen i.S. von § 1 Abs. 1 5. BImSchV betreibt. Keine unmittelbare Anwendung findet § 3 Satz 1 5. BImSchV auf die Frage, ob der Unternehmer einen gemeinsamen Immissionsschutzbeauftragten für eine in § 1 Abs. 1 5. BImSchV bezeichnete Anlage und für eine weitere Anlage bestellen darf, für die er aufgrund einer behördlichen Anordnung nach § 53 Abs. 2 BImSchG einen Immissionsschutzbeauftragten bestellen muß. Dies ist vielmehr der auf § 53 Abs. 2 BImSchG beruhenden Anordnung zu entnehmen, wobei die Behörde aber die Grundsätze des § 3 Satz 1 5. BImSchV entsprechend heranziehen kann (s.o. Rdnr. 204).

225 Die Bestellung eines gemeinsamen Immissionsschutzbeauftragten setzt voraus, daß die sachgerechte Erfüllung der in § 54 BImSchG umschriebenen Aufgaben nicht gefährdet wird. Eine solche Gefährdung liegt vor, wenn eine Person wegen des Umfangs oder des Schwierigkeitsgrades der Aufgaben an verschiedenen Anlagen überfordert wäre. Zulässig ist auch die Bestellung eines gemeinsamen Immissionsschutzbeauftragten für einzelne Anlagengruppen, soweit ihm die Aufgabenerfüllung ohne Überforderung möglich ist[190]. Schließlich ist auch – wie die Bezugnahme auf § 1 Abs. 3 5. BImSchV in § 3 Satz 2 5. BImSchV verdeutlicht – die Bestellung derselben Person

---

189 *Ehrich,* DB 1993, 1772 (1775). Dementsprechend soll die Regelung des § 3 5. BImSchV auch nicht daran hindern, die Beauftragung mit den Aufgaben des Störfall- oder Immissionsschutzbeauftragten mit Beauftragungen nach anderen Gebieten des Umweltfachrechtes zu kombinieren, so die Begründung der Bundesregierung zum Entwurf der 5. BImSchV, BR-Drucksache 212/93, S. 28 (Zu § 3).

190 *Ehrich,* DB 1993, 1772 (1775) m.w. Nachw.

sowohl als gemeinsamer Immissionsschutzbeauftragter als auch als gemeinsamer Störfallbeauftragter möglich.

Sind die in § 3 5. BImSchV genannten Voraussetzungen gegeben, kann **226** der Betreiber einen gemeinsamen Immissionsschutzbeauftragten bestellen, ohne daß hierfür eine behördliche Genehmigung erforderlich wäre. Sofern jedoch die Überwachungsbehörde die Voraussetzungen des § 3 5. BImSchV für nicht gegeben erachtet, kann sie den Anlagenbetreiber durch eine unselbständige Verfügung zur Bestellung eines Immissionsschutzbeauftragten für jede Anlage oder zur Bestellung gemeinsamer Immissionsschutzbeauftragter für kleinere Anlagengruppen anhalten. Die Verfügung ist mit den Mitteln des Verwaltungszwangs durchsetzbar und kann von dem Anlagenbetreiber mit den Rechtsbehelfen des Widerspruchs und der Anfechtungsklage vor den Verwaltungsgerichten angegriffen werden.

VIII. Betriebszugehörigkeit

§ 1 Abs. 1 5. BImSchV verpflichtet die Anlagenbetreiber zur Bestellung eines **227** »betriebsangehörigen« Immissionsschutzbeauftragten. Mithin muß es sich bei dem Beauftragten grundsätzlich um einen bereits im Betrieb beschäftigten oder neu einzustellenden Arbeitnehmer des Betreibers handeln[191].

Die Inanspruchnahme eines betriebsangehörigen Immissionsschutzbeauf- **228** tragten erfordert wegen der rechtlichen Trennung von Amt und Anstellung sowohl die Bestellung als auch die Einstellung (Abschluß des Arbeitsvertrages[192] und Eingliederung in die Betriebsorganisation) bzw. die Versetzung des betreffenden Arbeitnehmers[193].

Nicht selten wird aber die Bestellung eines betriebsangehörigen Immissi- **229** onsschutzbeauftragten insbesondere in kleineren Betrieben für den Betriebsinhaber eine zu große wirtschaftliche Belastung sein. Im Interesse des Immissionsschutzes und des Anlagenbetreibers enthält § 5 Abs. 1 5. BImSchV

---

191 Sich selbst oder den Betriebsleiter kann der Anlagenbetreiber – obwohl das Gesetz hierüber keine ausdrücklichen Angaben enthält – nicht zum Immissionsschutzbeauftragten bestellen. Anderenfalls wären § 54 Abs. 1 Nr. 3, § 56 und § 57 BImSchG hinsichtlich der Kontrollbefugnisse, der Einholung einer Stellungnahme vor Investitionsentscheidungen sowie des Vortragsrechts bei der Geschäftsleitung unverständlich, vgl. *Hansmann* in: *Landmann/Rohmer,* § 55 BImSchG Rdnr. 10.

192 S. hierzu den Musterarbeitsvertrag zwischen Arbeitgeber und Immissionsschutzbeauftragtem (abgedruckt unter Anhang IV).

193 *Ehrich,* Amt und Anstellung, S. 269 ff. m.w. Nachw.

daher eine Ausnahmeregelung von der grundsätzlichen Pflicht zur Bestellung eines betriebsangehörigen Immissionsschutzbeauftragten.

230   Gemäß § 5 Abs. 1 5. BImSchV soll die zuständige Behörde Betreibern von Anlagen i.S. des § 1 Abs. 1 5. BImSchV auf Antrag die Bestellung eines oder mehrerer nicht betriebsangehöriger Immissionsschutzbeauftragter gestatten, wenn hierdurch eine sachgemäße Erfüllung der in § 54 BImSchG bezeichneten Aufgaben nicht gefährdet wird. Auf diese Weise soll es kleinen und mittleren Unternehmen ermöglicht werden, hochqualifiziertes Personal für die Aufgaben des Immissionsschutzbeauftragten heranzuziehen[194].

231   Tatbestandlich setzt die Gestattung nach § 4 Abs. 1 5. BImSchV – neben einem (formlosen) Antrag des Anlagenbetreibers – voraus, daß durch die Bestellung eines nicht betriebsangehörigen Immissionsschutzbeauftragten eine sachgemäße Erfüllung der in § 54 BImSchG umschriebenen Aufgaben nicht gefährdet wird. Kann eine Gefährdung der Aufgabenerfüllung nicht ausgeschlossen werden, ist der Antrag abzulehnen. Die Gefahr nicht sachgemäßer Aufgabenerfüllung besteht etwa bei Anlagen, die nach ihrer Art und Größe die ständige Anwesenheit eines Sachverständigen erfordern, oder bei einer umfangreichen, schwer überschaubaren Betriebsorganisation, über die allein eine betriebsangehörige Person den notwendigen Überblick erlangen und behalten kann[195].

232   Sind die Voraussetzungen des § 4 Abs. 1 5. BImSchV gegeben, so hat die zuständige Behörde die Bestellung eines nicht betriebsangehörigen Immissionsschutzbeauftragten regelmäßig zu gestatten (»soll«). Die Ablehnung des Antrags nach § 4 5. BImSchV kommt nur dann in Betracht, wenn hierfür besondere Gründe vorliegen[196].

233   Die Bestellung einer bestimmten betriebsfremden Person kann die Behörde – sofern dies nicht vom Anlagenbetreiber beantragt wurde – in der Entscheidung nach § 4 5. BImSchV nicht anordnen, da die Auswahl eines geeigneten Immissionsschutzbeauftragten grundsätzlich dem Anlagenbetreiber obliegt[197]. Bei dem betriebsfremden Immissionsschutzbeauftragten muß es sich jedoch stets um eine natürliche Person handeln. Die Bestellung einer juristischen Person als Immissionsschutzbeauftragter ist dagegen unzulässig, weil sie als solche keine persönlichen Eigenschaften haben kann, wie sie in den §§ 7 ff. 5. BImSchV vorausgesetzt werden[198]. Gestattet die Behörde nach § 4 Abs. 1 5. BImSchV die Bestellung eines nicht betriebsangehörigen

---

194 S. die Begründung der Bundesregierung zum Entwurf der 5. BImSchV, BR-Drucksache 212/93, S. 29 (Zu § 5).
195 *Ehrich,* DB 1993, 1772 (1776) m.w. Nachw.
196 *Ehrich,* DB 1993, 1772 (1776) m.w. Nachw.
197 *Ehrich,* DB 1993, 1772 (1776) m.w. Nachw.
198 *Ehrich,* DB 1993, 1772 (1776) m.w. Nachw.

Immissionsschutzbeauftragten, so hat der Betreiber mit diesem ebenfalls einen – von der Bestellung rechtlich zu unterscheidenden – Grundvertrag abzuschließen, bei dem es sich um einen Dienstvertrag i.S. der §§ 611 ff., einen Geschäftsbesorgungsvertrag i.S. von § 675 BGB oder aber auch um einen Werkvertrag i.S. der §§ 631 ff. BGB handeln kann.

Lehnt die zuständige Behörde den Antrag auf Gestattung der Bestellung **234** eines nicht betriebsangehörigen Immissionsschutzbeauftragten ab, kann der Anlagenbetreiber, nicht aber die als Immissionsschutzbeauftragter in Betracht gezogene Person, hiergegen Widerspruch einlegen, ggf. Klage vor dem Verwaltungsgericht erheben.

Um eine weitere Ausnahme von der grundsätzlichen Pflicht zur Bestel- **235** lung von betriebsangehörigen Immissionsschutzbeauftragten handelt es sich bei der Vorschrift des § 4 5. BImSchV. Danach kann die zuständige Behörde einem Betreiber oder mehreren Betreibern von Anlagen i.S. des § 1 5. BImSchV, die unter der einheitlichen Leitung eines herrschenden Unternehmens zusammengefaßt sind (Konzern), auf Antrag die Bestellung eines Immissionsschutzbeauftragten für den Konzernbereich gestatten, wenn das herrschende Unternehmen den Betreibern gegenüber zu Weisungen hinsichtlich der in § 54 Abs. 1 Satz 2 Nr. 1, 56 Abs. 1 BImSchG genannten Maßnahmen berechtigt ist und der Betreiber für seine Anlage eine oder mehrere Personen bestellt, deren Fachkunde und Zuverlässigkeit eine sachgemäße Erfüllung der Aufgaben eines betriebsangehörigen Immissionsschutzbeauftragten gewährleistet.

Die Bestimmung des § 4 5. BImSchV regelt den Fall, daß der Betreiber **236** einer in § 1 5. BImSchV bezeichneten Anlage einem Konzern angehört und den für den Konzernbereich zuständigen Immissionsschutzbeauftragten auch zum Betriebsbeauftragten für die von ihm betriebene Anlage bestellen will. Voraussetzung für die Bestellung ist, daß ein Konzern vorliegt, in dem das Unternehmen einem oder mehreren Betreibern von Anlagen Weisungen erteilen darf, und daß im Betriebsbereich der zu überwachenden Anlagen zur Unterstützung des Immissionsschutzbeauftragten eine oder mehrere Personen durch den Betreiber bestellt sind, deren Fachkunde und Zuverlässigkeit eine sachgemäße Erfüllung der Aufgaben eines betriebsangehörigen Immissionsschutzbeauftragten gewährleistet. Die Vorschrift soll dazu dienen, bestehende Organisationsstrukturen in Großunternehmen, die sich als effektiv erwiesen haben, weiterhin zu ermöglichen[199].

---

199 S. dazu *Ehrich,* DB 1993, 1772 (1776).

IX. Anforderungen an den Immissionsschutzbeauftragten

237 Um die Effektivität des Rechtsinstituts des Immissionsschutzbeauftragten zu sichern, schreibt § 55 Abs. 2 Satz 1 BImSchG vor, daß der Betreiber nur Personen zum Immissionsschutzbeauftragten bestellen darf, welche die zur Erfüllung der gesetzlich umschriebenen Aufgaben erforderliche Fachkunde und Zuverlässigkeit besitzen. Die dem Immissionsschutzbeauftragten obliegenden Aufgaben folgen in erster Linie aus § 54 BImSchG. Danach muß er – bezogen auf die Anlage, für die er bestellt ist – in der Lage sein, die technische Verfahrensweise und die entstehenden Stoffe zu beurteilen, Mängel festzustellen und die von der Anlage ausgehenden Emissionen und Immissionen zu messen. Weiterhin muß er – wie sich aus § 56 BImSchG ergibt – die Fähigkeit besitzen, zu Entscheidungen über die Einführung von Verfahren und Erzeugnissen und zu sonstigen Investitionsentscheidungen aus dem Gesichtspunkt des Immissionsschutzes Stellung zu nehmen.

238 Die in § 55 Abs. 2 Satz 1 BImSchG enthaltenen unbestimmten Rechtsbegriffe der »Fachkunde« und »Zuverlässigkeit« werden durch §§ 7, 8 und 10 der – auf der Grundlage des § 55 Abs. 3 Satz 3 BImSchG ergangenen – 5. BImSchV näher konkretisiert[200].

1. Fachkunde

239 Nach § 7 5. BImSchV erfordert die Fachkunde i.S. des § 55 Abs. 2 Satz 1 BImSchG den Abschluß eines Studiums auf den Gebieten des Ingenieurwesens, der Chemie oder der Physik an einer Hochschule[201] (Nr. 1), die Teilnahme an einem oder mehreren von der zuständigen obersten Landesbehörde anerkannten Lehrgängen, in denen Kenntnisse entsprechend dem Anhang II zur 5. BImSchV[202] vermittelt worden sind, die für die Aufgaben des Beauftragten erforderlich sind (Nr. 2) und während einer zweijährigen praktischen Tätigkeit erworbene Kenntnisse über die Anlage, für die der Beauftragte bestellt werden soll, oder über Anlagen, die im Hinblick auf die Aufgaben des Beauftragten vergleichbar sind (Nr. 3).

---

200 Ausführlich dazu *Ehrich,* DB 1993, 1772 (1777 f.).
201 Der Begriff »Hochschule« umfaßt Universitäten, Technische Hochschulen und Fachhochschulen, vgl. die Begründung der Bundesregierung zum Entwurf der 5. BImSchV, BR-Drucksache 212/93, S. 29 (Zu § 7).
202 Abgedruckt unter Anhang VI.

Auf Antrag des Betreibers kann die zuständige Behörde gemäß § 8 Abs. 1 **240**
5. BImSchV als Voraussetzung der Fachkunde

1. eine technische Fachschulausbildung oder die Qualifikation als Meister
   auf einem Fachgebiet, dem die Anlage hinsichtlich ihrer Anlagen- und
   Verfahrenstechnik zuzuordnen ist, und zusätzlich
2. während einer mindestens vierjährigen praktischen Tätigkeit erworbene
   Kenntnisse i.S. des § 7 Nr. 2 und 3, wobei mindestens zwei Jahre lang
   Aufgaben der in § 54 BImSchG bezeichneten Art wahrgenommen sein
   müssen,

anerkennen, soweit im Einzelfall eine sachgemäße Erfüllung der gesetzlichen
Aufgaben des Beauftragten gewährleistet ist.

Diese Vorschrift soll es den Anlagenbetreibern ermöglichen, im Einzelfall **241**
auch Arbeitnehmer, die kein Hochschulstudium absolviert haben, zum
Immissionsschutzbeauftragten zu bestellen[203]. Allerdings müssen die zu bestellenden Arbeitnehmer des Betreibers besondere berufliche Qualifikationen nach Nr. 1 aufweisen und nach Nr. 2 ebenfalls während einer praktischen
Tätigkeit erworbene Kenntnisse erlangt haben. Diese praktische Tätigkeit muß
– unabhängig von der Qualifikation – mindestens vier Jahre betragen haben.

Aus der Begründung des Verordnungsgebers zu § 8 5. BImSchV folgt, daß **242**
sich § 8 Abs. 1 5. BImSchV lediglich auf betriebsangehörige Immissionsschutzbeauftragte beziehen soll[204].

Die Anerkennung setzt voraus, daß die betreffende Person im Einzelfall in **243**
der Lage ist, die in § 54 BImSchG bezeichneten Aufgaben sachgemäß zu
erfüllen. Maßgebend ist hierbei, ob die betreffende Person nach ihren technischen Kenntnissen und Fähigkeiten, ihren Erfahrungen, ihrem bisherigen
Verhalten im Betrieb, ihrer Einstellung gegenüber den Belangen des Immissionsschutzes, ihrem Durchsetzungsvermögen gegenüber dem Anlagenbetreiber und den Betriebsangehörigen und ihren charakterlichen Eigenschaften erwarten läßt, daß die den erforderlichen Sachverstand garantieren und auf
die Belange des Immissionsschutzes wirkungsvoll aufmerksam machen wird[205].

Die Entscheidung über die Anerkennung hat die zuständige Behörde – bei **244**
Vorliegen der Voraussetzungen des § 8 Abs. 1 5. BImSchV – nach pflichtgemäßem Ermessen zu treffen (»kann«). Lehnt die Behörde den Antrag auf
Anerkennung der Fachkundevoraussetzungen ab, so kann der Anlagenbetreiber, ggf. auch die zum Immissionsschutzbeauftragten zu bestellende

---

203 S. die Begründung der Bundesregierung zum Entwurf der 5. BImSchV, BR-
    Drucksache 212/93, S. 30 (Zu § 8).
204 Vgl. die Begründung der Bundesregierung zum Entwurf der 5. BImSchV, BR-
    Drucksache 212/93, S. 30 (Zu § 8).
205 *Ehrich*, DB 1993, 1772 (1778) m.w. Nachw.

Person hiergegen Widerspruch einlegen und Klage vor dem Verwaltungsgericht erheben[206].

245   Nach § 8 Abs. 2 5. BImSchV kann die zuständige Behörde die Ausbildung in anderen als den in § 7 Nr. 1 oder § 8 Abs. 1 Nr. 1 5. BImSchV genannten Fachgebieten anerkennen, wenn die Ausbildung in diesem Fach im Hinblick auf die Aufgabenstellung im Einzelfall als gleichwertig anzusehen ist.

246   Gemäß § 11 5. BImSchV gelten die Anforderungen der §§ 7 und 8 5. BImSchV nicht für Immissionsschutzbeauftragte, die in Übereinstimmung mit den bisher geltenden Vorschriften bestellt worden sind. Bereits bestellte Immissionsschutzbeauftragte bleiben somit auch nach der Neufassung der 5. BImSchV weiter im Amt[207].

2.   Zuverlässigkeit

247   Die Zuverlässigkeit i.S. des § 55 Abs. 2 Satz 1 BImSchG erfordert nach § 10 Abs. 1 5. BImSchV, daß der Beauftragte auf Grund seiner persönlichen Eigenschaften, seines Verhaltens und seiner Fähigkeiten zur ordnungsgemäßen Erfüllung der ihm obliegenden Aufgaben geeignet ist. Hierbei muß auf der Grundlage des bisherigen Verhaltens der betroffenen Person eine Prognose ergeben, daß mit einer ordnungsgemäßen Erfüllung der in §§ 54 ff. BImSchG umschriebenen Aufgaben zu rechnen ist[208].

248   § 10 Abs. 2 5. BImSchV führt Regelbeispiele auf, aus denen das Fehlen der Zuverlässigkeit abgeleitet werden kann. Danach ist die erforderliche Zuverlässigkeit regelmäßig nicht gegeben, wenn der Immissionsschutzbeauftragte

1. wegen Verletzung der Vorschriften
   a) des Strafrechts über gemeingefährliche Delikte oder Delikte gegen die Umwelt,
   b) des Immissionsschutz-, Abfall-, Wasser-, Natur- und Landschaftsschutz-, Chemikalien-, Gentechnik-, oder Atom- und Strahlenschutzrechts,
   c) des Lebensmittel-, Arzneimittel-, Pflanzenschutz- oder Seuchenrechts,
   d) des Gewerbe- oder Arbeitsschutzrechts,
   e) des Betäubungsmittel-, Waffen- und Sprengstoffrechts mit einer Geldbuße in Höhe von mehr als tausend Deutsche Mark oder einer Strafe belegt worden ist,

---

206 *Ehrich,* DB 1993, 1772 (1778) m.w. Nachw.
207 Vgl. die Begründung der Bundesregierung zum Entwurf der 5. BImSchV, BR-Drucksache 212/93, S. 31 (Zu § 11).
208 Vgl. *Ehrich,* DB 1993, 1772 (1778) m.w. Nachw.

2. wiederholt und grob pflichtwidrig gegen Vorschriften nach Nummer 1 Buchstabe a bis e verstoßen hat
   oder

3. seine Verpflichtungen als Immissionsschutzbeauftragter, als Störfallbeauftragter oder als Betriebsbeauftragter nach anderen Vorschriften verletzt hat.

3.   Folgen fehlender Fachkunde und Zuverlässigkeit

Fehlt einer Person die nach § 55 Abs. 2 Satz 1 BImSchG zur Aufgabenerfüllung erforderliche Fachkunde und Zuverlässigkeit, ist eine gleichwohl erfolgte Bestellung zum Immissionsschutzbeauftragten nicht unwirksam. In dem Fall kann aber die zuständige Behörde nach § 55 Abs. 2 Satz 2 BImSchG verlangen, daß der Betreiber einen anderen Immissionsschutzbeauftragten bestellt. **249**

X.   Mitwirkung des Betriebsrats

Vor der **Bestellung** des Immissionsschutzbeauftragten hat der Betreiber den Betriebs- oder Personalrat gemäß § 55 Abs. 1 a Satz 1 BImSchG unter Bezeichnung der ihm obliegenden Aufgaben zu unterrichten. Entsprechendes gilt bei **Veränderungen im Aufgabenbereich** des Immissionsschutzbeauftragten und bei dessen **Abberufung**, § 55 Abs. 1 a Satz 2 BImSchG. **250**

Die Unterrichtung durch den Anlagenbetreiber muß so rechtzeitig erfolgen, daß der Betriebs- oder Personalrat noch vor der beabsichtigten Bestellung, Aufgabenveränderung oder Abberufung eine Stellungnahme abgeben kann. Jedoch führt die unterbliebene Unterrichtung nach § 55 Abs. 1 a BImSchG nicht zur Unwirksamkeit dieser Maßnahmen[209]. **251**

Mit der Bestellung eines **betriebszugehörigen** Immissionsschutzbeauftragten werden aber regelmäßig zugleich personelle Einzelmaßnahmen erfolgen, die rechtlich von dem Amt des Immissionsschutzbeauftragten zu unterscheiden sind und ihrerseits dem Beteiligungsrecht des § 99 BetrVG unterliegen. Soll einem bislang betriebsfremden Arbeitnehmer das Amt des Betriebsbeauftragten für Immissionsschutz übertragen werden, liegt neben der Bestellung eine nach § 99 Abs. 1 BetrVG zustimmungspflichtige Einstellung vor. Ist die zu bestellende Person bereits Arbeitnehmer des Anlagenbe- **252**

---

209 *Hansmann* in: *Landmann/Rohmer*, § 55 BImSchG Rdnr. 61.

treibers, so handelt es sich bei der Bestellung grundsätzlich zugleich um eine – ebenfalls nach § 99 Abs. 1 BetrVG zustimmungspflichtige – Versetzung. Das Zustimmungserfordernis des Betriebsrats entfällt nur dann, wenn die Amtsaufgaben des Immissionsschutzbeauftragten schon vor der Bestellung vom betreffenden Arbeitnehmer ausgeübt wurden. Dies dürfte jedoch nur ausnahmsweise der Fall sein.

253 Handelt es sich bei dem zu bestellenden Immissionsschutzbeauftragten um einen leitenden Angestellten i.S. von § 5 Abs. 3 BetrVG, entfällt das Mitbestimmungsrecht des Betriebsrats aus § 99 BetrVG. In dem Fall hat der Anlagenbetreiber die Einstellung oder Versetzung gemäß § 105 BetrVG dem Betriebsrat sowie nach § 31 Abs. 1 SprAuG dem Sprecherausschuß (sofern dieser besteht) rechtzeitig mitzuteilen. Allerdings wird es sich bei den Immissionsschutzbeauftragten regelmäßig nicht um leitende Angestellte handeln, da bei ihnen die Voraussetzungen des § 5 Abs. 3 BetrVG grundsätzlich nicht erfüllt sein dürften[210].

254 Ein Mitbestimmungsrecht des Betriebsrats nach § 99 BetrVG greift ebensowenig ein, wenn einer betriebsfremden Person das Amt des Immissionsschutzbeauftragten auf der Grundlage eines Dienst-, Geschäftsbesorgungs- oder Werkvertrages übertragen wird, ohne daß diese in den Betrieb des Anlagenbetreibers eingegliedert wird[211].

255 Will der Arbeitgeber das Arbeitsverhältnis mit dem Immissionsschutzbeauftragten durch Kündigung beenden, hat er gemäß § 102 Abs. 1 Satz 1 und 2 BetrVG den Betriebsrat vor Ausspruch der Kündigung anzuhören und ihm die Gründe für die Kündigung mitzuteilen. Dagegen ist dem Betriebsrat die Kündigung nur nach § 105 BetrVG rechtzeitig mitzuteilen und ein etwa bestehender Sprecherausschuß gemäß § 31 Abs. 2 Satz 1 und 2 SprAuG vor der Kündigung anzuhören und über die Kündigungsgründe zu informieren, wenn es sich bei dem Immissionsschutzbeauftragten ausnahmsweise um einen leitenden Angestellten i.S. des § 5 Abs. 3 BetrVG handelt.

256 Zum besonderen Kündigungsschutz nach § 58 Abs. 2 BImSchG s.u. Rdnr. 304 ff.

257 Keine Probleme treten auf, wenn der Anlagenbetreiber den Grundvertrag mit einem Außenstehenden, den er zum Immissionsschutzbeauftragten bestellt hat, beenden will. Hier greifen weder das Beteiligungsrecht des § 102 Abs. 1 BetrVG, noch der erweiterte Kündigungsschutz des § 58 Abs. 2 BImSchG ein, da sich beide Vorschriften nur auf solche Immissionsschutzbeauftragte beziehen, die Arbeitnehmer des Betreibers sind.

---

210 *Ehrich,* Amt und Anstellung, S. 274; ebenso *Schaub,* DB 1993, 481.
211 *Ehrich,* Amt und Anstellung, S. 275.

XI. Aufgaben des Immissionsschutzbeauftragten

Die vom Immissionsschutzbeauftragten wahrzunehmenden Aufgaben wer- **258**
den insbesondere in dem Katalog des § 54 Abs. 1 Satz 2 BImSchG näher
beschrieben. Weitere Aufgaben des Immissionsschutzbeauftragten ergeben
sich aus § 56 und § 57 BImSchG.

1. *Initiativfunktion*

Nach § 54 Abs. 1 Satz 2 Nr. 1 BImSchG ist der Immissionsschutzbeauftragte **259**
berechtigt und verpflichtet auf die Entwicklung und Einführung

a) umweltfreundlicher Verfahren, einschließlich Verfahren zur Vermeidung
   oder ordnungsgemäßen und schadlosen Verwertung der beim Betrieb
   entstehenden Reststoffe oder deren Beseitigung als Abfall sowie zur
   Nutzung von entstehender Wärme,
b) umweltfreundlicher Erzeugnisse, einschließlich Verfahren zur Wiedergewinnung und Wiederverwendung

hinzuwirken.

§ 54 Abs. 1 Satz 2 Nr. 2 BImSchG berechtigt und verpflichtet den **260**
Immissionsschutzbeauftragten darüber hinaus zur Mitwirkung bei der Entwicklung und Einführung umweltfreundlicher Verfahren und Erzeugnisse,
insbesondere durch Begutachtung der Verfahren und Erzeugnisse unter dem
Gesichtspunkt der Umweltfreundlichkeit.

Die gesetzgeberische Zielsetzung dieser Bestimmungen ist darin zu sehen, **261**
daß der Immissionsschutzbeauftragte im Betrieb gleichsam das öffentliche
Interesse vertreten soll, neueren Entwicklungen Rechnung zu tragen[212]. Die
Verwendung der Begriffe »Hinwirken« und »Mitwirken« macht deutlich, daß
der Immissionsschutzbeauftragte seine Vorstellungen zur Entwicklung und
Einführung nur vorzutragen hat, sie aber nicht selbst durchsetzen kann. Die
Entscheidung über die Durchführung dieser Maßnahmen bleibt letztlich
beim Unternehmer[213].

2. *Kontrollfunktion*

Der Schwerpunkt der Tätigkeit des Immissionsschutzbeauftragten dürfte in **262**
der Praxis auf den in § 54 Abs. 1 Satz 2 Nr. 3 BImSchG beschriebenen
Kontrollaufgaben liegen. Danach hat der Immissionsschutzbeauftragte –

---

212 *Schaub*, DB 1993, 481 (484).
213 *Hansmann*, in: *Landmann/Rohmer*, BImSchG, § 54 Rdnr. 8.

soweit dies nicht gemäß § 58 b Abs. 1 Satz 2 Nr. 3 BImSchG Aufgabe des Störfallbeauftragten ist – die Einhaltung der Vorschriften des BImSchG und der auf Grund dieses Gesetzes erlassenen Rechtsverordnungen und die Erfüllung erteilter Bedingungen und Aufgaben zu überwachen.

263 Als Kontrollmittel nennt § 54 Abs. 1 Satz 2 Nr. 3 BImSchG im einzelnen

- die regelmäßige Besichtigung und Überprüfung der Betriebsstätte,
- die Messung von Emissionen und Immissionen,
- die Mitteilung festgestellter Mängel sowie
- Vorschläge über Maßnahmen zur Beseitigung dieser Mängel.

Aus der Verwendung des Begriffs »insbesondere« folgt, daß diese Aufzählung nicht abschließend ist. Als weitere Kontrollmittel kommen etwa die Überprüfung von Betriebsangehörigen, Analysen hergestellter Erzeugnisse und der Probebetrieb von Anlagen in Betracht[214].

264 Aufgrund der Eingliederung des Immissionsschutzbeauftragten in die Betriebsorganisation besteht die Pflicht zur Mitteilung festgestellter Mängel allein gegenüber dem Anlagenbetreiber bzw. dem von ihm beauftragten Betriebsleiter[215]. Kommt eine Einigung zwischen dem Immissionsschutzbeauftragten und dem Betriebsleiter nicht zustande, ist dem Immissionsschutzbeauftragten nach § 57 BImSchG der unmittelbare Vortrag seiner Vorschläge oder Bedenken bei der Geschäftsführung des Unternehmens zu ermöglichen (s. u. Rdnr. 275 ff.). Dagegen berechtigt § 54 Abs. 2 Satz 2 Nr. 3 BImSchG den Immissionsschutzbeauftragten nicht zur Mitteilung festgestellter Mängel an die zuständige Behörde. Eine solche Vorgehensweise kann überdies wegen der dem Anlagenbetreiber gegenüber bestehenden Verschwiegenheitspflicht unzulässig sein[216]. Allerdings ist die zuständige Behörde nach § 52 Abs. 2 Satz 3 BImSchG berechtigt, bei ihren Überwachungsmaßnahmen vom Betreiber die Hinzuziehung des Immissionsschutzbeauftragten zu verlangen.

3. Beratungsfunktion

265 Zu den Aufgaben des Immissionsschutzbeauftragten gehört es weiterhin, die Betriebsangehörigen über die von der Anlage verursachten schädlichen Umwelteinwirkungen sowie über die Einrichtungen und Maßnahmen zu ihrer Verhinderung unter Berücksichtigung der sich aus dem BImSchG oder

---

214 *Hansmann*, in: *Landmann/Rohmer*, BImSchG, § 54 Rdnr. 11.
215 *Hansmann*, in: *Landmann/Rohmer*, BImSchG, § 54 Rdnr. 14 m.w. Nachw.
216 S. *Hansmann*, in: *Landmann/Rohmer*, BImSchG, § 54 Rdnr. 14. Bedenklich *Schaub*, DB 1993, 481 (484), wonach sich der Immissionsschutzbeauftragte nach Erschöpfung seines Beratungs- und Vortragsrechts an die Behörde oder auch gelegentlich

Rechtsverordnungen auf Grund dieses Gesetzes ergebenden Pflichten aufzu-klären (§ 54 Abs. 1 Satz 2 Nr. 4 BImSchG). Ziel dieser Verpflichtung ist es, die Belegschaft zu einem umweltgerechten Verhalten zu motivieren. Als Mittel der Aufklärung kommen z.B. Lehrgänge, persönliche Gespräche, Verteilung von Broschüren oder Anbringung von Plakaten in Betracht. Im Hinblick auf die Kostentragungspflicht des Anlagenbetreibers gilt für Umfang und Grenzen der Belehrung der Grundsatz der Verhältnismäßigkeit[217].

Neben der speziellen Aufklärungspflicht des § 54 Abs. 1 Satz 2 Nr. 4 **266** BImSchG hat der Immissionsschutzbeauftragte gegenüber dem Betreiber und den Betriebsangehörigen nach § 54 Abs. 1 Satz 1 BImSchG eine allgemeine Beratungspflicht in Angelegenheiten, die für den Immissions-schutz bedeutsam sein können.

4. Berichtspflicht

§ 54 Abs. 2 BImSchG verpflichtet den Immissionsschutzbeauftragten, dem **267** Betreiber jährlich einen zusammenfassenden Bericht über die von ihm getroffenen und beabsichtigten Maßnahmen zu erstatten. Dieser Bericht ist einerseits als zusammenfassende Information des Anlagenbetreibers über die Emissions- und Immissionssituation des Betriebes, andererseits aber auch als Rechenschaftslegung des Immissionsschutzbeauftragten über seine Tätigkeit zur Erfüllung der ihm übertragenen Aufgaben zu betrachten[218].

Obwohl das Gesetz keine Angaben über die Form des Berichts enthält, **268** entspricht es der Bedeutung des Berichts, daß er nicht mündlich, sondern stets schriftlich zu erstatten ist[219].

Mit der Pflicht des Immissionsschutzbeauftragten zur Erstattung eines **269** jährlichen Berichts korrespondiert die Verpflichtung des Anlagenbetreibers, diesen Bericht zumindest zur Kenntnis zu nehmen. Dagegen bleibt die Art der Auswertung des Berichts dem Anlagenbetreiber selbst überlassen. Weder der Anlagenbetreiber noch der Immissionsschutzbeauftragte sind zur Weiter-leitung des Jahresberichts an die Überwachungsbehörde verpflichtet[220].

---

an die Öffentlichkeit wenden könne, sofern betrieblich keine Abhilfe für die schädlichen Umwelteinflüsse geschaffen werde, da ihm zur Erfüllung seiner Aufgaben ein Notwehrrecht zustehe.

217 Vgl. *Hansmann*, in: *Landmann/Rohmer*, BImSchG, § 54 Rdnr. 15; *Schaub*, DB 1993, 481 (484).

218 Vgl. *Hansmann*, in: *Landmann/Rohmer*, BImSchG, § 54 Rdnr. 16.

219 Einschränkend *Hansmann*, in: *Landmann/Rohmer*, BImSchG, § 54 Rdnr. 17 (Schriftformerfordernis nur bei allen größeren Anlagen).

220 *Hansmann*, in: *Landmann/Rohmer*, BImSchG, § 54 Rdnr. 18.

5.   Stellungnahme zu Entscheidungen des Betreibers

270   Einen Sonderfall der Initiativ- und Beratungsfunktion bildet die Vorschrift des § 56 BImSchG. Danach hat der Betreiber vor Entscheidungen über die Einführung von Verfahren und Erzeugnissen sowie vor Investitionsentscheidungen eine Stellungnahme des Immissionsschutzbeauftragten einzuholen, wenn die Entscheidungen für den Immissionsschutz bedeutsam sein können (Abs. 1). Die Stellungnahme ist so rechtzeitig einzuholen, daß sie bei den Entscheidungen angemessen berücksichtigt werden kann; sie ist derjenigen Stelle vorzulegen, die über die Einführung von Verfahren und Erzeugnissen sowie über die Investitionen entscheidet (Abs. 2). Mit dieser Regelung soll zum einen der Sachverstand des Immissionsschutzbeauftragten bei der Entscheidung über die Art und Durchführung der Maßnahme genutzt, zum anderen eine Erweiterung der Basis für die Entscheidungen geschaffen werden[221].

271   Die Stellungnahme des Immissionsschutzbeauftragten ist vor jeder Entscheidung über Verfahren, Erzeugnisse oder sonstige Investitionen einzuholen, die für den Immissionsschutz bedeutsam sein *kann*. Unerheblich ist demnach, ob durch die Veränderung tatsächlich eine Verbesserung oder Verschlechterung des Emissions- und Immissionsverhältnisses eintritt. Vielmehr genügt die bloße Möglichkeit, daß durch die Entscheidung die Emissions- oder Immissionsverhältnisse verändert werden. Da der Immissionsschutzbeauftragte für eine oder mehrere Anlagen zu bestellen ist, muß der Betreiber eine Stellungnahme i.S. von § 56 BImSchG nur dann einholen, wenn die Entscheidung einen Bezug zur jeweiligen Anlage hat[222].

272   Die gemäß § 56 Abs. 2 BImSchG bestehende Verpflichtung zu rechtzeitiger Einholung der Stellungnahme bedeutet, daß die Aufforderung des Anlagenbetreibers zur Abgabe der Stellungnahme grundsätzlich geraume Zeit vor der Entscheidung ergehen muß, so daß der Immissionsschutzbeauftragte hinreichend Zeit für die Erarbeitung der Stellungnahme hat und die für und gegen die Investition sprechenden Gesichtspunkte innerhalb des Unternehmens noch vor der Investitionsentscheidung abschließend bewertet werden können. Eine Aufforderung zur Stellungnahme unmittelbar vor dem Abschluß bindender Verträge mit Dritten genügt daher im allgemeinen nicht. Etwas anderes gilt ausnahmsweise in den Fällen, in denen wirtschaftliche Gründe eine kurzfristige Entscheidung des Anlagenbetreibers erfordern. Hier reicht es aus, daß der Immissionsschutzbeauftragte aufgrund einer vorläufigen Prüfung eine Stellungnahme abgeben kann[223].

---

221 *Hansmann,* in: *Landmann/Rohmer,* BImSchG, § 56 Rdnr. 1.
222 *Hansmann,* in: *Landmann/Rohmer,* BImSchG, § 56 Rdnr. 7 f. m.w. Nachw.
223 Vgl. H*ansmann,* in: *Landmann/Rohmer,* BImSchG, § 56 Rdnr. 9.

Die Stellungnahme kann schriftlich oder mündlich erstattet werden. **273**
Gegenstand der Stellungnahme können das Ausmaß der Umweltbelastung,
die Möglichkeiten einer Verbesserung der Emissions- und Immissionsverhältnisse aus Anlaß der Entscheidung, die Darlegung erforderlicher Folge-
maßnahmen und zu erwartender nachbarrechtlicher Konsequenzen, aber
auch wirtschaftliche Gesichtspunkte sein. Da die unternehmerische Freiheit
durch das Rechtsinstitut des Immissionsschutzbeauftragten nicht eingeschränkt wird, sind weder der Anlagenbetreiber noch die entscheidungsbefugte Stelle verpflichtet, den Vorschlägen des Immissionsschutzbeauftragten
zu folgen[224].

Kommt der Anlagenbetreiber seinen Pflichten aus § 56 BImSchG nicht **274**
nach, kann die Überwachungsbehörde im Wege einer (unselbständigen)
Verfügung gegen den Betreiber vorgehen und diese Anordnung ggf. mit den
Mitteln des Verwaltungszwangs durchsetzen. Dagegen ist ein Pflichtenver-
stoß weder bußgeld- noch strafbewehrt[225]. Für den Immissionsschutzbeauftragten ergibt sich ein eigenes − vor den Arbeits- oder den Zivilgerichten
einklagbares − Recht zur Stellungnahme aus § 56 BImSchG i.V. mit dem
Anstellungsvertrag[226].

6. Vortragsrecht

Da der Immissionsschutzbeauftragte im Betrieb grundsätzlich keine Ent- **275**
scheidungsbefugnisse hat, muß zur Gewährleistung der Effektivität des
Rechtsinstituts des Immissionsschutzbeauftragten sichergestellt sein, daß er
seine Ratschläge und Hinweise bei der entscheidungsbefugten Stelle vorbrin-
gen kann und sich diese Stelle mit seinen Vorschlägen auseinandersetzt.
Diesem Zweck dient das in § 57 BImSchG geregelte Vortragsrecht, wonach
der Betreiber durch innerbetriebliche Organisationsmaßnahmen sicherzustellen hat, daß der Immissionsschutzbeauftragte seine Vorschläge oder
Bedenken unmittelbar der Geschäftsleitung vortragen kann, falls er sich mit
dem zuständigen Betriebsleiter nicht einigen konnte, und er wegen der
besonderen Bedeutung der Sache eine Entscheidung der Geschäftsleitung für
erforderlich hält. Kommt eine Einigung zwischen der Geschäftsleitung und
dem Immissionsschutzbeauftragten über eine von diesem vorgeschlagene
Maßnahme im Rahmen seines Aufgabenbereiches nicht zustande, so ist die
Geschäftsleitung weiterhin nach § 57 Satz 2 BImSchG verpflichtet, den

---

224 *Hansmann,* in: *Landmann/Rohmer,* BImSchG, § 56 Rdnr. 11 ff.
225 *Hansmann,* in: *Landmann/Rohmer,* BImSchG, § 56 Rdnr. 14 f.
226 A.A. H*ansmann,* in: *Landmann/Rohmer,* BImSchG, § 56 Rdnr. 16.

Immissionsschutzbeauftragten umfassend über die Gründe der Ablehnung zu unterrichten.

276 Dem Immissionsschutzbeauftragten muß es gemäß § 57 Satz 1 BImSchG ermöglicht werden, seine Vorschläge oder Bedenken unmittelbar der Geschäftsleitung vorzutragen. Als Geschäftsleitung sind die Personen bzw. Organe anzusehen, denen die letzte Entscheidung in Fragen der Geschäftsführung zusteht. Wer das ist, hängt von der jeweiligen Organisationsform ab. Bei einer Aktiengesellschaft sind dies die Vorstandsmitglieder, bei einer GmbH die Geschäftsführer, bei einer Personengesellschaft (OHG, KG) die geschäftsführenden Gesellschafter. Bei Einzelfirmen liegt die Geschäftsleitung regelmäßig beim Anlagenbetreiber selbst. Ausnahmsweise kann aber auch hier eine besondere Geschäftsleitung bestehen, etwa durch Einsetzung eines Generalbevollmächtigten[227].

277 Das Vortragsrecht gegenüber der Geschäftsleitung setzt voraus, daß zuvor ein Einigungsversuch mit dem zuständigen Betriebsleiter fehlgeschlagen ist. Hiervon ist auszugehen, wenn der Betriebsleiter die Bedenken und Vorschläge des Immissionsschutzbeauftragten abgewiesen hat oder auf dessen Bedenken und Vorschläge nicht eingeht. Weiterhin müssen die Vorschläge oder Bedenken dem in §§ 54, 56 BImSchG umschriebenen Aufgabenbereich zuzurechnen sein und einen Bezug zur Anlage haben, die vom Immissionsschutzbeauftragten betreut wird. Um die Geschäftsleitung nicht unnötig zu belasten, macht § 57 Satz 1 BImSchG das Vortragsrecht schließlich davon abhängig, daß der Immissionsschutzbeauftragte den Vortrag wegen der besonderen Bedeutung der Sache für erforderlich hält. Erforderlich ist eine Entscheidung der Geschäftsleitung immer dann, wenn anzunehmen ist, daß den Vorschlägen und Bedenken des Immissionsschutzbeauftragten ohne Eingreifen der Geschäftsleitung nicht Rechnung getragen wird. Hierbei kommt es entsprechend dem Wortlaut des Gesetzes auf die subjektive Beurteilung des Immissionsschutzbeauftragten, nicht aber auf die objektive Erforderlichkeit an[228].

278 Aus dem oben dargelegten Sinn und Zweck sowie der Funktion des Vortragsrechts folgt, daß der Anlagenbetreiber dem Immissionsschutzbeauftragten gegenüber der Geschäftsleitung nicht nur ein schriftliches, sondern auch ein mündliches Vortragsrecht einzuräumen hat.

279 Die Geschäftsleitung braucht den Vorschlägen und Bedenken des Immissionsschutzbeauftragten nicht zu folgen. Lehnt sie eine Maßnahme ab, so hat sie die Ablehnung gegenüber dem Immissionsschutzbeauftragten gemäß § 57 Satz 2 BImSchG umfassend zu begründen. Diese Bestimmung ist durch das

---

227 *Hansmann,* in: *Landmann/Rohmer,* BImSchG, § 57 Rdnr. 5.
228 *Hansmann,* in: *Landmann/Rohmer,* BImSchG, § 56 Rdnr. 6, 8 ff.

Drittes Gesetz zur Änderung des BImSchG vom 11.5.1990[229] in das BImSchG neu eingeführt worden. Ausweislich der gesetzgeberischen Begründung dient die Regelung der Stärkung der Stellung des Immissionsschutzbeauftragten[230].

Zur Durchsetzung der Pflichten aus § 57 BImSchG kann die Überwachungsbehörde eine (unselbständige) Verfügung gegen den Betreiber erlassen und diese mit den Mitteln des Verwaltungszwangs durchsetzen. Die Verhängung einer Geldbuße für die Verweigerung eines Vortragsrechts bei der Geschäftsleitung kommt hingegen nicht in Betracht[231]. Ein einklagbarer Anspruch des Immissionsschutzbeauftragten gegen den Anlagenbetreiber auf Ermöglichung des unmittelbaren Vortrags bei der Geschäftsleitung folgt aus § 56 BImSchG i.V. mit dem zugrundeliegenden Anstellungsvertrag[232]. **280**

7. Zusammenarbeit mit dem Betriebsrat

Im Gegensatz zu § 9 Abs. 1 ASiG, der die Betriebsärzte und Fachkräfte für Arbeitssicherheit bei der Erfüllung ihrer Aufgaben zur Zusammenarbeit mit dem Betriebsrat verpflichtet, ist im BImSchG eine entsprechende Regelung hinsichtlich des Immissionsschutzbeauftragten nicht vorgesehen. Eine Pflicht des Immissionsschutzbeauftragten zur Zusammenarbeit mit dem Betriebsrat kann sich jedoch aus § 80 Abs. 1 Nr. 1 BetrVG ergeben, wonach der Betriebsrat über die Durchführung der zugunsten der Arbeitnehmer geltenden Gesetze, Verordnungen, Unfallverhütungsvorschriften, Tarifverträge und Betriebsvereinbarungen zu wachen hat[233]. Eine Pflicht zur Zusammenarbeit mit dem Betriebsrat besteht außerdem, wenn dies zwischen Anlagenbetreiber und Immissionsschutzbeauftragtem arbeitsvertraglich vereinbart wurde[234]. **281**

---

229 BGBl. I S. 870.
230 Begründung der Bundesregierung zum Entwurf eines Dritten Gesetzes zur Änderung des Bundes-Immissionsschutzgesetzes, BT-Drucksache, S. 25, Zu Artikel 1 Nr. 29 Nr. 2.
231 *Hansmann*, in: *Landmann/Rohmer*, BImSchG, § 57 Rdnr. 11.
232 Anders *Hansmann*, in: *Landmann/Rohmer*, BImSchG, § 57 Rdnr. 11 f., wonach ein einklagbarer Anspruch des Immissionsschutzbeauftragten gegen den Anlagenbetreiber nur dann in Betracht komme, wenn ihm vertraglich die Befugnis eingeräumt worden sei, seine Vorschläge oder Bedenken unmittelbar der Geschäftsleitung vorzutragen.
233 S. *Schaub*, DB 1993, 481 (484).
234 S. § 9 des Musterarbeitsvertrages zwischen Arbeitgeber und Immissionsschutzbeauftragtem (unter Anhang IV).

8.   Zusammenarbeit mit anderen Betriebsbeauftragten

282 Aus der Regelung des § 55 Abs. 3 Satz 3 BImSchG folgt mittelbar, daß die Immissionsschutzbeauftragten auch zur Zusammenarbeit mit den im Bereich des Arbeitsschutzes beauftragten Personen (Betriebsärzten, Fachkräften für Arbeitssicherheit, Sicherheitsbeauftragten) verpflichtet sind.

XII. Pflichten des Anlagenbetreibers

1.   Unterstützungspflicht

283 Der Betreiber ist nach § 55 Abs. 4 BImSchG verpflichtet, den Immissionsschutzbeauftragten bei der Erfüllung seiner Aufgaben zu unterstützen und hat ihm insbesondere, soweit dies zur Erfüllung seiner Aufgaben erforderlich ist, Hilfsmittel sowie Räume, Einrichtungen, Geräte und Mittel zur Verfügung zu stellen und die Teilnahme an Schulungen zu ermöglichen. Aus der Formulierung »insbesondere« folgt, daß diese Aufzählung nicht abschließend ist. Der Umfang der Unterstützung wird dadurch eingeschränkt, daß sie zur Erfüllung der Aufgaben des Immissionsschutzbeauftragten erforderlich sein muß. Auf jeden Fall muß aber der Immissionsschutzbeauftragte in der Lage sein, die in § 54 BImSchG genannten Aufgaben wirksam zu erfüllen. Die Kosten für die nach § 55 Abs. 4 BImSchG erforderlichen Maßnahmen hat der Betreiber zu tragen[235].

284 Die Unterstützungspflicht des § 55 Abs. 4 BImSchG wird konkretisiert durch § 9 5. BImSchV. Danach hat der Betreiber dafür Sorge zu tragen, daß der Beauftragte regelmäßig, mindestens alle zwei Jahre, an Fortbildungsmaßnahmen teilnimmt, § 9 Abs. 1 Satz 1 5. BImSchV. Erforderlich zur Fortbildung ist nach § 9 Abs. 1 Satz 2 5. BImSchV auch die Teilnahme an einem oder mehreren von der zuständigen Landesbehörde anerkannten Lehrgängen, in denen Kenntnisse entsprechend dem Anhang II zur 5. BImSchV[236] vermittelt werden. Die Fortbildungsmaßnahmen können sich auf alle Sachbereiche erstrecken, die im Anhang II zur 5. BImSchV genannt sind. Auf Verlangen der zuständigen Behörde ist die Teilnahme des Beauftragten an im Betrieb durchgeführten Fortbildungsmaßnahmen oder an den Lehrgängen nachzuweisen (§ 9 Abs. 2 Satz 2 5. BImSchV).

---

235 *Hansmann,* in: *Landmann/Rohmer,* BImSchG, § 55 Rdnr. 56 f.
236 Abgedruckt unter Anhang VI.

2. Einholung von Stellungnahmen

Weiterhin hat der Betreiber gemäß § 56 BImSchG vor Entscheidungen über **285** die Einführung von Verfahren und Erzeugnissen sowie vor Investitionsentscheidungen rechtzeitig eine Stellungnahme des Immissionsschutzbeauftragten einzuholen, wenn die Entscheidungen für den Immissionsschutz bedeutsam sein können (s. dazu o. Rdnr. 270 ff.).

3. Einräumung eines Vortragsrechts

§ 57 BImSchG sieht vor, daß der Betreiber durch innerbetriebliche Organi- **286** sationsmaßnahmen sicherzustellen hat, daß der Immissionsschutzbeauftragte seine Vorschläge oder Bedenken unmittelbar der Geschäftsleitung vortragen kann, wenn er sich mit dem zuständigen Betriebsleiter nicht einigen konnte, und er wegen der besonderen Bedeutung der Sache eine Entscheidung der Geschäftsleitung für erforderlich hält (eingehend zum Vortragsrecht des Immissionsschutzbeauftragten s. bereits o. Rdnr. 275 ff.).

4. Weisungsverbot

Im Gegensatz zu § 8 Abs. 1 Satz 1 ASiG hinsichtlich der Betriebsärzte und **287** Fachkräfte für Arbeitssicherheit enthält das BImSchG zwar kein ausdrückliches Weisungsverbot des Anlagenbetreibers gegenüber den Immissionsschutzbeauftragten. Allerdings folgt aus § 54 Abs. 1 Satz 2 BImSchG, wonach der Immissionsschutzbeauftragte zur Durchführung der Aufgaben nicht nur verpflichtet, sondern auch *berechtigt* ist, daß der Anlagenbetreiber dem Immissionsschutzbeauftragten jedenfalls bei der Wahrnehmung seiner gesetzlichen Aufgaben keine fachlichen Weisungen erteilen darf[237].

Anweisungen, die ihre Grundlage in dem allgemeinen arbeitsvertragli- **288** chen Direktionsrecht des Anlagenbetreibers haben und mit der Ausübung des Amtes in keinem Zusammenhang stehen, können dagegen wirksam erteilt werden.

---

237 Vgl. *Weber,* Der Betriebsbeauftragte, S. 149 f.

5. Benachteiligungsverbot

289 Nach § 58 Abs. 2 BImSchG darf der Immissionsschutzbeauftragte wegen der Erfüllung der ihm übertragenen Aufgaben nicht benachteiligt werden. Diese Vorschrift, die in § 78 BetrVG ihr Vorbild hat, soll die Unabhängigkeit des Immissionsschutzbeauftragten und dessen sachgemäße Aufgabenerfüllung sicherstellen.

290 Zwar kommt dem Immissionsschutzbeauftragten in erster Linie nur eine Beratungs- und Unterstützungsfunktion zu. Gleichwohl kann seine Tätigkeit, die auf eine Verbesserung der Immissionsverhältnisse ausgerichtet ist, zu den auf wirtschaftliche Erwägungen abstellenden Interessen des Anlagenbetreibers in ein Spannungsverhältnis geraten.

291 Das Benachteiligungsverbot des § 58 Abs. 1 BImSchG richtet sich nicht nur gegen den Anlagenbetreiber, sondern auch gegen andere Personen, wie etwa gegen die Geschäftsleitung, die einzelnen Betriebsleiter bzw. Vorgesetzten sowie gegen den Arbeitgeber eines nicht betriebsangehörigen Immissionsschutzbeauftragten[238].

292 In zeitlicher Hinsicht beschränkt sich das Benachteiligungsverbot nicht nur auf die Ausübung des Amtes, sondern erfaßt nach Sinn und Zweck auch Maßnahmen, die nach der Beendigung des Amtes erfolgen, sofern sie durch die (frühere) Tätigkeit als Immissionsschutzbeauftragter motiviert sind[239].

293 Eine »Benachteiligung« liegt vor, wenn der Immissionsschutzbeauftragte schlechter behandelt wird als eine Person in vergleichbarer Situation. Unzulässig sind alle rechtlichen oder tatsächlichen Maßnahmen, die sich objektiv als Benachteiligung darstellen, ohne daß es auf eine Benachteiligungsabsicht oder ein Verschulden des Anlagenbetreibers ankommt[240].

294 § 58 Abs. 1 BImSchG verbietet nicht jede Benachteiligung des Immissionsschutzbeauftragten, sondern nur eine Schlechterstellung »wegen der ihm übertragenen Aufgaben«. Zwischen der Tätigkeit des Immissionsschutzbeauftragten und der betreffenden Maßnahme muß sonach ein Kausalzusammenhang bestehen. Für einen solchen Kausalzusammenhang spricht eine tatsächliche Vermutung, wenn ein Immissionsschutzbeauftragter ausschließlich die in § 54 BImSchG umschriebenen Aufgaben wahrgenommen hat[241].

295 Dagegen kann sich der Immissionsschutzbeauftragte nicht auf das Benachteiligungsverbot berufen, wenn alle betriebsangehörigen Personen in vergleichbarer Tätigkeit und Position Schlechterstellungen in Kauf nehmen

238 *Hansmann* in: *Landmann/Rohmer,* § 58 BImSchG Rdnr. 1 f.
239 *Hansmann* in: *Landmann/Rohmer,* § 58 BImSchG Rdnr. 10.
240 *Hansmann* in: *Landmann/Rohmer,* § 58 BImSchG Rdnr. 5 f.
241 *Hansmann* in: *Landmann/Rohmer,* § 58 BImSchG Rdnr. 8.

müssen oder der Anlagenbetreiber die Überschreitung des Aufgabenbereiches, die nicht ordnungsgemäße Wahrnehmung der Amtsaufgaben oder anderweitige Pflichtverletzungen arbeitsrechtlich sanktioniert. In all diesen Fällen erfolgt die Benachteiligung nicht »wegen« der ordnungsgemäßen Erfüllung der dem Immissionsschutzbeauftragten übertragenen Aufgaben[242].

Im einzelnen kann die Benachteiligung in der – durch die ordnungsgemäße Aufgabenerfüllung motivierten – Zuweisung eines ungünstigeren Arbeitsplatzes, dem Entzug von Aufgaben, der Verhinderung von Aufstiegsmöglichkeiten, der Verweigerung von Höhergruppierung, der Vorenthaltung von Vergünstigungen (z.B. Nichtgewährung eines in vergleichbaren Fällen gewährten Arbeitgeberdarlehens oder die Ablehnung der Benutzung von Sozialeinrichtungen des Unternehmens) sowie in der Kündigung eines nicht betriebsangehörigen Immissionsschutzbeauftragten liegen[243].

296

Dagegen ist die Abberufung des Immissionsschutzbeauftragten als solche nicht als Benachteiligung anzusehen, da sie seine Stellung im Unternehmen nicht verschlechtert[244].

297

Entscheidend ist vielmehr, ob die Stellung des Immissionsschutzbeauftragten aus Anlaß der Abberufung, etwa durch Zuweisung eines ungünstigeren Arbeitsplatzes, verschlechtert wird.

298

Bei dem Benachteiligungsverbot des § 58 Abs. 1 BImSchG handelt es sich um ein gesetzliches Verbot i.S. von § 134 BGB, so daß die Maßnahmen des Anlagenbetreibers, die hiergegen verstoßen, nichtig sind[245].

299

6. Koordination mehrerer Beauftragter

Bestellt der Anlagenbetreiber mehrere Immissionsschutzbeauftragte, so hat er gemäß § 55 Abs. 3 Satz 1 BImSchG einerseits deren Aufgaben genau abzugrenzen und zum anderen für die erforderliche Koordinierung der Aufgabenwahrnehmung zu sorgen.

300

Als Koordinierungsmaßnahme schreibt das Gesetz ausdrücklich die Bildung eines Ausschusses für Umweltschutz vor. Hierbei handelt es sich um ein reines Beratungs- und Informationsgremium, das keine Entscheidungsbefugnisse mit Außenwirkung hat und innerbetrieblich nur solche Maßnahmen beschließen kann, zu denen es vom Anlagenbetreiber ausdrücklich ermächtigt wurde[246].

301

---

242 *Hansmann* in: *Landmann/Rohmer*, § 58 BImSchG Rdnr. 5, 9 m.w. Nachw.
243 *Hansmann* in: *Landmann/Rohmer*, § 58 BImSchG Rdnr. 11 f.
244 *Hansmann* in: *Landmann/Rohmer*, § 58 BImSchG Rdnr. 7 m.w. Nachw.
245 *Hansmann* in: *Landmann/Rohmer*, § 58 BImSchG Rdnr. 13 f.
246 *Hansmann*, in: *Landmann/Rohmer*, BImSchG, § 55 Rdnr. 53.

302   Eine Koordinierungspflicht des Anlagenbetreibers besteht auch dann, wenn neben einem oder mehreren Immissionsschutzbeauftragten Betriebsbeauftragte nach anderen gesetzlichen Vorschriften bestellt sind (§ 55 Abs. 3 Satz 2 BImSchG). Aus dem Hinweis auf die Bildung eines Ausschusses für Umweltschutz folgt, daß hierunter nur Betriebsbeauftragte nach anderen Umweltschutzgesetzen, nämlich die Betriebsbeauftragten für Gewässerschutz und Abfall, zu verstehen sind. Mit ihnen muß der Ausschuß gebildet werden[247].

303   Schließlich hat der Anlagenbetreiber gemäß § 55 Abs. 3 Satz 3 BImSchG für die Zusammenarbeit der Immissionsschutzbeauftragten mit den im Bereich des Arbeitsschutzes beauftragten Personen (Betriebsärzte, Fachkräfte für Arbeitssicherheit, Sicherheitsbeauftragte) zu sorgen.

XII. Der besondere Kündigungsschutz des § 58 Abs. 2 BImSchG

304   Ist der Immissionsschutzbeauftragte Arbeitnehmer des zur Bestellung verpflichteten Betreibers, so ist die Kündigung des Arbeitsverhältnisses gemäß § 58 Abs. 2 Satz 1 BImSchG unzulässig, es sei denn, daß Tatsachen vorliegen, die den Betreiber zur Kündigung aus wichtigem Grund ohne Einhaltung einer Kündigungsfrist berechtigen. Darüber hinaus ist die Kündigung nach der Abberufung als Immissionsschutzbeauftragter innerhalb eines Jahres, vom Zeitpunkt der Beendigung der Bestellung an gerechnet, unzulässig, es sei denn, daß Tatsachen vorliegen, die den Betreiber zur Kündigung aus wichtigem Grund ohne Einhaltung einer Kündigungsfrist berechtigen (§ 58 Abs. 2 Satz 2 BImSchG).

305   Die Kündigungsbeschränkung des § 58 Abs. 2 BImSchG ist durch das dritte Gesetz zur Änderung des BImSchG vom 11.5.1990[248] in das BImSchG neu eingefügt worden. Inhaltlich findet diese Bestimmung ihr Vorbild in der Kündigungsschutzregelung des § 15 KSchG für Betriebs- und Personalratsmitglieder. Ausweislich der gesetzgeberischen Begründung soll damit den Immissionsschutzbeauftragten ein – dem Schutz von Mitgliedern in Personalvertretungen vergleichbarer – besonderer Kündigungsschutz gewährt werden, um ihnen die erforderliche Unabhängigkeit für die Erfüllung ihrer Aufgaben zu sichern. Der Immissionsschutzbeauftragte soll nicht aus Furcht vor Entlassungen an einer wirksamen Wahrnehmung seiner Aufgaben gehindert werden. Außerdem wollte der Gesetzgeber mit dem besonderen

---

247 *Hansmann,* in: *Landmann/Rohmer,* BImSchG, § 55 Rdnr. 55.
248 BGBl. I S. 870.

Kündigungsschutz verhindern, daß der Anlagenbetreiber sich unbequemer Immissionsschutzbeauftragter durch Kündigung des Beschäftigungsverhältnisses zu entledigen sucht[249].

Der Anwendungsbereich des § 58 Abs. 2 BImSchG beschränkt sich dem **306** eindeutigen Wortlaut zufolge allein auf die als Arbeitnehmer tätigen Immissionsschutzbeauftragten. Zugunsten nicht betriebsangehöriger Immissionsschutzbeauftragter i.S. von § 4 5. BImSchV greift der erweiterte Kündigungsschutz somit nicht ein[250].

Allerdings kann hier die Kündigung gegen das allgemeine Benachteili- **307** gungsverbot des § 58 Abs. 1 BImSchG verstoßen (s.o. Rdnr. 296).

Da sich die Regelung des § 58 Abs. 2 BImSchG allgemein auf »die **308** Kündigung« des Arbeitsverhältnisses bezieht, gilt sie für Beendigungs- und Änderungskündigungen gleichermaßen.

Solange ein Arbeitnehmer das Amt des Immissionsschutzbeauftragten **309** ausübt, ist eine ordentliche Kündigung des Arbeitsverhältnisses nach § 58 Abs. 2 Satz 1 BImSchG unzulässig. Eine gleichwohl ausgesprochene ordentliche Kündigung ist daher wegen Gesetzesverstoßes gemäß § 134 BGB nichtig und kann vom Immissionsschutzbeauftragten vor dem Arbeitsgericht angegriffen werden. Einer Feststellungsklage i.S. von § 4 KSchG, die innerhalb von drei Wochen nach Zugang der Kündigung zu erheben ist, bedarf es nicht, da es sich bei dem Verstoß gegen § 58 Abs. 2 Satz 1 BImSchG um einen sonstigen Nichtigkeitsgrund i.S. des § 13 Abs. 3 KSchG handelt[251].

Dagegen ist die außerordentliche Kündigung eines Immissionsschutzbe- **310** auftragten grundsätzlich möglich. Dies setzt allerdings das Vorliegen eines wichtigen Grundes voraus, der den Anlagenbetreiber nach Maßgabe des § 626 BGB zum Ausspruch einer fristlosen Kündigung berechtigt. Ebenso wie im Rahmen des § 15 Abs. 1 Satz 1 KSchG hinsichtlich der Betriebsratsmitglieder ist aber eine außerordentliche Kündigung des Immissionsschutzbeauftragten unzulässig, wenn diesem ausschließlich die Verletzung seiner Amtspflichten vorgeworfen wird. In dem Fall hat der Anlagenbetreiber nur das Recht der sofortigen Abberufung des Immissionsschutzbeauftragten von seinem Amt. Eine außerordentliche Kündigung kommt allein dann in Betracht, wenn die Amtspflichtverletzung **zugleich** eine schwere Verletzung der Pflichten aus dem Arbeitsverhältnis darstellt.

Kündigt der Anlagenbetreiber das mit dem Immissionsschutzbeauftragten **311** bestehende Arbeitsverhältnis fristlos, muß dieser gemäß § 13 Abs. 1 Satz 2

---

249 Begründung der Bundesregierung zum Entwurf eines Dritten Gesetzes zur Änderung des Bundes-Immissionsschutzgesetzes, BT-Drucksache 11/4909, S. 25 (zu Artikel 1 Nr. 29).
250 Vgl. *Ehrich,* Amt und Anstellung, S. 275 f.
251 *Schaub,* DB 1993, 481 (483).

KSchG i.V. mit § 4 KSchG innerhalb von drei Wochen nach Zugang der Kündigung hiergegen Kündigungsschutzklage erheben. Nach Ablauf der Frist gilt die außerordentliche Kündigung als von Anfang an wirksam (§§ 7, 13 Abs. 1 Satz 2 KSchG).

312 Die Vorschrift des § 58 Abs. 2 Satz 2 BImSchG räumt den Immissionsschutzbeauftragten einen nachwirkenden Kündigungsschutz ein, indem sie die Kündigung nach der Abberufung als Immissionsschutzbeauftragter innerhalb eines Jahres – vom Zeitpunkt der Beendigung der Bestellung an gerechnet – für unzulässig erklärt, sofern nicht Tatsachen vorliegen, die den Betreiber zur Kündigung aus wichtigem Grund ohne Einhaltung einer Kündigungsfrist berechtigen.

313 Der nachwirkende Kündigungsschutz wird ausgelöst durch den Rechtsakt der Abberufung des Immissionsschutzbeauftragten von seinem Amt. Dagegen löst die vom Immissionsschutzbeauftragten erklärte Amtsniederlegung den nachwirkenden Kündigungsschutz des § 58 Abs. 2 Satz 2 BImSchG jedenfalls dann nicht aus, wenn sie nicht durch ein Verhalten des Arbeitgebers, etwa durch Kritik an seiner Amtsführung oder Behinderung in der Wahrnehmung seiner Amtspflichten, veranlaßt worden, sondern allein von dem Arbeitnehmer selbst ausgegangen ist[252].

314 Soweit der nachwirkende Kündigungsschutz nicht oder nicht mehr eingreift, ist eine ordentliche Kündigung des Immissionsschutzbeauftragten grundsätzlich möglich. Maßgebend sind in dem Fall die allgemeinen Vorschriften des KSchG sowie die vertraglich vereinbarten oder gesetzlichen Kündigungsfristen.

XVI. Haftung des Immissionsschutzbeauftragten

315 Das BImSchG enthält keine besonderen Regelungen über die Haftung des Immissionsschutzbeauftragten für Pflichtverletzungen. Maßgebend sind daher insoweit die allgemeinen zivilrechtlichen Grundsätze[253].

---

252 So zu Recht *BAG* vom 22.7.1992, NZA 1993, 557 = DB 1993, 1192 (Kündigung eines als Arbeitnehmer beschäftigten Immissionsschutzbeauftragten, der sein Amt nur deshalb niedergelegt hat, weil der Anlagenbetreiber seinem Verlangen nach einer Gehaltserhöhung von jährlich rund 85.000,— DM auf 140.000,— DM nicht entsprochen hatte).

253 *Hansmann* in: *Landmann/Rohmer,* § 54 Rdnr. 23; vgl. generell zur zivilrechtlichen und strafrechtlichen Verantwortung der Betriebsbeauftragten für Umweltschutz *Salje,* BB 1993, 2297.

Im Rahmen der zivilrechtlichen Haftung des Immissionsschutzbeauftrag-   **316**
ten ist zwischen der Haftung im Außenverhältnis (gegenüber den betriebsangehörigen Mitarbeitern und sonstigen Dritten) und der Haftung im
Innenverhältnis (gegenüber dem Anlagenbetreiber) zu unterscheiden.

Im **Außenverhältnis** haftet der Immissionsschutzbeauftragte – da zwi-   **317**
schen ihm und den Mitarbeitern des Betreibers bzw. sonstigen Dritten keine
vertraglichen Beziehungen bestehen – nur dann, wenn er eine unerlaubte
Handlung i.S. der §§ 823, 826 BGB begeht. Dies dürfte aber nur äußerst selten
in Betracht kommen[254]. Ist der Immissionsschutzbeauftragte Arbeitnehmer
des Anlagenbetreibers oder wird ein nicht betriebsangehöriger Immissionsschutzbeauftragter »wie« ein Arbeitnehmer in den Betrieb eingegliedert (vgl.
§ 539 Abs. 2 RVO), so sind überdies im Verhältnis zu den anderen
Arbeitnehmern die Haftungsbeschränkungen der §§ 636, 637 RVO zu
beachten.

Im **Innenverhältnis** haftet der Immissionsschutzbeauftragte für Schäden,   **318**
die auf schuldhafte Pflichtverletzungen zurückzuführen sind, aus positiver
Forderungsverletzung, ggf. aus §§ 823 ff. BGB. Allerdings greift zugunsten
der als Arbeitnehmer beschäftigten Immissionsschutzbeauftragten die von der
Rechtsprechung im Wege der Rechtsfortbildung entwickelte Beschränkung
der Arbeitnehmerhaftung ein (s.o. Rdnr. 83 f.)[255].

Zur Vermeidung einer möglichen persönlichen Haftung sollte der Immis-   **319**
sionsschutzbeauftragte in der Praxis darauf achten, daß sich der Anlagenbetreiber im Grundvertrag zum Abschluß einer Haftpflichtversicherung verpflichtet[256].

---

254 Zutreffend *Schaub,* DB 1993, 481 (483).
255 Vgl. *BAG (GS)* vom 27.9.1994, DB 1994, 2237 = BB 1994, 2205.
256 S. § 7 des Mustervertrages zwischen Arbeitgeber und Immissionsschutzbeauftrag-
    tem (unter Anhang IV).

F. Störfallbeauftragte

1. Gesetzliche Grundlage und Zielsetzungen

Durch das dritte Gesetz zur Änderung des BImSchG vom 11.5.1990[257] wurde **320** mit den §§ 58 a – 58 d das Rechtsinstitut des Störfallbeauftragten in das BImSchG neu eingeführt. Im Hinblick auf den Schutz von Allgemeinheit und Nachbarschaft vor den von bestimmten Anlagen ausgehenden Gefahren hielt es der Gesetzgeber für erforderlich, dem Betreiber einen in sicherheitstechnischen Fragen sachkundigen Berater zur Verfügung zu stellen, um dadurch die Anlagensicherheit zu verbessern[258].

II. Voraussetzungen der Bestellungspflicht

Betreiber genehmigungsbedürftiger Anlagen haben gemäß § 58 a Abs. 1 **321** Satz 1 BImSchG einen oder mehrere Störfallbeauftragte zu bestellen, sofern dies im Hinblick auf die Art und Größe der Anlage wegen der bei einer Störung des bestimmungsgemäßen Betriebs auftretenden Gefahren für die Allgemeinheit und die Nachbarschaft erforderlich ist. Diese Vorschrift unterscheidet sich von § 53 Abs. 1 Satz 1 BImSchG dadurch, daß bei den Anlagen, für die ein Störfallbeauftragter zu bestellen ist, andere Voraussetzungen vorliegen müssen als für die Bestellung eines Immissionsschutzbeauftragten. Während § 53 Abs. 1 Satz 1 BImSchG auf die Emissionsprobleme beim Betrieb der Anlage und der Verwendung der Erzeugnisse abstellt, hängt die Pflicht zur Bestellung eines Störfallbeauftragten von den Gefahren ab, die bei einer Störung des bestimmungsgemäßen Betriebes für die Allgemeinheit und die Nachbarschaft auftreten können[259]. Außerdem bezieht sich § 58 a BImSchG – anders als § 53 BImSchG in Abs. 2 – nur auf genehmigungsbedürftige Anlagen.

---

257 BGBl. I S. 870.
258 Begründung der Bundesregierung zum Entwurf eines Dritten Gesetzes zur Änderung des Bundes-Immissionsschutzgesetzes, BT-Drucksache 11/4909, S. 25 (zu Artikel 1 Nr. 30). Zur Abgrenzung des Störfallbeauftragten vom Beauftragten nach § 5 Abs. 2 der Störfall-Verordnung s. *Ehrich*, Amt und Anstellung, S. 278.
259 *Hansmann*, in: *Landmann/Rohmer*, BImSchG, § 58 a Rdnr. 2.

322   Ebenso wie § 53 Abs. 1 Satz 1 BImSchG ist die Regelung des § 58 a Abs. 1 Satz 1 BImSchG nicht unmittelbar verbindlich (s.o. Rdnr. 191). Vielmehr muß sie durch eine Rechtsverordnung nach § 58 a Abs. 1 Satz 2 BImSchG (**1.**) oder durch eine behördliche Einzelanordnung nach § 58 a Abs. 2 BImSchG (**2.**) konkretisiert werden.

1.   *Pflicht zur Bestellung aufgrund Rechtsverordnung*

323   Die grundsätzliche Pflicht zur Bestellung eines Störfallbeauftragten nach § 58a Abs. 1 Satz 1 BImSchG wird präzisiert durch die Regelung des § 1 Abs. 2 5. BImSchV. Dieser Bestimmung zufolge haben Betreiber von Anlagen nach § 1 Abs. 2 der Störfall-Verordnung in der Fassung der Bekanntmachung vom 20.9.1991[260] einen betriebsangehörigen Störfallbeauftragten zu bestellen.

324   § 1 Abs. 2 der Störfall-Verordnung umfaßt zwei Gruppen von Anlagen, für die nunmehr ein Störfallbeauftragter zu bestellen ist:

1. Anlagen die im Teil 1 des Anhangs I genannt sind[261] und die in Anhang II Spalte 1 festgelegten Mengenschwellen erreichen oder überschreiten können, und

---

260 BGBl. I S. 1891.
261 Hierbei handelt es sich um folgende Anlagen:
    1. Anlagen zur teilweisen oder vollständigen Beseitigung von festen oder flüssigen Stoffen durch Verbrennen;
    2. Anlagen zur thermischen Zersetzung brennbarer fester oder flüssiger Stoffe unter Sauerstoffmangel (Pyrolyseanlagen);
    3. Anlagen zur chemischen Aufbereitung cyanidhaltiger Konzentrate, Nitrite oder Säuren, soweit hierdurch eine Verwertung als Reststoff oder eine Entsorgung als Abfall ermöglicht werden soll (Nummer 4 bleibt unberührt);
    4. Anlagen zur fabrikmäßigen Herstellung von Stoffen durch chemische Umwandlung;
    5. Anlagen zur Gewinnung von Asbest;
    6. Anlagen zur Destillation oder Raffination oder sonstigen Weiterverarbeitung von Erdöl oder Erdölerzeugnissen in Mineralöl-, Altöl- oder Schmierstoffraffinerien, in petrochemischen Werken oder bei der Gewinnung von Paraffin;
    7. Anlagen zur Trockendestillation von Steinkohle und Braunkohle;
    8. Anlagen zur Erzeugung von Generator- oder Wassergas aus festen Brennstoffen;
    9. Anlagen zur Vergasung oder Verflüssigung von Koks;
   10. Anlagen zur Erzeugung von Stadt- oder Ferngas aus Kohlenwasserstoffen durch Spalten;
   11. Anlagen zur Herstellung, Bearbeitung, Verarbeitung oder Vernichtung von explosionsgefährlichen Stoffen im Sinne des Sprengstoffgesetzes, die zur Verwendung als Sprengstoffe, Zündstoffe, Treibstoffe, pyrotechnische Sätze oder zur Herstellung dieser Stoffe bestimmt sind; hierzu gehören auch die Anlagen

2. Anlagen, die im Teil 2 des Anhangs I genannt sind[262] und die in Anhang III festgelegten Mengenschwellen erreichen oder überschreiten können.

Dabei gilt Anhang I für die Anlagen i.S. von Teil 1 und 2 auch dann, wenn sie als Anlageteil oder Nebeneinrichtung einer nicht genehmigungsbedürftigen Anlage betrieben werden[263]. **325**

Für Anlagen, die nicht von § 1 Abs. 2 der Störfall-Verordnung erfaßt werden, im Einzelfall aber dennoch erhöhte Störfallgefahren aufweisen, kann die zuständige Behörde nach § 58a Abs. 2 BImSchG die Bestellung eines Störfallbeauftragten anordnen (s.u. Rdnr. 328 ff.). **326**

Hinsichtlich der rechtlichen Wirkungen der Bestellungspflicht nach § 1 Abs. 2 5. BImSchV und ihrer Durchsetzung bestehen keine Unterschiede gegenüber dem Immissionsschutzbeauftragten (s. daher o. Rdnr. 194 ff.). **327**

2.   *Pflicht zur Bestellung aufgrund Einzelanordnung*

Nach § 58 a Abs. 2 BImSchG kann die zuständige Behörde anordnen, daß Betreiber genehmigungsbedürftiger Anlagen, für die die Bestellung eines Störfallbeauftragten nicht durch Rechtsverordnung vorgeschrieben ist, einen oder mehrere Störfallbeauftragte zu bestellen haben, soweit sich die Notwendigkeit der Bestellung aus dem in § 58 a Abs. 1 Satz 1 BImSchG genannten Gesichtspunkt ergibt. Eine solche behördliche Einzelanordnung kommt etwa dann in Betracht, wenn aufgrund besonderer betrieblicher Gefahrenquellen oder der Eigenarten der Umgebung der Anlage besondere Gefahren für die Umwelt bestehen, auch wenn der Anlagentyp um Regelfall solche Gefahrenpotentiale nicht aufweist[264]. **328**

Welche Behörde für Anordnungen nach § 58 a Abs. 2 BImSchG zuständig ist, richtet sich nach den jeweiligen landesrechtlichen Vorschriften. Regel- **329**

---

      zum Laden, Entladen oder Delaborieren von Munition oder sonstigen Sprengkörpern, ausgenommen Anlagen zur Herstellung von Zündhölzern;

12. Anlagen, in denen Pflanzenschutz- oder Schädlingsbekämpfungsmittel oder ihre Wirkstoffe gemahlen oder maschinell gemischt, abgepackt oder umgefüllt werden.

262 Teil 2 des Anhangs I besagt: »Anlagen, die der Lagerung von Stoffen oder Zubereitungen i.S. der Nummer 9 des Anhangs der 4. BImSchV dienen, soweit sie weder Anlageteile oder Nebeneinrichtungen einer Anlage nach Teil 1 sind, noch Verfahrensschritte innerhalb einer solchen Anlage dienen.«

263 So die Anm. zu Anhang I der Störfall-Verordnung vom 20.9.1991, BGBl. I S. 1891 (1896).

264 So die Begründung der Bundesregierung zum Entwurf der 5. BImSchV, BR-Drucksache 212/93, S. 27.

mäßig werden aber die Aufgaben denselben Behörden übertragen wie bei § 53 BImSchG[265].

330 Ebenso wie im Rahmen von § 53 Abs. 2 BImSchG darf hier die Behörde keine generalisierende Betrachtung vornehmen (s.o. Rdnr. 202). Vielmehr muß sie – unter Berücksichtigung der generellen Bewertung des Verordnungsgebers – die besonderen Umstände des Einzelfalles im Hinblick auf das Vorliegen der Voraussetzungen des § 58 a Abs. 2 i.V. Abs. 1 Satz 1 BImSchG prüfen[266].

331 Die Anordnung nach § 58 a Abs. 2 BImSchG braucht sich nicht nur auf die Verpflichtung zur Bestellung eines oder mehrerer Störfallbeauftragter zu beschränken, sondern kann auch die Frage der Betriebszugehörigkeit sowie die Möglichkeit der Bestellung für mehrere Anlagen, nicht aber die Bestellung einer bestimmten Person oder eine Erweiterung oder Einschränkung der gesetzlichen Aufgaben, umfassen[267]. Die Regelungen der §§ 2–6 5. BImSchV gelten im Rahmen von § 58 a Abs. 2 BImSchG zwar nicht unmittelbar, können aber von der Behörde entsprechend herangezogen werden (s.o. Rdnr. 204).

332 Hinsichtlich der Durchsetzung der Bestellungspflicht und möglicher Rechtsbehelfe bestehen keine Unterschiede zum Immissionsschutzbeauftragten, so daß hier die obigen Ausführungen (s. Rdnr. 205) entsprechend gelten.

III. Form der Bestellung

333 Die Bestellung muß – anders als der zugrundeliegende Anstellungsvertrag – nach § 55 Abs. 1 Satz 1, § 58 c Abs. 1 BImSchG stets **schriftlich** erfolgen, anderenfalls ist sie unwirksam, § 125 Satz 1 BGB. Die Bestellung setzt das Einverständnis des Störfallbeauftragten voraus, da eine Bestellung gegen den Willen der betreffenden Person rechtlich nicht möglich ist.

334 Zudem hat der Betreiber dem Störfallbeauftragten gemäß § 55 Abs. 1 Satz 1, § 58 c Abs. 1 BImSchG die ihm obliegenden Aufgaben genau zu bezeichnen (Einzelheiten s.o. Rdnr. 207 f.).

---

265 *Hansmann*, in: *Landmann/Rohmer*, BImSchG, § 58 a Rdnr. 10.
266 *Hansmann*, in: *Landmann/Rohmer*, BImSchG, § 58 a Rdnr. 8.
267 *Hansmann*, in: *Landmann/Rohmer*, BImSchG, § 58 a Rdnr. 9.

IV. Anzeige an die zuständige Behörde

Nach § 55 Abs. 1 Satz 2, § 58 c Abs. 1 BImSchG hat der Anlagenbetreiber **335** die Bestellung des Störfallbeauftragten und die Bezeichnung seiner Aufgaben der jeweils zuständigen Behörde unverzüglich anzuzeigen. Insoweit gelten die Ausführungen zum Immissionsschutzbeauftragten sinngemäß (s.o. Rdnr. 209 ff.).

V. Doppelbestellung

Die Bestellung derselben Person sowohl zum Immissionsschutz- als auch zum **336** Störfallbeauftragten (sog. Doppelbestellung) ist nach § 1 Abs. 3 5. BImSchV zulässig, soweit hierdurch die sachgemäße Erfüllung der Aufgaben nicht beeinträchtigt wird. S. dazu bereits o. Rdnr. 214 f.

VI. Anzahl der zu bestellenden Störfallbeauftragten

Die Regelung des § 58 Abs. 1 Satz 1 BImSchG, wonach Betreiber genehmi- **337** gungsbedürftiger Anlagen unter den dort genannten Voraussetzungen »einen oder mehrere« Störfallbeauftragte zu bestellen haben, wird durch § 1 Abs. 2 5. BImSchV in der Weise konkretisiert, daß grundsätzlich für jede Anlage ein Störfallbeauftragter zu bestellen ist. Betreibt ein Unternehmer mehrere genehmigungsbedürftige Anlagen, so muß er mehrere Störfallbeauftragte bestellen, selbst wenn die Anlagen in einem organisatorischen Zusammenhang betrieben werden.

Ausnahmsweise kann die zuständige Behörde nach § 2 Halbsatz 1 5. **338** BImSchV anordnen, daß der Betreiber einer Anlage i.S. des § 1 5. BImSchV mehrere Störfallbeauftragte zu bestellen hat. Dabei ist die Zahl der Beauftragten so zu bemessen, daß eine sachgerechte Erfüllung der in § 58 b BImSchG bezeichneten Aufgaben gewährleistet ist (§ 2 Halbsatz 2 5. BImSchV). Da sich § 2 5. BImSchV gleichermaßen auf die Immissionsschutz- und Störfallbeauftragten bezieht, gelten hier die Ausführungen zum Immissionsschutzbeauftragten entsprechend (s.o. Rdnr. 216 ff.).

VII. Gemeinsamer Beauftragter

339 Abweichend von dem Grundsatz, daß für jede Anlage i.S. von § 1 Abs. 2 5. BImSchV ein Störfallbeauftragter zu bestellen ist (s.o. Rdnr. 337), kann ein Betreiber mehrerer Anlagen gemäß § 3 Satz 1 5. BImSchV für diese Anlagen einen gemeinsamen Störfallbeauftragten bestellen, wenn hierdurch eine sachgemäße Erfüllung der in § 58 b BImSchG bezeichneten Aufgaben nicht gefährdet wird. Auch insoweit gelten die Ausführungen zum Immissionsschutzbeauftragten sinngemäß (s.o. Rdnr. 223 ff.).

340 Möglich ist nach § 1 Abs. 3, § 3 Satz 2 5. BImSchV auch die Bestellung derselben Person sowohl als gemeinsamer Immissionsschutzbeauftragter als auch als gemeinsamer Störfallbeauftragter.

VIII. Betriebszugehörigkeit

341 § 1 Abs. 2 5. BImSchV verpflichtet die Anlagenbetreiber zur Bestellung eines »betriebsangehörigen« Störfallbeauftragten. Anders als beim Immissionsschutzbeauftragten ist die Bestellung eines betriebsfremden Störfallbeauftragten auf der Grundlage eines Dienst-, Geschäftsbesorgungs- oder Werkvertrages nur sehr eingeschränkt möglich. Lediglich für Anlagen i.S. des Anhangs I Teil 2 zur Störfall-Verordnung gilt nach § 5 Abs. 2 5. BImSchV die Regelung des Abs. 1 hinsichtlich der Bestellung eines nicht betriebsangehörigen Störfallbeauftragten entsprechend. Daraus folgt, daß Betreiber von Anlagen, die im Teil 1 des Anhangs I zur Störfall-Verordnung genannt sind, stets einen betriebszugehörigen Störfallbeauftragten bestellen müssen[268].

342 Möglich ist jedoch nach Maßgabe von § 4 5. BImSchV die Bestellung eines für den Konzernbereich zuständigen Störfallbeauftragten. Insoweit gelten wiederum die Ausführungen zum Immissionsschutzbeauftragten entsprechend (s.o. Rdnr. 235 f.).

IX. Anforderungen an den Störfallbeauftragten

343 Da die Vorschrift des § 58 c Abs. 1 BImSchG u.a. § 55 Abs. 2 BImSchG für entsprechend anwendbar erklärt und sich die §§ 7 ff. 5. BImSchV gleichermaßen auf die Immissionsschutzbeauftragten und Störfallbeauftragten bezie-

---

268 Vgl. *Ehrich,* DB 1993, 1772 (1776).

hen, gelten hier die Ausführungen zum Immissionsschutzbeauftragten ebenfalls sinngemäß (s.o. Rdnr. 237 ff.)[269], wobei jedoch im Rahmen der beruflichen Qualifikation i.S. von § 8 Abs. 1 Nr. 1 5. BImSchV zu berücksichtigen ist, daß die Qualifikation als Meister lediglich für die Bestellung zum Immissionsschutzbeauftragten anerkannt werden kann. Für die Bestellung zum Störfallbeauftragten ist dagegen in jedem Fall eine technische Fachschulausbildung erforderlich.

X. Mitwirkung des Betriebsrats

Vor der **Bestellung** des Störfallbeauftragten hat der Betreiber den Betriebs- oder Personalrat gemäß § 55 Abs. 1 a Satz 1, § 58 c Abs. 1 BImSchG unter Bezeichnung der ihm obliegenden Aufgaben zu unterrichten. Entsprechendes gilt bei **Veränderungen im Aufgabenbereich** des Störfallbeauftragten und bei dessen **Abberufung** (§ 55 Abs. 1 a Satz 2, § 58 c Abs. 1 BImSchG). **344**

Die Unterrichtung durch den Anlagenbetreiber muß so rechtzeitig erfolgen, daß der Betriebs- oder Personalrat noch vor der beabsichtigten Bestellung, Aufgabenveränderung oder Abberufung eine Stellungnahme abgeben kann. Jedoch führt die unterbliebene Unterrichtung nach § 55 Abs. 1 a, 58 c Abs. 1 BImSchG nicht zur Unwirksamkeit dieser Maßnahmen (s.o. Rdnr. 251). **345**

Daneben sind vom Betreiber bei der Inanspruchnahme eines betriebszugehörigen Störfallbeauftragten wegen der rechtlichen Trennung von Amt und Anstellung die Mitwirkungsrechte des Betriebsrats aus §§ 99 ff. BetrVG zu beachten. Insoweit gelten hier die Ausführungen zum Immissionsschutzbeauftragten entsprechend (s.o. Rdnr. 252 ff.). **346**

XI. Aufgaben des Störfallbeauftragten

Die Aufgaben des Störfallbeauftragten werden im wesentlichen in § 58 b BImSchG genannt, teilweise ergeben sie sich auch aus § 58 c BImSchG. **347**

---

269 Zur Fachkunde von Störfallbeauftragten s. insbesondere Anhang II zur 5. BImSchV (abgedruckt unter Anhang VI).

1. Beratungsfunktion

348 Nach § 58 b Abs. 1 Satz 1 BImSchG berät der Störfallbeauftragte den Betreiber in Angelegenheiten, die für die Sicherheit der Anlage bedeutsam sein können. Diese Vorschrift beschreibt zum einen die Stellung des Störfallbeauftragten (lediglich beratende Tätigkeit). Zum anderen ist ihr zu entnehmen, daß dem Störfallbeauftragten nur solche Befugnisse und Pflichten zu übertragen sind, die für die Sicherheit der Anlage bedeutsam sein können. Dabei meint »Sicherheit der Anlage« nicht die Verfügbarkeit der Anlage, sondern – unter Berücksichtigung von § 58 a Abs. 1 Satz 1 BImSchG – den Ausschluß von Betriebsstörungen, die zu Gefahren für die Allgemeinheit oder die Nachbarschaft führen können[270].

349 Die Pflicht zur Beratung besteht allein gegenüber dem Anlagenbetreiber. Anders als der Immissionsschutzbeauftragte (vgl. § 54 Abs. 1 Satz 1 und 2 Nr. 4) hat der Störfallbeauftragte grundsätzlich keine allgemeine Aufklärungsfunktion.

2. Initiativfunktion

350 Weiterhin hat der Störfallbeauftragte gemäß § 58 b Abs. 1 Satz 2 Nr. 1 BImSchG auf die Verbesserung der Sicherheit der Anlage hinzuwirken. In diesem Zusammenhang muß er die Möglichkeiten sicherheitstechnischer Verbesserungen prüfen und ggf. Anregungen und Vorschläge ausarbeiten[271].

3. Kontrollfunktion

351 Eine der wichtigsten Aufgaben des Störfallbeauftragten bildet die in § 58 b Abs. 1 Satz 2 Nr. 2 genannte Kontrollfunktion. Danach hat der Störfallbeauftragte die Einhaltung der Vorschriften des BImSchG und der auf Grund dieses Gesetzes erlassenen Rechtsverordnungen sowie die Erfüllung erteilter Bedingungen und Auflagen im Hinblick auf die Verhinderung von Störungen des bestimmungsgemäßen Betriebs der Anlage zu überwachen, insbesondere durch Kontrolle der Betriebsstätte in regelmäßigen Abständen, Mitteilung festgestellter Mängel und Vorschläge zur Beseitigung dieser Mängel.

---

270 *Hansmann,* in: *Landmann/Rohmer,* BImSchG, § 58 b Rdnr. 3.
271 Vgl. *Hansmann,* in: *Landmann/Rohmer,* BImSchG, § 58 b Rdnr. 4, wonach der Störfallbeauftragte insoweit auch bei den Betriebsangehörigen für ein sicherheitsgerechtes Verhalten werben könne.

Bei der Kontrollfunktion handelt es sich ausschließlich um eine innerbetriebliche Aufgabe. Die Kontrolle des Störfallbeauftragten beschränkt sich auf Pflichten, die im Zusammenhang mit dem Betrieb der genehmigungsbedürftigen Anlage, für die er bestellt ist, vom Betreiber wahrzunehmen sind[272]. **352**

Aus der Verwendung des Begriffs »insbesondere« folgt, daß die in § 58 b Abs. 1 Satz 2 Nr. 3 BImSchG enthaltene Aufzählung der einzelnen Kontrollmittel nicht abschließend ist. Als weiteres Mittel zur Überwachung kommt z.B. die Überprüfung der Eignung und der Arbeitsleistung der mit sicherheitsrelevanten Aufgaben betrauten Facharbeiter in Betracht, wobei aber hier dieselben Einschränkungen zu beachten sind, denen auch der Anlagenbetreiber selbst unterliegt[273]. **353**

Gegenüber dem Immissionsschutzbeauftragten sind die Kontrollaufgaben des Störfallbeauftragten in der Weise abgegrenzt, daß dieser die Pflichten im Bezug auf die Verhinderung von sicherheitsrelevanten Betriebsstörungen und der Immissionsschutzbeauftragte alle sonstigen immissionsschutzrechtlichen Pflichten zu überwachen hat (vgl. § 54 Abs. 1 Satz 2 Nr. 3, § 58 b Abs. 1 Satz 2 Nr. 3 BImSchG)[274]. **354**

4. *Meldepflichten*

Mit der Kontrollfunktion des Störfallbeauftragten hängen seine Mitteilungs- und Meldepflichten eng zusammen. Aufgrund ihrer Bedeutung sind sie in § 58 b Abs. 1 Satz 2 Nr. 2 und 4 BImSchG besonders herausgestellt worden. **355**

Nach § 58 b Abs. 1 Satz 2 Nr. 2 BImSchG hat der Störfallbeauftragte dem Betreiber unverzüglich ihm bekanntgewordene Störungen des bestimmungsgemäßen Betriebs mitzuteilen, die zu Gefahren für die Allgemeinheit und die Nachbarschaft führen können. § 58 b Abs. 1 Satz 2 Nr. 4 BImSchG verpflichtet den Störfallbeauftragten, Mängel, die den vorbeugenden und abwehrenden Brandschutz sowie die technische Hilfeleistung betreffen, unverzüglich dem Betreiber zu melden. In beiden Fällen muß der Störfallbeauftragte – anders als bei Mitteilungen im Rahmen von § 58 b Abs. 1 Satz 2 Nr. 3 BImSchG – nach Bekanntwerden der Betriebsstörung oder des Mangels dem Betreiber unverzüglich, d.h. ohne schuldhafte Zeitverzögerung, die erforderliche Mitteilung oder Meldung erstatten. **356**

---

272 *Hansmann*, in: *Landmann/Rohmer*, BImSchG, § 58 b Rdnr. 5.
273 *Hansmann*, in: *Landmann/Rohmer*, BImSchG, § 58 b Rdnr. 6.
274 *Hansmann*, in: *Landmann/Rohmer*, BImSchG, § 58 b Rdnr. 2.

5. Berichtspflicht

357 Nach § 58 b Abs. 2 Satz 1 BImSchG ist der Störfallbeauftragte – ebenso wie der Immissionsschutzbeauftragte gemäß § 54 Abs. 2 BImSchG (s.o. Rdnr. 267 ff.) – verpflichtet, dem Betreiber jährlich einen Bericht über die nach § 58 b Abs. 1 Satz 2 Nr. 1–3 BImSchG getroffenen und beabsichtigten Maßnahmen zu erstatten. In diesem Bericht, der für die Weitergabe an Dritte (Behörde, Verbände, Nachbarn) nicht bestimmt ist, soll der Störfallbeauftragte Rechenschaft ablegen und sein Programm für die Zukunft darlegen. Im Hinblick auf die Bedeutung des Berichts muß dieser – obwohl das Gesetz hierüber keine ausdrücklichen Angaben enthält – stets schriftlich erstattet werden[275].

6. Aufzeichnungspflicht

358 Im Gegensatz zum Immissionsschutzbeauftragten obliegt dem Störfallbeauftragten gemäß § 58 b Abs. 2 Satz 2 BImSchG auch eine Aufzeichnungspflicht. Diese bezieht sich allerdings nur auf die Maßnahmen, die er zur Erfüllung seiner Aufgaben nach § 58 b Abs. 1 Satz 2 Nr. 2 BImSchG ergriffen hat[276]. Die Aufzeichnungen muß der Störfallbeauftragte mindestens fünf Jahre aufbewahren (§ 58 b Abs. 2 Satz 3 BImSchG). Die Überwachungsbehörde kann vom Anlagenbetreiber nach § 52 Abs. 2 BImSchG jederzeit die Vorlage der Aufzeichnungen verlangen. Zu diesem Zweck muß sie der Störfallbeauftragte dem Betreiber ggf. zur Verfügung stellen[277].

359 Der Gesetzgeber hielt die Aufzeichnungspflicht zum einen für erforderlich, um die ordnungsgemäße Eigenüberwachung des Betreibers – soweit ihm hierzu der Störfallbeauftragte zur Seite gestellt wird – durch die zuständige Behörde kontrollieren zu können. Zum anderen können diese Aufgaben dem Betreiber nach den Vorstellungen des Gesetzgebers dazu dienen, mögliche »Schwachstellen« seines Betriebes im Bereich der Anlagen-

275 *Hansmann*, in: *Landmann/Rohmer*, BImSchG, § 58 b Rdnr. 8.
276 Weitergehend *Hansmann*, in: *Landmann/Rohmer*, BImSchG, § 58 b Rdnr. 9, wonach auch die Art der gemäß § 58 b Abs. 1 Satz 2 Nr. 2 BImSchG mitzuteilenden Betriebsstörung und der Zeitpunkt ihres Bekanntwerdens sowie die einzelnen Schritte, die der Störfallbeauftragte zur Information des Anlagenbetreibers eingeleitet hat, (mit Angabe der Uhrzeit) aufgezeichnet werden müssen.
277 Vgl. *Hansmann*, in: *Landmann/Rohmer*, BImSchG, § 58 b Rdnr. 9. S. auch die Begründung der Bundesregierung zum Entwurf eines Dritten Gesetzes zur Änderung des Bundes-Immissionsschutzgesetzes, BT-Drucksache 11/4909, S. 25 (Zu Artikel 1 Nr. 30).

sicherheit besser zu erkennen und frühzeitig geeignete Abhilfemaßnahmen zu ergreifen[278].

7. *Stellungnahme zu Entscheidungen des Betreibers*

Der Anlagenbetreiber hat gemäß § 58 c Abs. 2 Satz 1 BImSchG vor **360** Investitionsentscheidungen sowie vor der Planung von Betriebsanlagen und der Einführung von Arbeitsverfahren und Arbeitsstoffen eine Stellungnahme des Störfallbeauftragten einzuholen, wenn diese Entscheidungen für die Sicherheit der Anlage bedeutsam sein können. Die Stellungnahme ist so rechtzeitig einzuholen, daß sie bei den Entscheidungen angemessen berücksichtigt werden kann. Sie ist derjenigen Stelle vorzulegen, die die Entscheidungen trifft (§ 58 c Abs. 2 Satz 2 BImSchG).

Die Regelung des § 58 c Abs. 2 Satz 1 BImSchG gleicht der Vorschrift des **361** § 56 Abs. 1 BImSchG. In beiden Fällen ist der Anlagenbetreiber verpflichtet, vor bestimmten Entscheidungen eine Stellungnahme des Betriebsbeauftragten einzuholen, dessen Aufgabenbereich durch die Entscheidung berührt wird. § 58 c Abs. 2 Satz 1 BImSchG unterscheidet sich jedoch insoweit von § 56 Abs. 1 BImSchG, als es sich dabei um Entscheidungen handelt, die für die Sicherheit der Anlage von Bedeutung sein können. Hierunter sind – im Hinblick auf § 58 a Abs. 1 Satz 1 BImSchG – alle Entscheidungen zu verstehen, die Auswirkungen auf die Möglichkeit von Betriebsstörungen mit Gefahren für die Allgemeinheit und die Nachbarschaft haben können[279]. Außerdem ist – im Gegensatz zu § 56 Abs. 1 BImSchG – die Einholung einer Stellungnahme bei Betriebsanlagen sowie bei der Einführung von Arbeitsverfahren und Arbeitsstoffen bereits »vor der Planung« erforderlich. Gemeint ist damit der Zeitpunkt vor der Detailplanung. Das Merkmal der »Planung von Betriebsanlagen« umfaßt nicht nur die vorgesehene Neuerrichtung von Anlagen, sondern auch wesentliche Änderungen bestehender Betriebseinrichtungen. Entsprechendes gilt für die Verfahren und Stoffe, mit denen im Betrieb gearbeitet wird. Unerheblich ist dabei, ob die Maßnahme eine Investition erfordert[280].

Da die Vorschrift des § 58 a Abs. 2 Satz 2 BImSchG mit der des § 56 Abs. 2 **362** BImSchG inhaltlich übereinstimmt, gelten hier hinsichtlich des Zeitpunkts

---

278 Vgl. die Begründung der Bundesregierung zum Entwurf eines Dritten Gesetzes zur Änderung des Bundes-Immissionsschutzgesetzes, BT-Drucksache 11/4909, S. 25 (Zu Artikel 1 Nr. 30).
279 *Hansmann,* in: *Landmann/Rohmer,* BImSchG, § 58 c Rdnr. 6.
280 *Hansmann,* in: *Landmann/Rohmer,* BImSchG, § 58 c Rdnr. 7.

der Einholung der Stellungnahme, deren Abgabe durch den Störfallbeauftragten und ihrer Verwertung durch die entscheidende Stelle die obigen Ausführungen zum Immissionsschutzbeauftragten (s. Rdnr. 270 ff.) entsprechend, wobei aber zu beachten ist, daß sich § 58 c Abs. 2 Satz 1 BImSchG teilweise bereits auf Planungsentscheidungen bezieht.

8. Vortragsrecht

363 Aus der in § 58 c Abs. 1 Halbsatz 1 BImSchG enthaltenen Bezugnahme auf § 57 BImSchG folgt, daß der Anlagenbetreiber dem Störfallbeauftragten dasselbe Vortragsrecht bei der Geschäftsführung einzuräumen hat wie dem Immissionsschutzbeauftragten. Insofern gelten hier die obigen Ausführungen zum Immissionsschutzbeauftragten (s. Rdnr. 275 ff.) entsprechend.

9. Zusammenarbeit mit dem Betriebsrat

364 Ebenso wie die Immissionsschutzbeauftragten (s.o. Rdnr. 281) können die Störfallbeauftragten nach § 80 Abs. 1 Nr. 1 BetrVG zur Zusammenarbeit mit dem Betriebsrat verpflichtet sein. Überdies kann sich eine solche Pflicht zur Zusammenarbeit aus dem zwischen Anlagenbetreiber und Störfallbeauftragtem geschlossenen Grundvertrag ergeben.

10. Zusammenarbeit mit anderen Betriebsbeauftragten

365 Aus § 55 Abs. 3 Satz 3 BImSchG i.V. mit § 58 c Abs. 1 Halbsatz 1 BImSchG folgt mittelbar, daß die Störfallbeauftragten auch zur Zusammenarbeit mit den im Bereich des Arbeitsschutzes beauftragten Personen (Betriebsärzten, Fachkräften für Arbeitssicherheit, Sicherheitsbeauftragten) verpflichtet sind.

XII. Pflichten des Anlagenbetreibers

1. Unterstützungspflicht

366 Nach § 55 Abs. 4 BImSchG i.V. mit § 58 c Abs. 1 Halbsatz 1 BImSchG ist der Anlagenbetreiber verpflichtet, den Störfallbeauftragten bei der Erfüllung seiner Aufgaben zu unterstützen. Insbesondere hat er dem Störfallbeauftragten – soweit dies zur Erfüllung seiner Aufgaben erforderlich ist – Hilfsmittel sowie Räume, Einrichtungen, Geräte und Mittel zur Verfügung zu stellen und die Teilnahme an Schulungen zu ermöglichen. Insoweit gelten hier die Ausführungen zum Immissionsschutzbeauftragten sinngemäß (s.o. Rdnr. 283 f.).

2. Einholung von Stellungnahmen

Weiterhin hat der Betreiber gemäß § 58 c Abs. 2 BImSchG vor Investitions- **367** entscheidungen sowie vor der Planung von Betriebsanlagen und der Einführung von Arbeitsverfahren und Arbeitsstoffen rechtzeitig eine Stellungnahme des Störfallbeauftragten einzuholen, wenn diese Entscheidungen für die Sicherheit der Anlage bedeutsam sein können (s. dazu die Ausführungen o. Rdnr. 360 ff.).

3. Einräumung eines Vortragsrechts

Ebenso wie beim Immissionsschutzbeauftragten hat der Anlagenbetreiber **368** nach § 57 BImSchG i.V. mit § 58 c Abs. 1 Halbsatz 1 BImSchG durch innerbetriebliche Organisationsmaßnahmen sicherzustellen, daß der Störfallbeauftragte seine Vorschläge oder Bedenken unmittelbar der Geschäftsleitung vortragen kann, wenn er sich mit dem zuständigen Betriebsleiter nicht einigen konnte, und er wegen der besonderen Bedeutung der Sache eine Entscheidung der Geschäftsleitung für erforderlich hält (eingehend zum Vortragsrecht des Immissionsschutzbeauftragten, das in gleicher Weise für den Störfallbeauftragten gilt, o. Rdnr. 275 ff.).

4. Weisungsverbot

Ein ausdrückliches Weisungsverbot des Anlagenbetreibers gegenüber dem **369** Störfallbeauftragten ist im BImSchG zwar nicht enthalten. Jedoch folgt aus § 58 b Abs. 1 Satz 2 BImSchG, wonach der Störfallbeauftragte zur Durchführung der Aufgaben nicht nur verpflichtet, sondern auch *berechtigt* ist, daß der Anlagenbetreiber den Störfallbeauftragten jedenfalls bei der Wahrnehmung seiner gesetzlichen Aufgaben keine fachlichen Weisungen erteilen darf. Nicht ausgeschlossen sind dagegen solche Anweisungen, die mit der Ausübung des Amtes in keinem Zusammenhang stehen.

5. Benachteiligungsverbot

370 Da die Vorschrift des § 58 BImSchG gemäß § 58 d BImSchG für den Störfallbeauftragten entsprechend gilt, findet das in § 58 Abs. 1 BImSchG enthaltene gesetzliche Benachteiligungsverbot zugunsten des Immissionsschutzbeauftragten in gleicher Weise auf die Störfallbeauftragten Anwendung. Demnach gelten hier die Ausführungen zum Immissionsschutzbeauftragten (s.o. Rdnr. 289 ff.) sinngemäß.

6. Koordination mehrerer Beauftragter

371 Hinsichtlich der Koordination mehrerer Störfallbeauftragter ergeben sich – da § 58 c Abs. 1 Halbsatz 1 BImSchG die Vorschrift des § 55 Abs. 3 BImSchG für entsprechend anwendbar erklärt – gegenüber der Rechtslage bei den Immissionsschutzbeauftragten (s.o. Rdnr. 300 ff.) keine Abweichungen.

XIII. Übertragung von Entscheidungsbefugnissen

372 Anders als im Rahmen der §§ 53–58 BImSchG sieht § 58 c Abs. 3 BImSchG vor, daß dem Störfallbeauftragten Anlagenbetreiber für die Beseitigung und die Begrenzung der Auswirkungen von Störungen des bestimmungsgemäßen Betriebs, die zu Gefahren für die Allgemeinheit und die Nachbarschaft führen können oder bereits geführt haben, Entscheidungsbefugnisse übertragen werden können. Hierbei handelt es sich nicht um eine Pflicht des Betreibers, sondern um eine auch ohne ausdrückliche Regelung bestehende Befugnis[281].

373 Nach den gesetzgeberischen Vorstellungen kann die Übertragung solcher Entscheidungsbefugnisse angezeigt sein, um Betriebsstörungen frühzeitig und möglichst wirksam bekämpfen zu können. Ferner hielt sie der Gesetzgeber im Hinblick auf Maßnahmen für angebracht, die die Koordination zwischen betrieblicher und überbetrieblicher Gefahrenabwehr – z.B. die Zusammenarbeit mit den für den Brand- und Katastrophenschutz sowie den für die allgemeine Gefahrenabwehr zuständigen Behörden und Einsatzkräften – betreffen[282].

---

281 *Hansmann*, in: *Landmann/Rohmer*, BImSchG, § 58 c Rdnr. 9 und 2.
282 Vgl. die Begründung der Bundesregierung zum Entwurf eines Dritten Gesetzes zur Änderung des Bundes-Immissionsschutzgesetzes, BT-Drucksache 11/4909, S. 25 (Zu Artikel 1 Nr. 30).

Soweit der Störfallbeauftragte zugleich die Aufgaben nach § 5 Abs. 2 der **374**
Störfall-Verordnung wahrnehmen soll, *müssen* ihm Entscheidungsbefugnisse
übertragen werden[283].

XIV. Besonderer Kündigungsschutz

Da die Vorschrift des § 58 Abs. 2 BImSchG über den besonderen Kündi- **375**
gungsschutz des Immissionsschutzbeauftragten nach § 58 d BImSchG auf den
Störfallbeauftragten entsprechende Anwendung findet, gelten hier die Ausführungen zum Immissionsschutzbeauftragten sinngemäß (s.o. Rdnr. 304 ff.).

XV. Haftung des Störfallbeauftragten

Hinsichtlich der Haftung des Störfallbeauftragten ergeben sich ebenfalls keine **376**
Abweichungen von den Grundsätzen zum Immissionsschutzbeauftragten
(s.o. Rdnr. 315 ff.).

---

283 *Hansmann*, in: *Landmann/Rohmer*, BImSchG, § 58 c Rdnr. 9.

G.   Betriebsbeauftragte für Abfall

I.   Gesetzliche Grundlage und Zielsetzungen

Die Pflicht zur Bestellung von Betriebsbeauftragten für Abfall sowie deren   **377**
Rechte und Pflichten ergeben sich aus den §§ 11 a – 11 f AbfG. Diese
Vorschriften wurden durch das Erste Gesetz zur Änderung des AbfG vom
21.6.1976[284] in das AbfG eingeführt und traten am 1.1.1977 in Kraft. Anlaß
dieser Bestimmungen war die Verwirklichung des Umweltschutzes im
Bereich der Abfallvermeidung, -verringerung und -verwertung, die in der
betrieblichen Praxis allein durch staatliche Überwachungsbehörden nicht
sichergestellt werden kann. Mit dem Institut des Betriebsbeauftragten für
Abfall will der Gesetzgeber den Unternehmen, deren Tätigkeit besonders
umweltrelevant ist, ein Instrument zur Selbstkontrolle zur Hand geben, mit
Hilfe dessen sie ihr eigenes Handeln in eigener Verantwortung den Erforder-
nissen des Umweltschutzes besser anpassen können[285]. Die §§ 11 a – 11 f AbfG
gleichen in ihrer Struktur den Regelungen der §§ 53–58 BImSchG über den
Immissionsschutzbeauftragten. Anders als § 58 Abs. 2 BImSchG enthalten sie
jedoch k*einen besonderen Kündigungsschutz* zugunsten der Betriebsbeauftragten für Abfall. Ob auch in diese Vorschriften eine dem § 58 Abs. 2 BImSchG
entsprechende Regelung aufgenommen wird[286], bleibt abzuwarten.

II.   Voraussetzungen der Bestellungspflicht

Die Pflicht zur Bestellung eines oder mehrerer Betriebsbeauftragter für Abfall   **378**
kann sich entweder aus § 11 a Abs. 1 AbfG (**1.**) oder aus einer behördlichen
Anordnung i.S. von § 11 a Abs. 2 AbfG (**2.**) ergeben.

---

284 BGBl. I S. 1601.
285 Vgl. *Hösel/von Lersner,* AbfG, § 11 a Rdnr. 11 ff. (dort mit eingehender Darlegung
    der rechtspolitischen Bedeutung des Betriebsbeauftragten für Abfall); *Versteyl* in:
    Kunig/Schwermer/Versteyl, AbfG, § 11 a Rdnr. 1 ff.
286 So die Vermutung von *Versteyl* in: *Kunig/Schwermer/Versteyl,* AbfG, § 11 a Rdnr.
    10, § 11 f Rdnr. 1.

1.   Pflicht zur Bestellung aufgrund Gesetzes

379   Nach § 11 a Abs. 1 Satz 1 AbfG haben Betreiber ortsfester Abfallentsorgungsanlagen einen oder mehrere Betriebsbeauftragte für Abfall zu bestellen. Gleiches gilt gemäß § 11 a Abs. 1 Satz 2 AbfG für Betreiber von Anlagen, in denen regelmäßig Abfälle i.S. des § 2 Abs. 2 AbfG anfallen. § 11 a Abs. 1 AbfG enthält eine unmittelbar wirkende gesetzliche Verpflichtung des Betreibers zur Bestellung einer oder mehrerer Betriebsbeauftragter für Abfall, ohne daß es eines Verwaltungsaktes der Behörde bedarf[287].

380   Betreiber der Anlage i.S. von § 11 a Abs. 1 Satz 1 und 2 AbfG ist derjenige, in dessen Namen und auf dessen Rechnung die Anlage betrieben wird. Hierbei kann es sich um eine natürliche oder juristische Person des Zivilrechts oder um eine Körperschaft des öffentlichen Rechts handeln. Mit dem Eigentümer der Anlage muß der Betreiber nicht identisch sein. Vielmehr kann es sich bei dem Betreiber auch um den Mieter oder Pächter der Anlage handeln[288].

381   Die Pflicht des Anlagenbetreibers zur Bestellung von Betriebsbeauftragten für Abfall nach § 11 a Abs. 1 Satz 1 und 2 AbfG wird konkretisiert durch die 3. Verordnung über Betriebsbeauftragte für Abfall (AbfBeauftrV) vom 26.10.1977[289], die auf Grund der Ermächtigung des § 11 a Abs. 1 Satz 3 AbfG erlassen wurde und am 1.1.1978 in Kraft getreten ist (§ 8 AbfBeauftrV).

382   § 1 Abs. 1 AbfBeauftrV konkretisiert die gesetzliche Pflicht des § 11 a Abs. 1 Satz 1 AbfG, indem er vorschreibt, daß Betreiber folgender Anlagen einen betriebsangehörigen Betriebsbeauftragten für Abfall zu bestellen haben:

1. Ortsfeste Abfallentsorgungsanlagen zum Lagern oder Ablagern von Abfällen;
2. ortsfeste Abfallbeseitigungsanlagen mit einer Durchsatzleistung von mehr als 0,75 Tonnen je Stunde
   a) zur Verbrennung oder thermischen Zersetzung (Vergasung, Entgasung) von Abfällen,
   b) zur Kompostierung von Abfällen;
3. ortsfeste Abfallbeseitigungsanlagen zur chemischen oder physikalischen Behandlung von Abfällen mit einer Durchsatzleistung von insgesamt mehr als 0,50 Tonnen je Stunde;
4. ortsfeste Abfallbeseitigungsanlagen zur Verbrennung von Abfällen aus Krankenhäusern;

---

287 *Hösel/von Lersner,* AbfG, § 11 a Rdnr. 5.
288 *Hösel/von Lersner,* AbfG, § 11 a Rdnr. 5; *Versteyl* in: *Kunig/Schwermer/Versteyl,* AbfG, § 11 a Rdnr. 11.
289 BGBl. I S. 1913.

5. ortsfeste Anlagen zum Lagern oder Behandeln von Autowracks mit einem Betriebsgelände von mehr als 4000 Quadratmetern.

§ 1 Abs. 2 Satz 1 AbfBeauftrV konkretisiert die gesetzliche Pflicht des § 11 a **383** Abs. 1 Satz 2 AbfG, indem er diejenigen Anlagen bestimmt, in denen üblicherweise Abfälle der in § 2 Abs. 2 AbfG genannten und in der Abfallbestimmungs-Verordnung vom 3.4.1990[290] präzisierten Art anfallen. Als Anlagen, deren Betreiber einen betriebsangehörigen Betriebsbeauftragten für Abfall zu bestellen haben, werden dort genannt:

1. Schmelzanlagen für Aluminium und Magnesium;
2. Fabriken oder Fabrikationsanlagen, in denen folgende Stoffe hergestellt werden:
   a) anorganische Säuren, Laugen oder Salze,
   b) organische Lösemittel,
   c) Farb- oder Anstrichmittel,
   d) Kältemittel,
   e) polychlorierte Biphenyle und Terphenyle,
   f) Pharmazeutika,
   g) Pflanzenbehandlungs- oder Schädlingsbekämpfungsmittel;
3. Anlagen zur Verarbeitung von Farb- oder Anstrichmitteln, soweit sie mit Naßabschneidern ausgerüstet sind;
4. Anlagen zur Destillation oder Raffination von Erdöl, Erdölerzeugnissen, Altöl oder Schmieröl;
5. Anlagen zur Veredelung oder Behandlung von Metalloberflächen durch Galvanisieren, Härten, Ätzen oder Beizen;
6. Anlagen zur Veredelung oder Behandlung von Kunststoffoberflächen durch Galvanisieren, Ätzen oder Beizen;
7. Krankenhäuser und Kliniken.

Keine Anwendung findet die Regelung des § 1 Abs. 2 Satz 1 AbfBeauftrV auf **384** Anlagen, in denen Abfälle des § 2 Abs. 2 AbfG nicht anfallen, § 1 Abs. 2 Satz 2 AbfBeauftrV.

Während die §§ 11 a ff. AbfG keine Ausnahme für die Bestellung eines **385** Betriebsbeauftragten für Abfall zulassen, wenn die formellen Voraussetzungen für eine Bestellung vorliegen, enthält § 6 AbfBeauftrV die Möglichkeit der Befreiung von der Verpflichtung, einen Betriebsbeauftragten für Abfall zu bestellen. Danach hat die zuständige Behörde auf Antrag den Betreiber einer in § 1 AbfBeauftrV bezeichneten Anlage im Einzelfall von der Verpflichtung zur Bestellung eines Betriebsbeauftragten für Abfall zu befrei-

---

290 BGBl. I S. 614.

en, sofern im Hinblick auf die Größe der Anlage und die Art der Menge der in ihr entstehenden oder angelieferten Abfälle zur Wahrnehmung der Aufgaben und Befugnisse i.S. des § 11 b Abs. 1 AbfG die Bestellung eines Betriebsbeauftragten für Abfall nicht erforderlich ist.

386   Sind die Voraussetzungen des § 6 AbfBeauftrV gegeben, so hat der Betreiber einen Rechtsanspruch auf die Befreiung. Eine widerrufliche Erteilung der Befreiung ist aber möglich. In jedem Fall darf sie nur auf Antrag des Betreibers erteilt werden. Als Beispiele für Anlagen, hinsichtlich derer eine Befreiung in Betracht kommt, haben die Länder in ihren Vollzugserlassen genannt: Kleine Anlagen, in denen ausschließlich Hausmüll, Gartenabfall, Erdaushub oder sonstige Inertstoffe umgeladen, gelagert oder abgelagert werden, kleine, insbesondere handwerkliche Betriebe, in denen Abfälle i.S. des § 1 Abs. 2 AbfBeauftrV nur in unbedeutenden Mengen anfallen und in denen die geordnete Beseitigung gesichert ist. Keine Befreiung soll dagegen bei zentralen Hausmülldeponien, Kompostierungs- und Verbrennungsanlagen erteilt werden[291].

387   Lehnt die zuständige Behörde den Befreiungsantrag ab, so kann der Betreiber hiergegen Widerspruch einlegen und ggf. Verpflichtungsklage beim Verwaltungsgericht erheben. Das Vorliegen der Voraussetzungen für eine Befreiung nach § 6 AbfBeauftrV ist uneingeschränkt gerichtlich überprüfbar.

388   Kommt der Betreiber seiner Pflicht zur Bestellung eines Betriebsbeauftragten für Abfall gemäß § 11 a Abs. 1 Satz 1 und 2 AbfG i.V. mit § 1 Abs. 1 und 2 Satz 1 AbfBeauftrV nicht nach, so kann ihn die zuständige Behörde durch unselbständige Verfügung dazu anhalten und diese mit den Mitteln des Verwaltungszwangs (Androhung und Festsetzung von Zwangsgeld) durchsetzen. Da es sich bei der Anordnung zur Bestellung um einen Verwaltungsakt handelt, kann sie vom Betreiber mit den Rechtsbehelfen des Widerspruchs und der Anfechtungsklage vor dem Verwaltungsgericht angegriffen werden[292].

389   Anders als bei den zuvor behandelten Betriebsbeauftragten stellt der vorsätzliche oder fahrlässige Verstoß des Betreibers gegen die gesetzliche Pflicht zur Bestellung eines Betriebsbeauftragten für Abfall auch eine Ordnungswidrigkeit gemäß § 18 Abs. 1 Nr. 8 a AbfG dar, die mit einer Geldbuße bis zu 100.000,— DM geahndet werden kann (§ 18 Abs. 2 AbfG).

---

291 Vgl. *Hösel/von Lersner,* AbfG, § 11 a Rdnr. 14, 17 (dort m. Nachw. der landesrechtlichen Vollzugserlasse).
292 *Versteyl* in: *Kunig/Schwermer/Versteyl,* AbfG, § 11 a Rdnr. 20.

2. Pflicht zur Bestellung aufgrund Einzelanordnung

Während § 11 a Abs. 1 Satz 1 und 2 AbfG eine gesetzliche Pflicht zur Bestellung von Betriebsbeauftragten für Abfall in den dort genannten Fällen begründet, ermächtigt § 11 a Abs. 2 AbfG die zuständige Behörde auch bei Nichtvorliegen der Erfordernisse des § 11 a Abs. 1 AbfG i.V. mit § 1 AbfBeauftrV im Einzelfall zur Anordnung der Bestellung eines Betriebsbeauftragten für Abfall. Eine solche Anordnung setzt voraus, daß die Bestellung wegen der besonderen Schwierigkeit bei der Entsorgung von Abfällen notwendig ist. Diese Notwendigkeit ist etwa dann gegeben, wenn im konkreten Fall der technische Ablauf ohne sachverständige Beratung des Betreibers oder seiner Mitarbeiter zu Gefahren für das Allgemeinwohl führen kann[293]. **390**

Welche Behörde i.S. von § 11 a Abs. 2 AbfG konkret zuständig ist, richtet sich grundsätzlich nach den jeweiligen Landesabfallgesetzen[294]. Die Anordnung kann entweder als selbständiger Verwaltungsakt oder als – selbständig angreifbare – Auflage nach § 8 Abs. 1 AbfG ergehen[295]. **391**

Neben der Frage, ob ein Betriebsbeauftragter für Abfall zu bestellen ist, kann die Anordnung nach § 11 a Abs. 2 AbfG auch alle damit zusammenhängenden Fragen regeln, wie etwa die Anzahl der zu bestellenden Beauftragten, das Erfordernis der Betriebszugehörigkeit oder die Möglichkeit der Bestellung für mehrere Anlagen. Die Bestellung einer bestimmten Person kann die Behörde dagegen nicht verbindlich vorschreiben. Ebensowenig können in der Anordnung die gesetzlich umschriebenen Aufgaben erweitert oder eingeschränkt werden, da die §§ 11 a ff. AbfG eine dem § 21 b Abs. 3 WHG entsprechende Ermächtigung nicht enthalten[296]. **392**

Bei der Anordnung nach § 11 a Abs. 2 AbfG handelt es sich ebenfalls um einen anfechtbaren Verwaltungsakt, den der Betreiber mit den in der VwGO vorgesehenen Rechtsbehelfen des Widerspruchs und der Anfechtungsklage angreifen kann. Das Vorliegen der Voraussetzungen für eine Anordnung nach § 11 a Abs. 2 AbfG unterliegt uneingeschränkt der verwaltungsgerichtlichen Überprüfung. **393**

Darüber hinaus stellt auch die vorsätzliche oder fahrlässige Nichtbefolgung einer vollziehbaren Anordnung nach § 11 a Abs. 2 AbfG eine Ordnungswidrigkeit i.S. von § 18 Abs. 1 Nr. 8 a AbfG dar, die mit einer Geldbuße bis zu 100.000,— DM geahndet werden kann (§ 18 Abs. 2 AbfG). **394**

---

293 *Hösel/von Lersner,* AbfG, § 11 a Rdnr. 15; *Versteyl* in: *Kunig/Schwermer/Versteyl,* AbfG, § 11 a Rdnr. 19.
294 Aufgeführt bei *Hösel/von Lersner,* AbfG, § 11 a Rdnr. 17.
295 Vgl. *Hösel/von Lersner,* AbfG, § 11 a Rdnr. 15 m.w. Nachw.
296 S. *Versteyl* in: *Kunig/Schwermer/Versteyl,* AbfG, § 11 a Rdnr. 18.

III. Form der Bestellung

395   Während der Abschluß des Anstellungsvertrages zwischen dem Beauftragten und dem Betreiber formlos (und damit auch mündlich) möglich ist, muß die Bestellung nach § 11 c Abs. 1 Satz 1 AbfG stets **schriftlich** erfolgen, anderenfalls ist sie unwirksam, § 125 Satz 1 BGB. Da das AbfG keine Angaben darüber macht, welchen Inhalt die Bestellung haben muß, reicht der – vom Anlagenbetreiber und Beauftragten unterzeichnete – Satz »Herr/Frau ... wird hiermit zum Betriebsbeauftragten für Abfall bestellt« aus[297]. Aus Gründen der Klarstellung der Aufgaben und Kompetenzen sollten aber die vom Beauftragten wahrzunehmenden Aufgaben in der Bestellungsurkunde stets bezeichnet und ggf. abgegrenzt werden[298].

396   Sofern der Betreiber mehrere Betriebsbeauftragte für Abfall bestellt, hat er gemäß § 11 c Abs. 1 Satz 1 Halbsatz 2 AbfG den einzelnen Betriebsbeauftragten die ihnen obliegenden Aufgaben genau zu bezeichnen.

397   Weiterhin ist die Bestellung der zuständigen Behörde nach § 11 c Abs. 1 Satz 2 AbfG anzuzeigen. Ein Verstoß gegen die Anzeigepflicht hat aber keinen Einfluß auf die Wirksamkeit der Bestellung[299].

IV. Anzahl der zu bestellenden Beauftragten

398   Die Regelung des § 11 a Abs. 1 Satz 1 und 2 AbfG, wonach Anlagenbetreiber unter den dort genannten Voraussetzungen einen oder mehrere Betriebsbeauftragte für Abfall zu bestellen haben, wird durch § 1 Abs. 1 und 2 Satz 1 AbfBeauftrV in der Weise konkretisiert, daß grundsätzlich für jede in dieser Regelung aufgeführte Anlage ein Beauftragter zu bestellen ist. Betreibt ein Unternehmer mehrere in § 1 AbfBeauftrV aufgeführte Anlagen, muß er mehrere Betriebsbeauftragte für Abfälle bestellen, selbst wenn die Anlagen in einem organisatorischen Zusammenhang betrieben werden.

---

297 Vgl. *Versteyl* in: *Kunig/Schwermer/Versteyl*, AbfG, § 11 c Rdnr. 3.

298 S. *Hösel/von Lersner*, AbfG, § 11 c Rdnr. 3. Vgl. auch das umfangreiche Muster einer Bestellung zum Betriebsbeauftragten für Abfall bei *Versteyl* in: *Kunig/Schwermer/Versteyl*, AbfG, § 11 c Rdnr. 3, in der dem Beauftragten u.a. ein »gesonderter Kündigungsschutz« (analoge Geltung von § 103 BetrVG und § 58 BImSchG) eingeräumt wird. Der Inhalt dieses Bestellungsmusters geht allerdings weit über das gesetzliche Mindestmaß der Bestellung hinaus. Zweckmäßigerweise sollte die – freiwillige – Erweiterung des Kündigungsschutzes eher im Arbeitsvertrag vereinbart werden.

299 *Hösel/von Lersner*, AbfG, § 11 c Rdnr. 4 m.w. Nachw.

Allerdings kann die zuständige Behörde nach § 2 AbfBeauftrV anordnen, **399**
daß Betreiber von Anlagen i.S. des § 1 AbfBeauftrV mehrere Betriebsbeauftragte für Abfall zu bestellen haben, wenn dies zur sachgemäßen Erfüllung der
in § 11 b AbfG bezeichneten Aufgaben erforderlich ist. Umgekehrt erlaubt
§ 3 AbfBeauftrV dem Betreiber – abweichend vom Grundsatz, daß für jede
in § 1 AbfBeauftrV aufgeführte Anlage ein Betriebsbeauftragter für Abfall zu
bestellen ist – die Bestellung eines gemeinsamen Beauftragten für mehrere
Anlagen, wenn dadurch die sachgemäße Erfüllung der in § 11 b AbfG
bezeichneten Aufgaben nicht gefährdet wird. Da die Vorschriften der §§ 2
und 3 AbfBeauftrV mit denen der §§ 2 und 3 BImSchV inhaltlich identisch
sind, gelten hier die Ausführungen zur Bestellung mehrerer Immissionsschutzbeauftragter und eines gemeinsamen Immissionsschutzbeauftragten
entsprechend (s.o. Rdnr. 216 ff., 223 ff.)[300].

Die Vorschriften der §§ 2, 3 AbfBeauftrV beziehen sich unmittelbar nur **400**
auf die Betreiber von genehmigungsbedürftigen Anlagen i.S. von § 11 a
Abs. 1 Satz 1 und 2 AbfG, § 1 AbfBeauftrV. Auf eine behördliche Anordnung
nach § 11 a Abs. 2 AbfG sind diese Regelungen unanwendbar. Im Rahmen
von § 11 a Abs. 2 AbfG kann jedoch die Behörde bei den Fragen der
Bestellung mehrerer Betriebsbeauftragter für Abfall oder eines gemeinsamen
Betriebsbeauftragten für Abfall die Grundsätze der §§ 2 und 3 AbfBeauftrV
entsprechend heranziehen.

V.   Betriebszugehörigkeit

§ 1 Abs. 1 und 2 Satz 1 AbfBeauftrV verpflichtet die Betreiber der dort **401**
genannten genehmigungsbedürftigen Anlagen grundsätzlich zur Bestellung
eines »betriebsangehörigen« Betriebsbeauftragten. Bei dem Beauftragten
muß es sich somit entweder um einen bereits im Betrieb beschäftigten oder
um einen neu einzustellenden Arbeitnehmer des Anlagenbetreibers handeln.

---

300 Vgl. dazu aber auch *Hösel/von Lersner*, AbfG, § 11 a Rdnr. 10, wonach von der
   Anordnungsbefugnis des § 2 AbfBeauftrV nur zurückhaltend Gebrauch gemacht
   werden sollte, weil es sich bei der Anordnung um einen Eingriff in die Personalhoheit des Unternehmers handele. Nach dem Grundsatz der Verhältnismäßigkeit von
   Mittel und Zweck müsse die Behörde zunächst prüfen, ob die Gewährleistung der
   sachgemäßen Aufgabenerfüllung durch die Unterstellung weiterer Mitarbeiter (§
   11 c Abs. 4 AbfG) erreicht werden könne. Erforderlich sei die Bestellung mehrerer
   Beauftragter nur, falls die Verschiedenartigkeit der nötigen Kenntnisse und Fähigkeiten oder die Quantität der Aufgaben die Kraft eines Beauftragten auch dann
   übersteige, wenn ihm Mitarbeiter beigegeben seien.

402   Die Inanspruchnahme eines betriebsangehörigen Betriebsbeauftragten für Abfall erfordert wegen der rechtlichen Trennung von Amt und Anstellung sowohl die Bestellung als auch die Einstellung (Abschluß des Arbeitsvertrages und Eingliederung in die Betriebsorganisation) bzw. die Versetzung des betreffenden Arbeitnehmers[301].

403   Keine ausdrücklichen Angaben enthält das Gesetz darüber, ob der Betreiber sich selbst, bei einer GmbH einen Geschäftsführer, bei einer AG ein Vorstandsmitglied oder bei einer Deponie den Deponieleiter bestellen kann. Dies ist zu verneinen[302]. Anderenfalls ergäben § 11 b Abs. 1 Nr. 2, § 11 d und § 11 e AbfG hinsichtlich der Kontrollbefugnisse, der Einholung einer Stellungnahme vor Investitionsentscheidungen und des Vortragsrechts keinen Sinn.

404   Die Bestellung eines betriebsangehörigen Betriebsbeauftragten für Abfall würde vor allem bei kleineren Unternehmen häufig eine erhebliche Kostenbelastung bedeuten. Aus diesem Grund räumt § 4 AbfBeauftrV dem Betreiber die Möglichkeit der Befreiung von dem in § 1 Abs. 1 und 2 Satz 1 AbfBeauftrV enthaltenen Erfordernis der Betriebsangehörigkeit des zu bestellenden Beauftragten ein. Auf Antrag des Betreibers einer in § 1 AbfBeauftrV bezeichneten Anlage soll danach die zuständige Behörde die Bestellung eines oder mehrerer nicht betriebsangehöriger Betriebsbeauftragter für Abfall gestatten, wenn hierdurch eine sachgemäße Erfüllung der in § 11 b AbfG bezeichneten Aufgaben nicht gefährdet wird.

405   Die Befreiungsmöglichkeit des § 4 AbfBeauftrV bezieht sich unmittelbar nur auf die Betreiber von genehmigungsbedürftigen Anlagen i.S. von § 1 AbfBeauftrV. Auf eine behördliche Anordnung nach § 11 a Abs. 2 AbfG ist § 4 AbfBeauftrV unanwendbar. Allerdings können im Rahmen von § 11 a Abs. 2 AbfG bei der Frage der Betriebszugehörigkeit des zu bestellenden Beauftragten die Grundsätze des § 4 AbfBeauftrV entsprechend herangezogen werden.

406   Neben einem – schriftlichen, mündlichen oder konkludenten – Antrag des Betreibers setzt die Gestattung nach § 4 AbfBeauftrV voraus, daß durch die Bestellung eines oder mehrerer nicht betriebsangehöriger Betriebsbeauftragter für Abfall eine sachgerechte Erfüllung der in § 11 b AbfG bezeichneten Aufgaben nicht gefährdet wird. Kann eine Gefährdung der Aufgabenerfüllung nicht ausgeschlossen werden, ist der Antrag abzulehnen. Bei Vorliegen der Voraussetzungen des § 4 AbfBeauftrV ist die Bestellung von der zuständigen Behörde regelmäßig zu gestatten (»soll«). Dies gilt nur dann nicht, wenn für die Versagung besondere Gründe bestehen[303]

---

301 *Ehrich*, Amt und Anstellung, S. 279 ff. m.w. Nachw.
302 Einschränkend *Hösel/von Lersner*, AbfG, § 11 a Rdnr. 6, wonach lediglich die Selbstbestellung des Betreibers unzulässig sein soll.
303 Vgl. *Hösel/von Lersner*, AbfG, § 11 a Rdnr. 12.

Sofern der Betreiber nicht die Bestellung einer bestimmten Person beantragt hat, kann dies von der Behörde in der Entscheidung nach § 4 AbfBeauftrV nicht angeordnet werden, da die Auswahl des Beauftragten grundsätzlich dem Betreiber obliegt. Allerdings beschränkt sich die Auswahl des Betreibers allein auf natürliche Personen, nicht aber auf juristische Personen, wie etwa als GmbH verfaßte Ingenieurbüros, da bei diesen die gemäß § 11 c Abs. 2 Satz 2 AbfG erforderliche Sachkunde und Zuverlässigkeit nicht vorliegen kann[304].

407

Gegen die Ablehnung des Antrags auf Gestattung der Bestellung eines oder mehrerer betriebsfremder Betriebsbeauftragter für Abfall kann der Anlagenbetreiber Widerspruch einlegen, ggf. Klage vor dem Verwaltungsgericht erheben.

408

Eine weitere Ausnahme von der grundsätzlichen Pflicht zur Bestellung von betriebsangehörigen Betriebsbeauftragten für Abfall stellt die Vorschrift des § 5 AbfBeauftrV dar, die inhaltlich der Regelung des § 4 5. BImSchV entspricht. Danach kann die zuständige Behörde gestatten, daß die Tochtergesellschaften eines Konzerns den für den Konzernbereich zuständigen Betriebsbeauftragten für Abfall auch zum Beauftragten für die von ihnen betriebenen Anlagen bestellt. In diesem Fall müssen jedoch für die in § 1 AbfBeauftrV bezeichneten Anlagen sachkundige und zuverlässige Personen zur Wahrnehmung der Aufgaben nach § 11 b Abs. 1 Nr. 1–3 AbfG bestellt werden, die über die erforderliche personelle und sachliche Ausstattung i.S. von § 11 c Abs. 4 AbfG verfügen[305].

409

VI. Wahrnehmung weiterer Ämter

Soll der Betriebsbeauftragte für Abfall zusätzlich zum Betriebsbeauftragten nach einem anderen Gesetz, wie z.B. dem BImSchG oder dem WHG, bestellt werden, setzt dies gemäß § 11 c Abs. 3 Satz 3 AbfG das Einverständnis der jeweils zuständigen Behörde voraus. Dieses Einverständnis ist dann zu erteilen, wenn die Mehrfachbestellung wegen der Umstände des Einzelfalles, insbesondere der Art und Größe des Betriebs, zweckmäßig ist[306]. Im Gegensatz zu § 11 c Abs. 3 Satz 3 AbfG ist das behördliche Einverständnis bei mehrfacher Bestellung nach dem BImSchG und dem WHG nicht vorgeschrieben. Dies führt zu der schwer nachvollziehbaren Konsequenz, daß der Betreiber einer Person sowohl das Amt des Immissionsschutzbeauftragten als

410

---

304 Zutreffend *Hösel/von Lersner,* AbfG, § 11 a Rdnr. 12.
305 Einzelheiten bei *Hösel/von Lersner,* AbfG, § 11 a Rdnr. 13.
306 *Hösel/von Lersner,* AbfG, § 11 c Rdnr. 18.

auch des Gewässerschutzbeauftragten ohne Zustimmung der Behörde übertragen kann. Sobald er ihr aber auch die Abfallentsorgung, und sei es auch nur anstelle des Immissionsschutzes, überträgt, bedarf er der Zustimmung der jeweils zuständigen Behörden[307]. Da die Bestellung eines Betriebsbeauftragten nach mehreren Umweltgesetzen aber gerade den Zielsetzungen modernen Umweltschutzes entspricht und von daher regelmäßig anzustreben ist, sollte das Einverständnis der jeweils zuständigen Behörden ausnahmsweise nur dann nicht erteilt werden, wenn anderenfalls eine sachgemäße Erfüllung der unterschiedlichen Aufgaben nicht gewährleistet wäre.

VII. Anforderungen an den Betriebsbeauftragten für Abfall

411 Die gesetzlichen Anforderungen an die Eigenschaften des Betriebsbeauftragten für Abfall werden in § 11 c Abs. 2 Satz 1 AbfG beschrieben. Danach darf der Betreiber nur solche Personen zu Betriebsbeauftragten für Abfall bestellen, welche die zur Erfüllung ihrer Aufgaben erforderliche Sachkunde und Zuverlässigkeit besitzen. Eine der 5. BImSchV vergleichbare Rechtsverordnung, in der die unbestimmten Rechtsbegriffe der Fachkunde und Zuverlässigkeit konkretisiert werden (s.o. Rdnr. 238 ff.), ist bei den Betriebsbeauftragten für Abfall nicht vorhanden. Darüber hinaus weicht das Erfordernis der »Sachkunde« von dem in § 55 Abs. 2 Satz 1 BImSchG enthaltenen Merkmal der »Fachkunde« insoweit ab, als an den Erwerb der Sachkunde keine formalen Anforderungen eines bestimmten Berufsbildes, einer Laufbahn oder bestimmter Prüfungen gestellt sind[308].

412 Die **Sachkunde** i.S. von § 11 c Abs. 2 Satz 1 AbfG ist gegeben, wenn die zu bestellende Person aufgrund vorangegangener praktischer oder theoretischer Ausbildung aller Voraussicht nach die Kenntnisse und Fähigkeiten erworben hat, die für die Erfüllung der gesetzlichen Aufgaben hinsichtlich der konkreten Anlage erforderlich ist. Neben Kenntnissen der Grundanforderungen des Umweltrechts und der Abfallentsorgungstechnik gehören hierzu Kenntnisse der Produktionsabläufe, der einschlägigen Verfahrens- und Entsorgungstechnik, der erforderlichen Meß- und Überwachungsverfahren, der Verfahren zur Verminderung und Vermeidung von Umweltgefährdungen, über die umweltrelevanten Eigenschaften der eingesetzten und im Prozeß

307 So zu Recht der Einwand von *Hösel/von Lersner,* AbfG, § 11 c Rdnr. 18.
308 *Hösel/von Lersner,* AbfG, § 11 c Rdnr. 9; ähnlich *Versteyl* in: *Kunig/Schwermer/ Versteyl,* AbfG, § 11 c Rdnr. 7.

anfallenden Stoffe und die Versorgungsalternativen, sofern diese für die betreffende Anlage von Bedeutung sind[309].

Da die Sachkunde gegenüber der Fachkunde eine geringere Anforderung darstellt, ist ein ausreichender Nachweis der Sachkunde in jedem Fall zu bejahen, wenn die zu bestellende Person die erforderliche Fachkunde i.S. von §§ 7 f. 5. BImSchV besitzt[310].   **413**

Das Merkmal der **Zuverlässigkeit** bedeutet, daß die zu bestellende Person aufgrund ihrer persönlichen Eigenschaften, ihres Verhaltens und ihrer Fähigkeiten zur ordnungsgemäßen Erfüllung der ihr obliegenden Aufgaben geeignet ist. In Anlehnung an § 10 Abs. 2 5. BImSchV ist die erforderliche Zuverlässigkeit insbesondere dann nicht gegeben, wenn die betreffende Person etwa wegen Verletzung der Vorschriften des Strafrechts über gemeingefährliche Delikte oder Delikte gegen die Umwelt, des Immissionsschutz-, Abfall-, Wasser- Natur- und Landschaftsschutz-, Atom- und Strahlenschutzrechts, des Gewerbe- oder Arbeitsschutzrechts oder des Betäubungsmittel- Waffen- und Sprengstoffrechts mit einer Geldbuße in Höhe von mehr als 1.000,— DM oder einer Strafe belegt worden ist oder wiederholt und grob pflichtwidrig gegen die eben genannten Vorschriften verstoßen hat oder ihre Verpflichtungen als Betriebsbeauftragter für Abfall oder als Betriebsbeauftragter nach anderen Vorschriften verletzt hat.   **414**

Fehlt einer Person die nach § 11 c Abs. 2 Satz 1 AbfG zur Aufgabenerfüllung erforderliche Sachkunde und Zuverlässigkeit, ist eine gleichwohl erfolgte Bestellung zum Betriebsbeauftragten für Abfall nicht unwirksam. In dem Fall kann jedoch die zuständige Behörde gemäß § 11 c Abs. 2 Satz 2 AbfG die Bestellung eines anderen Betriebsbeauftragten für Abfall bzw. die Abberufung des bisherigen Beauftragten verlangen.   **415**

VIII. Mitwirkung des Betriebsrats

Die amtsbezogenen Maßnahmen der Bestellung, Aufgabenveränderung und Abberufung eines Betriebsbeauftragten für Abfall unterliegen keinen Beteiligungsrechten des Betriebsrats[311].   **416**

Bei den personellen Einzelmaßnahmen der Einstellung, Versetzung und Kündigung des Betriebsbeauftragten für Abfall sind dagegen vom Anlagen-   **417**

---

309 *Hösel/von Lersner,* AbfG, § 11 c Rdnr. 10.
310 Vgl. *Hösel/von Lersner,* AbfG, § 11 c Rdnr. 10; *Versteyl* in: *Kunig/Schwermer/Versteyl,* AbfG, § 11 c Rdnr. 7.
311 *Ehrich,* Amt und Anstellung, S. 280 m.w. Nachw.

betreiber die Mitwirkungsrechte des Betriebsrats nach §§ 99 ff. BetrVG grundsätzlich zu beachten. Insoweit gelten hier die Ausführungen zu den Immissionsschutzbeauftragten entsprechend (s.o. Rdnr. 252 ff.).

IX.   Aufgaben des Betriebsbeauftragten für Abfall

418 Die gesetzlichen Aufgaben des Betriebsbeauftragten für Abfall werden in erster Linie in dem Katalog des § 11 b Abs. 1 AbfG näher beschrieben. Bei den darin genannten Aufgaben handelt es sich nicht um Tätigkeiten mit Entscheidungskompetenzen. Diese können dem Beauftragten vom Anlagenbetreiber zwar grundsätzlich auch übertragen werden. Im Hinblick auf mögliche Interessenkollisionen ist bei der Übertragung solcher Funktionen jedoch Zurückhaltung angebracht[312].

1.   Kontrollfunktion

419 Gemäß § 11 b Abs. 1 Nr. 1 AbfG ist der Betriebsbeauftragte für Abfall berechtigt und verpflichtet, den Weg der Abfälle von ihrer Entstehung oder Anlieferung bis zu ihrer Entsorgung zu überwachen. In dieser Bestimmung kommt das allgemein als »Wiege bis zur Bahre« bezeichnete Prinzip zum Ausdruck, demzufolge der Betriebsbeauftragte für Abfall die gesamte Abfallentstehung vom betriebstechnischen Ablauf her zu bewachen hat[313].

420 Die Wahrnehmung dieser Kontrollfunktion setzt ein entsprechendes Informationsrecht des Betriebsbeauftragten für Abfall gegenüber dem Betreiber voraus, ohne das er seine Pflicht zur Kontrolle nicht erfüllen kann. Mithin berechtigt die Überwachungspflicht den Beauftragten, sich Zugang zu den dafür benötigten Räumen und Einsicht in die maßgeblichen Unterlagen und Verfahren zu verschaffen. Anders als § 58 b Abs. 2 Satz 2 BImSchG hinsichtlich des Störfallbeauftragten sieht § 11 b AbfG dagegen keine Aufzeichnungspflicht des Betriebsbeauftragten für Abfall vor.

---

312 *Hösel/von Lersner*, AbfG, § 11 b Rdnr. 4 (mit Hinweis darauf, daß bei kleineren Unternehmen solche Doppelfunktionen nicht selten unvermeidbar seien).

313 *Hösel/von Lersner*, AbfG, § 11 b Rdnr. 7; *Versteyl* in: *Kunig/Schwermer/Versteyl*, AbfG, § 11 b Rdnr. 9 (mit der Einschränkung, daß die »Wiege« nur die Beauftragten i.S. von § 11 a Abs. 1 Satz 2 und Abs. 2 AbfG betreffe, da bei dem für eine Abfallentsorgungsanlage zuständigen Beauftragten der angelieferte Stoff bereits Abfall sei, mithin ein Produktionsprozeß nicht mehr stattfinde).

Konkretisiert wird die allgemeine Überwachungspflicht des § 11 b Abs. 1 **421**
Nr. 1 AbfG durch die Vorschrift des § 11 b Abs. 1 Nr. 2 AbfG. Danach hat
der Betriebsbeauftragte für Abfall die Einhaltung der für die Entsorgung von
Abfällen geltenden Gesetze und Rechtsverordnungen sowie der auf Grund
dieser Vorschriften erlassenen Anordnungen, Bedingungen und Auflagen
zu überwachen, insbesondere durch Kontrolle der Betriebsstätte in
regelmäßigen Abständen, Mitteilung festgestellter Mängel und Vorschläge
über Maßnahmen zur Beseitigung der Mängel. Diese Überwachungspflicht
besteht allein gegenüber dem Anlagenbetreiber, nicht aber gegenüber der
Behörde[314]. Daher berechtigt § 11 b Abs. 1 Nr. 2 AbfG den Betriebsbeauftragten für Abfall nicht zur Mitteilung festgestellter Mängel an die Überwachungsbehörde. Wem gegenüber die Mitteilungen und Vorschläge zu
erfolgen haben, richtet sich nach dem jeweiligen Einzelfall. Geringfügige
Maßnahmen, wie etwa sie Verstärkung von Dichtungen oder die getrennte
Sammlung von Abfällen, sind regelmäßig mit dem Meister oder Betriebsleiter
zu erörtern. Dringt der Beauftragte mit seinen Vorschlägen zur Behebung
von Mängeln bei der ihm unmittelbar vorgesetzten Stelle nicht durch oder
ist die Angelegenheit von besonderer Bedeutung, so ist ihm nach § 11 e AbfG
der unmittelbare Vortrag seiner Vorschläge oder Bedenken bei der Geschäftsführung des Unternehmens zu ermöglichen[315].

Im Gegensatz zu § 52 Abs, 2 Satz 3 BImSchG und § 21 Abs. 1 Satz 4 WHG **422**
hinsichtlich der Immissionsschutzbeauftragten und der Gewässerschutzbeauftragten räumt das AbfG in § 11 der zuständigen Behörde nicht das Recht
ein, bei ihren Überwachungsmaßnahmen vom Betreiber die Hinzuziehung
des Betriebsbeauftragten für Abfall zu verlangen[316]. Gleichwohl ist die
Hinzuziehung des Beauftragten bei behördlichen Überwachungsmaßnahmen seitens des Betreibers zumindest zweckmäßig und auch in einigen
Verwaltungsvorschriften der Länder vorgeschrieben[317].

---

314 Vgl. *Hösel/von Lersner,* AbfG, § 11 b Rdnr. 6. Zur Zulässigkeit der Anzeigenerstat-
     tung des Betriebsbeauftragten für Abfall gegenüber der Verwaltungsbehörde und
     der Staatsanwaltschaft sowie zu möglichen arbeitsrechtlichen Konsequenzen s.
     Versteyl in: *Kunig/Schwermer/Versteyl,* AbfG, § 11 f Rdnr. 4 ff.
315 *Hösel/von Lersner,* AbfG, § 11 b Rdnr. 9.
316 Vgl. *Versteyl* in: *Kunig/Schwermer/Versteyl,* AbfG, § 11 b Rdnr. 12, der dies für
     »unverständlich« und das AbfG insoweit für korrekturbedürftig hält.
317 S. *Hösel/von Lersner,* AbfG, § 11 b Rdnr. 7.

2. Informationsfunktion

423 Weiterhin ist der Betriebsbeauftragte für Abfall nach § 11 b Abs. 1 Nr. 3 AbfG verpflichtet, die Betriebsangehörigen über schädliche Umwelteinwirkungen aufzuklären, die von den Abfällen ausgehen können, welche in der Anlage anfallen oder entsorgt werden, sowie über Einrichtungen und Maßnahmen zu ihrer Verhinderung unter Berücksichtigung der für die Entsorgung von Abfällen geltenden Gesetze und Rechtsverordnungen. Diese Bestimmung beruht auf dem Gedanken, daß die Beachtung der Belange des Umweltschutzes nur dann gewährleistet ist, wenn sämtliche Betriebsangehörige von ihrer Notwendigkeit und Bedeutung überzeugt sind[318].

424 Die Informationspflicht des § 11 b Abs. 1 Nr. 3 AbfG besteht gegenüber allen Betriebsangehörigen, zu denen nicht nur die Arbeitnehmer, sondern auch der Vorstand, die Geschäftsleitung und die Abteilungsleiter gehören[319]. Die Art und Weise der Unterrichtung bleibt dem Betriebsbeauftragten für Abfall selbst überlassen. Als Mittel kommen Vorträge, schriftliche Informationen und Einzelberatungen in Betracht. Die dadurch entstehenden – angemessenen – Kosten trägt der Betreiber.

3. Initiativfunktion

425 § 11 b Abs. 1 Nr. 4 AbfG verpflichtet den Betriebsbeauftragten für Abfall, in Betrieben nach § 11 a Abs. 1 Satz 2 AbfG

a) auf die Entwicklung und Einführung umweltfreundlicher Verfahren zur Reduzierung der Abfälle,

b) auf die ordnungsgemäße und schadlose Verwertung der im Betrieb entstehenden Reststoffe oder,

c) soweit dies technisch nicht möglich oder unzumutbar ist, auf die ordnungsgemäße Entsorgung dieser Reststoffe als Abfälle

hinzuwirken.

426 Die Einschränkung des § 11 b Abs. 1 Nr. 4 AbfG auf Anlagen i.S. von § 11 a Abs. 1 Satz 2 AbfG bedeutet lediglich, daß die dort erwähnten Aufgaben auf die Beauftragten von Abfallentsorgungsanlagen nach § 11 a Abs. 1 Satz 1 AbfG keine Anwendung finden. Dagegen sind die auf Anordnung der Behörde nach § 11 Abs. 2 AbfG Beauftragten von diesem Aufgabenbereich nicht ausgeschlossen[320].

318 Vgl. *Hösel/von Lersner*, AbfG, § 11 b Rdnr. 10.
319 *Versteyl* in: *Kunig/Schwermer/Versteyl*, AbfG, § 11 b Rdnr. 8; *Hösel/von Lersner*, AbfG, § 11 b Rdnr. 10.
320 *Hösel/von Lersner*, AbfG, § 11 b Rdnr. 11.

Bei Abfallbeseitigungsanlagen i.S. des § 11 Abs. 1 Satz 1 AbfG hat der **427** Beauftragte gemäß § 11 b Abs. 1 Nr. 5 AbfG auf die Verbesserung des Verfahrens der Abfallentsorgung einschließlich einer Verwertung von Abfällen hinzuwirken. Die Verwertung der Abfälle muß nicht unbedingt durch eine Verbesserung des Verfahrens erzielt werden, sondern kann auch durch getrennte Lagerung, Aussonderung der verwertbaren Abfälle und Veräußerung der Abfälle an Dritte zum Zwecke der dortigen Verwertung erfolgen[321].

4. Berichtspflicht

Gemäß § 11 b Abs. 2 AbfG ist der Betriebsbeauftragte für Abfall verpflichtet, **428** dem Anlagenbetreiber jährlich einen Bericht über die nach § 11 b Abs. 1 Nr. 1–5 AbfG getroffenen und beabsichtigten Maßnahmen zu erstatten. Bei diesem Bericht handelt es sich einerseits um eine Rechenschaftslegung des Beauftragten über seine Tätigkeit, zum anderen um eine zusammenfassende Information über noch nicht erledigte Mißstände und geplante Maßnahmen. Adressat des Berichts ist der Betriebsinhaber oder bei juristischen Personen das vertretungsberechtigte Organ (Vorstand, Geschäftsführung)[322].

Eine bestimmte Form sieht § 11 b Abs. 2 AbfG für den Bericht zwar nicht **429** vor. Nicht zuletzt im eigenen Interesse sollte jedoch der Betriebsbeauftragte für Abfall den Bericht wegen seines größeren Beweiswertes und zum Zwecke der Entlastung stets schriftlich anfertigen. Aus denselben Erwägungen empfiehlt es sich zudem, daß der Beauftragte eine Kopie dieses Berichts mit einer Bestätigung über den Empfang des Originals aufbewahrt.

Die Pflicht zur Erstattung des jährlichen Berichts nach § 11 b Abs. 2 AbfG **430** besteht allein gegenüber dem Anlagenbetreiber. Dagegen hat die Behörde kein Recht, vom Betriebsbeauftragten für Abfall die Vorlage des Berichts zu verlangen[323].

5. Stellungnahme vor Investitionsentscheidungen

Eine besondere Initiativ- und Beratungsfunktion kommt dem Betriebsbeauf- **431** tragten für Abfall mit der Regelung des § 11 d AbfG zu. Danach hat der Betreiber vor Investitionsentscheidungen, die für den Abfall bedeutsam sein können, eine Stellungnahme des Betriebsbeauftragten für Abfall einzuholen

---

321 Vgl. *Hösel/von Lersner,* AbfG, § 11 b Rdnr. 15.
322 *Versteyl* in: *Kunig/Schwermer/Versteyl,* AbfG, § 11 b Rdnr. 13; *Hösel/von Lersner,* AbfG, § 11 b Rdnr. 16.

(Abs. 1). Die Stellungnahme ist so rechtzeitig einzuholen, daß sie bei den Entscheidungen angemessen berücksichtigt werden kann. Sie ist derjenigen Stelle vorzulegen, die über die Einführung von Verfahren und Erzeugnissen sowie über die Investition entscheidet (Abs. 2). Diese Vorschrift gleicht der Regelung des § 56 BImSchG über die Stellungnahme des Immissionsschutzbeauftragten zu Entscheidungen des Betreibers (s.o. Rdnr. 270 ff.), wobei sich aber die letztgenannte Bestimmung nicht nur auf Investitionsentscheidungen, sondern darüber hinaus auch auf Entscheidungen über die Einführung von Verfahren und Erzeugnissen bezieht.

432 § 11 d AbfG soll sicherstellen, daß durch Neuinvestitionen nicht zusätzlich Abfälle geschaffen werden, deren Entsorgung besonders schwerwiegende Probleme aufwirft[324]. Unter dem Begriff der Investitionsentscheidung sind nicht nur Entscheidungen über die Errichtung neuer Anlagen zu verstehen, sondern auch Verfahrensänderungen und solche Änderungen der Produktion, die den Anfall, die Art oder die Menge des Abfalls wesentlich beeinflussen. Auch die Entscheidung über den Verzicht oder das Verschieben einer Investition wird von § 11 d AbfG erfaßt. Unerheblich ist dabei, ob die Änderung zu einer Verbesserung oder Verschlechterung der abfallwirtschaftlichen Situation führt[325].

433 Die Stellungnahme des Betriebsbeauftragten für Abfall ist vor jeder Investitionsentscheidung einzuholen, die für die Abfallentsorgung bedeutsam sein *kann*. Unerheblich ist demnach, ob durch die Veränderung tatsächlich eine Verbesserung oder Verschlechterung der Abfallentsorgung eintritt. Vielmehr genügt die bloße Möglichkeit, daß durch die Entscheidung die Abfallentsorgungsverhältnisse verändert werden. Da der Beauftragte für eine oder mehrere Anlagen zu bestellen ist, muß der Betreiber eine Stellungnahme i.S. von § 11 d AbfG nur dann einholen, wenn die Entscheidung einen Bezug zur jeweiligen Anlage hat.

434 Die gemäß § 11 d Abs. 2 AbfG bestehende Verpflichtung zu rechtzeitiger Einholung der Stellungnahme bedeutet, daß die Aufforderung des Anlagenbetreibers zur Abgabe der Stellungnahme grundsätzlich geraume Zeit vor der Entscheidung erfolgen muß, so daß der Beauftragte die erforderliche Zeit für die Erarbeitung der Stellungnahme hat und der Betreiber sie bei der Entscheidung über die Investition berücksichtigen kann[326].

---

323 Vgl. *Versteyl* in: *Kunig/Schwermer/Versteyl,* AbfG, § 11 b Rdnr. 14; a.A. *Hösel/von Lersner,* AbfG, § 11 b Rdnr. 16, wonach die Behörde im Einzelfall die Vorlage des Berichts gemäß § 11 Abs. 4 Satz 2 AbfG fordern könne.

324 Vgl. die Stellungnahme des Bundesrates zum Entwurf eines Gesetzes zur Änderung des Abfallbeseitigungsgesetzes, BT-Drucksache 7/2593, S. 9.

325 *Hösel/von Lersner,* AbfG, § 11 d Rdnr. 4.

326 Vgl. *Hösel/von Lersner,* AbfG, § 11 d Rdnr. 6.

Die Stellungnahme kann schriftlich oder mündlich erstattet werden[327]. Da **435** die unternehmerische Freiheit durch das Rechtsinstitut des Betriebsbeauftragten für Abfall nicht eingeschränkt wird, sind weder der Anlagenbetreiber noch die entscheidungsbefugte Stelle verpflichtet, den Vorschlägen des Beauftragten zu folgen[328].

Kommt der Anlagenbetreiber seinen Pflichten aus § 11 d AbfG nicht nach, **436** kann die Überwachungsbehörde im Wege einer (unselbständigen) Verfügung gegen den Betreiber vorgehen und diese Anordnung mit den Mitteln des Verwaltungszwangs durchsetzen. Daneben hat der Beauftragte ein eigenes – vor den Arbeits- oder Zivilgerichten einklagbares – Recht gegen den Anlagenbetreiber auf Anhörung aus § 11 d AbfG i.V. mit dem Anstellungsvertrag (s. dazu bereits o. Rdnr. 274).

6. *Vortragsrecht*

Mit der Berichtspflicht des § 11 b Abs. 2 AbfG und der Pflicht zur **437** Stellungnahme vor Investitionsentscheidungen nach § 11 d AbfG korrespondiert das Vortragsrecht des Betriebsbeauftragten für Abfall aus § 11 e AbfG. Danach hat der Betreiber dafür zu sorgen, daß der Beauftragte seine Vorschläge und Bedenken unmittelbar der entscheidenden Stelle vortragen kann, wenn er sich mit dem zuständigen Betriebsleiter nicht einigen konnte, und er wegen der besonderen Bedeutung der Sache eine Entscheidung dieser Stelle für erforderlich hält.

Das Vortragsrecht des Betriebsbeauftragten für Abfall entspricht weitge- **438** hend dem des Immissionsschutzbeauftragten nach § 57 Satz 1 BImSchG, so daß hier die obigen Ausführungen sinngemäß gelten (s. Rdnr. 275 ff.). Allerdings enthält § 11 e AbfG – anders als § 57 Satz 2 BImSchG keine Pflicht des Betreibers, den Betriebsbeauftragten für Abfall bei fehlender Einigung umfassend über die Gründe der Ablehnung des Vorschlags zu unterrichten. Gleichwohl sollte auch hier der Betreiber den Beauftragten stets schriftlich über die Ablehnungsgründe informieren[329].

Hinsichtlich der Durchsetzbarkeit des Vortragsrechts gelten die Ausfüh- **439** rungen zur Stellungnahme bei Investitionsentscheidungen nach § 11 d AbfG sinngemäß (s.o. Rdnr. 436).

---

327 Anders *Hösel/von Lersner*, AbfG, § 11 d Rdnr. 5, wonach aus der Formulierung »vorlegen« in § 11 d Abs. 2 AbfG zu schließen sei, daß die Stellungnahme schriftlich erfolgen müsse.
328 *Hösel/von Lersner*, AbfG, § 11 d Rdnr. 8.
329 Ebenso *Hösel/von Lersner*, AbfG, § 11 d Rdnr. 3, 5.

X. Pflichten des Anlagenbetreibers

1. Unterstützungspflicht

440 Der Betreiber hat den Betriebsbeauftragten für Abfall gemäß § 11 c Abs. 4 AbfG bei der Erfüllung seiner Aufgaben zu unterstützen und ihm insbesondere, soweit dies zur Erfüllung seiner Aufgaben erforderlich ist, Hilfsmittel sowie Räume, Einrichtungen, Geräte und Mittel zur Verfügung zu stellen. Aus der Formulierung »insbesondere« folgt, daß diese Aufzählung nicht abschließend ist. Die Unterstützungspflicht umfaßt u.a. auch die Gelegenheit, seine Sachkunde durch inner- und außerbetriebliche Fortbildung auf dem erforderlichen Niveau zu halten. Zwar ist die Ermöglichung der Teilnahme an Schulungsveranstaltungen in § 11 c Abs. 4 AbfG – anders als bei § 55 Abs. 4 BImSchG hinsichtlich der Immissionsschutzbeauftragten – nicht ausdrücklich erwähnt. Gleichwohl gehört sie zur Unterstützungspflicht des Betreibers[330].

441 Der Umfang der Unterstützung wird dadurch eingeschränkt, daß sie zur Erfüllung der Aufgaben des Betriebsbeauftragten für Abfall erforderlich sein muß. Auf jeden Fall muß aber der Beauftragte in der Lage sein, die in § 11 b AbfG genannten Aufgaben wirksam zu erfüllen.

442 Verletzt der Betreiber seine Unterstützungspflicht, kann ihn die zuständige Behörde durch Verwaltungszwang zur Unterstützung anhalten. Außerdem hat der Betriebsbeauftragte für Abfall selbst einen Anspruch gegen den Betreiber auf Unterstützung aus § 11 c Abs. 4 AbfG i.V. mit dem zugrundeliegenden Anstellungsvertrag, den er vor dem Arbeitsgericht oder – sofern es sich um einen betriebsfremden Beauftragten handelt – vor dem Zivilgericht durchsetzen kann[331].

2. Einholung von Stellungnahmen

443 Weiterhin hat der Betreiber vor Investitionsentscheidungen nach Maßgabe des § 11 d AbfG eine Stellungnahme des Betriebsbeauftragten für Abfall einzuholen (s. dazu bereits o. Rdnr. 431 ff.).

---

330 So zu Recht *Hösel/von Lersner*, AbfG, § 11 c Rdnr. 19.
331 Im Ergebnis auch *Hösel/von Lersner*, AbfG, § 11 c Rdnr. 20; unklar *Versteyl* in: *Kunig/Schwermer/Versteyl*, AbfG, § 11 c Rdnr. 15.

3. Einräumung eines Vortragsrechts

Der Betreiber hat nach § 11 e AbfG dafür zu sorgen, daß der Betriebsbeauf- **444** tragten für Abfall seine Vorschläge oder Bedenken unmittelbar der entscheidenden Stelle vortragen kann, wenn er sich mit dem zuständigen Betriebsleiter nicht einigen konnte und er wegen der besonderen Bedeutung der Sache eine Entscheidung dieser Stelle für erforderlich hält (eingehend hierzu o. Rdnr. 437 ff.).

4. Weisungsverbot

Im Gegensatz zu § 8 Abs. 1 Satz 1 ASiG hinsichtlich der Betriebsärzte und **445** Fachkräfte für Arbeitssicherheit enthält das AbfG zwar kein ausdrückliches Weisungsverbot des Anlagenbetreibers gegenüber dem Betriebsbeauftragten für Abfall. Aus der Regelung des § 11 b Abs. 1 AbfG, wonach der Betriebsbeauftragte für Abfall zur Wahrnehmung der darin enthaltenen Aufgaben nicht nur verpflichtet, sondern auch *berechtigt* ist, folgt allerdings, daß der Beauftragte jedenfalls bei der Wahrnehmung seiner gesetzlichen Überwachungs- und Initiativaufgaben nicht weisungsgebunden ist[332]. Hiervon unberührt bleibt das allgemeine Direktionsrecht des Betreibers bezüglich der Arbeitszeit, der Anwesenheit oder auch der Wahrnehmung der gesetzlichen Aufgaben.

5. Benachteiligungsverbot

Von erheblicher praktischer Bedeutung ist das in § 11 f. AbfG enthaltene **446** Benachteiligungsverbot, demzufolge der Betriebsbeauftragte für Abfall wegen der Erfüllung der ihm obliegenden Aufgaben nicht benachteiligt werden darf. Diese Vorschrift beruht auf der Überlegung, daß der Beauftragte als »Umweltgewissen« des Betriebs leicht in eine Frontstellung zur Betriebsleitung geraten kann[333]. Sinn und Zweck des Benachteiligungsverbots ist es daher, die Rechtsstellung des Betriebsbeauftragten für Abfall zu stärken.
Einzelheiten zum Benachteiligungsverbot s.o. Rdnr. 289 ff. **447**

---

332 Im Ergebnis auch *Hösel/von Lersner,* AbfG, § 11 b Rdnr. 5, wonach sich das Weisungsverbot aber aus einer entsprechenden Anwendung von § 36 Abs. 3 Satz 2 BDSG ergeben soll.
333 *Hösel/von Lersner,* AbfG, § 11 f Rdnr. 2; *Versteyl* in: *Kunig/Schwermer/Versteyl,* AbfG, § 11 f Rdnr. 1 m.w. Nachw.

6.   Koordination mehrerer Beauftragter

448   Bestellt der Anlagenbetreiber mehrere Betriebsbeauftragte für Abfall, so hat er gemäß § 11 c Abs. 3 Satz 1 AbfG für die erforderliche Koordinierung in der Wahrnehmung der Aufgaben zu sorgen. Die Mittel der Koordinierung bleiben dem Anlagenbetreiber überlassen. Die Koordinierung kann etwa durch Zusammenfassung der Beauftragten in einer besonderen Abteilung unter gemeinsamer Leitung oder durch Bildung eines Ausschusses erfolgen (vgl. § 55 Abs. 3 Satz 1 BImSchG, § 21 c Abs. 3 Satz 1 WHG)[334].

449   Eine Koordinierungspflicht des Anlagenbetreibers besteht auch dann, wenn neben einem oder mehreren Betriebsbeauftragten für Abfall Betriebsbeauftragte nach anderen gesetzlichen Vorschriften bestellt werden (§ 11 c Abs. 3 Satz 2 AbfG). Bei diesen Betriebsbeauftragten handelt es sich in erster Linie um solche, die nach anderen Umweltschutzbestimmungen, wie etwa den §§ 53 ff. BImSchG und den §§ 21 a ff. WHG zu bestellen sind. Werden neben den Betriebsbeauftragten für Abfall auch Immissionsschutzbeauftragte bestellt, muß der Betreiber mit ihnen nach § 55 Abs. 3 Satz 2 BImSchG einen Ausschuß für Umweltschutz bilden. Ob die Koordinierungspflicht des § 11 c Abs. 3 Satz 2 AbfG auch die Koordinierung mit solchen Betriebsbeauftragten umfaßt, die nicht nach Umweltschutzbestimmungen zu bestellen sind (z.B. Betriebsärzte, Fachkräfte für Arbeitssicherheit, Sicherheitsbeauftragte oder Datenschutzbeauftragte), hängt davon ab, ob im Hinblick auf deren Aufgabengebiete ein Abstimmungsbedarf zu den Aufgaben des Betriebsbeauftragten für Abfall besteht. Dies dürfte regelmäßig bei den Fachkräften für Arbeitssicherheit, aber auch nicht selten bei den Sicherheitsbeauftragten und Betriebsärzten der Fall sein[335].

XI.   Haftung des Betriebsbeauftragten für Abfall

450   Gegenüber den Ausführungen zur Haftung des Immissionsschutzbeauftragten ergeben sich beim Betriebsbeauftragten für Abfall keine Abweichungen (s. daher o. Rdnr. 315 ff.)[336].

---

334 *Hösel/von Lersner,* AbfG, § 11 c Rdnr. 16.
335 Vgl. *Hösel/von Lersner,* AbfG, § 11 c Rdnr. 17.
336 Vgl. hierzu auch *Versteyl* in: *Kunig/Schwermer/Versteyl,* AbfG, § 11 b Rdnr. 16.

H. Gewässerschutzbeauftragte

I. Gesetzliche Grundlage und Zielsetzungen

In Anlehnung an die Bestimmungen über den Immissionsschutzbeauftragten **451**
hat der Gesetzgeber im Jahre 1976 mit den §§ 21 a – 21 g WHG das
Rechtsinstitut des Betriebsbeauftragten für Gewässerschutz (Gewässerschutzbeauftragten) geschaffen. Diese Bestimmungen sind am 1.10.1976 in Kraft
getreten. Das Hauptziel der Vorschriften über den Gewässerschutzbeauftragten ist ein verstärkter vorbeugender Gewässerschutz durch die Benutzer von
Gewässern mit Hilfe von Fachleuten, deren Bemühungen um die Wasser-
reinhaltung selbständig neben die der staatlichen Aufsichtsträger treten
sollen[337].

II. Voraussetzungen der Bestellungspflicht

Die Pflicht zur Bestellung eines oder mehrerer Gewässerschutzbeauftragter **452**
kann sich entweder aus § 21 a Abs. 1 WHG (**1.**) oder aus einer behördlichen
Anordnung i.S. von § 21 a Abs. 2 WHG (**2.**) ergeben[338].

1.   *Pflicht zur Bestellung aufgrund Gesetzes*

Nach § 21 a Abs. 1 WHG haben Benutzer von Gewässern, die an einem Tag **453**
mehr als 750 Kubikmeter Abwasser einleiten dürfen, einen oder mehrere
Gewässerschutzbeauftragte zu bestellen. Diese Pflicht zur Bestellung ergibt

---

337 *Sieder/Zeitler/Dahme,* WHG, § 21 a Rdnr. 4.
338 Die Pflicht zur Bestellung von Gewässerschutzbeauftragten beschränkt sich nicht
    nur auf gewerbliche oder industrielle Einleitungen, sondern umfaßt auch – wie die
    Bestimmung des § 21 g WHG zeigt – Abwassereinleitungen von Gebietskörper-
    schaften, Zusammenschlüssen solcher Gebietskörperschaften und von öffentlich-
    rechtlichen Wasserverbänden. Für diese können jedoch die Länder eine von den §§
    21 a-f WHG abweichende Regelung treffen, welche eine mindestens gleichwertige
    Selbstüberwachung und Verstärkung der Anstrengungen im Interesse des Gewäs-
    serschutzes gewährleisten muß (§ 21 g Satz 1 und 2 WHG), s. hierzu im einzelnen
    Sieder/Zeitler/Dahme, WHG, § 21 g Rdnr. 1 ff.

sich unmittelbar aus dem Gesetz, ohne daß es einer Aufforderung durch die zuständige Behörde bedarf[339].

454   Adressaten dieser Verpflichtung sind die Benutzer eines Gewässers, die Abwasser einleiten. Hierbei kann es sich um natürliche oder juristische Personen handeln. Wer Einleiter ist, geht regelmäßig aus dem Zulassungsbescheid hervor[340].

455   Das Abwasser muß in ein Gewässer i.S. des WHG eingeleitet werden. Gemäß § 1 Abs. 1 WHG sind Gewässer die oberirdischen Gewässer, die Küstengewässer und das Grundwasser. Hierbei muß es sich stets um Wasseransammlungen handeln, die sich im natürlichen Wasserkreislauf befinden. Diese Voraussetzung ist etwa bei Wasser in Kanalisations- und Kläranlagen nicht gegeben. Insoweit kommt nur eine Pflicht zur Bestellung kraft behördlicher Anordnung nach § 21 a Abs. 2 WHG in Betracht (s.u. Rdnr. 462 ff.)[341].

456   Der Benutzer muß Abwasser in Gewässer »einleiten«, worunter das Verbringen von Abwasser in ein Gewässer i.S. von § 3 Abs. 1 Nr. 4, 4 a und 5 WHG (Einleiten in oberirdische Gewässer, in Küstengewässer oder in das Grundwasser) zu verstehen ist. Das Merkmal des Einleitens liegt bereits dann vor, wenn der Gewässerbenutzer das Abwasser wissentlich und willentlich in das Gewässer gelangen läßt, z.B. durch Versickern, Verrieseln oder Verregnen[342].

457   Weiterhin muß der Benutzer zur Einleitung des Abwassers berechtigt sein (»einleiten *dürfen*«). Die Einleitung ist rechtmäßig, wenn sie durch eine entsprechende wasserrechtliche Erlaubnis oder Bewilligung gedeckt ist[343].

458   Bei dem in das Gewässer eingeleiteten Stoff muß es sich um »Abwasser« handeln, wie z.B. Schmutz-, Niederschlags- oder Deponiesickerwasser.

459   Die rechtlich zulässige Menge der Abwassereinleitung muß 750 Kubikmeter an einem Tag (24 Stunden) überschreiten. Dies entspricht im kommunalen Bereich einer Abwassermenge von etwa 5000 Einwohnergleichwerten. Entscheidend ist nicht die tatsächlich eingeleitete Abwassermenge, sondern die Abwassermenge, die eingeleitet werden darf. Die zulässige Menge muß nicht an jedem Tag des Jahres mehr als 750 Kubikmeter betragen. Vielmehr genügt es, wenn die Einleitung nur an bestimmten Tagen, z.B. bei Spitzenleistungen überschritten werden darf. Auf die Schäd-

---

339 *Gieseke/Wiedemann/Czychowski,* WHG, § 21 a Rdnr. 4.
340 *Gieseke/Wiedemann/Czychowski,* WHG, § 21 a Rdnr. 4; eingehend zum Adressatenkreis *Sieder/Zeitler/Dahme,* WHG, § 21 a Rdnr. 7.
341 *Sieder/Zeitler/Dahme,* WHG, § 21 a Rdnr. 8.
342 Vgl. *Sieder/Zeitler/Dahme,* WHG, § 21 a Rdnr. 9.
343 S. dazu *Sieder/Zeitler/Dahme,* WHG, § 21 a Rdnr. 10.

lichkeit des Abwassers kommt es nicht an. Mehrere räumlich und funktional zusammenhängende Abwassereinleitungen in ein oder mehrere Gewässer sind selbst dann zusammenzuzählen, wenn hierfür verschiedene wasserrechtliche Bescheide bestehen. Wird dagegen aus einer Betriebsstätte Abwasser sowohl in ein Gewässer als auch in eine Kanalisation eingeleitet, kommt eine Bestellung nach § 21 a Abs. 1 WHG nur in Betracht, wenn die Einleitungsmenge in das natürliche Gewässer 750 Kubikmeter pro Tag übersteigt[344].

460 Sind die Voraussetzungen des § 21 a Abs. 1 WHG gegeben, so hat der Benutzer »einen oder mehrere« Gewässerschutzbeauftragte zu bestellen. Da eine dem § 2 5. BImSchV bzw. § 2 AbfBeauftrV entsprechende Regelung, die Zahl der Beauftragten durch behördliche Anordnung festzusetzen, im Wasserrecht fehlt, bleibt die Anzahl der zu bestellenden Gewässerschutzbeauftragten grundsätzlich dem Benutzer selbst überlassen[345]. Gleichwohl ist die Zahl der notwendigerweise zu bestellenden Gewässerschutzbeauftragten unter Berücksichtigung des in § 2 5. BImSchV bzw. § 2 AbfBeauftrV enthaltenen Rechtsgedankens so zu bemessen, daß die sachgerechte Erfüllung der gesetzlichen Aufgaben gewährleistet ist. Im wesentlichen hängt die Anzahl der erforderlichen Gewässerschutzbeauftragten von der Art und Größe der Anlage, in der das Abwasser anfällt, der Kompliziertheit der Betriebsabläufe sowie von Art und Umfang des eingegebenen Abwassers ab[346].

461 Kommt der Benutzer seiner gesetzlichen Pflicht aus § 21 a Abs. 1 WHG zur Bestellung eines oder mehrerer Gewässerschutzbeauftrager nicht nach, so kann ihn die zuständige Behörde durch unselbständige Verfügung dazu anhalten und diese mit den Mitteln des Verwaltungszwangs (Androhung und Festsetzung von Zwangsgeld) durchsetzen. Möglich ist außerdem der Widerruf der erteilten Erlaubnis oder Bewilligung. Da es sich bei diesen Verfügungen um Verwaltungsakte handelt, können diese vom Benutzer mit den Rechtsbehelfen des Widerspruchs und der Anfechtungsklage vor dem Verwaltungsgericht angegriffen werden[347]. Zudem stellt der vorsätzliche oder fahrlässige Verstoß des Benutzes gegen die gesetzliche Pflicht zur Bestellung eines Gewässerschutzbeauftragten – ebenso wie bei den Betriebsbeauftragten

---

344 Vgl. *Gieseke/Wiedemann/Czychowski*, WHG, § 21 a Rdnr. 6 f.; *Sieder/Zeitler/ Dahme*, WHG, § 21 a Rdnr. 12 f. (dort auch zu den Schwierigkeiten, die höchstzulässige Menge des im Trennsystem geführten Niederschlagswassers auf den Tag umzurechnen).

345 *Gieseke/Wiedemann/Czychowski*, WHG, § 21 a Rdnr. 8; *Sieder/Zeitler/Dahme*, WHG, § 21 a Rdnr. 14 (dort auch zu möglichen landesrechtlichen Ausnahmen).

346 Vgl. *Sieder/Zeitler/Dahme*, WHG, § 21 a Rdnr. 14; ähnlich *Gieseke/Wiedemann/ Czychowski*, WHG, § 21 a Rdnr. 8.

347 *Gieseke/Wiedemann/Czychowski*, WHG, § 21 a Rdnr. 9.

für Abfall (s.o. Rdnr. 389) nach § 41 Abs. 1 Nr. 8 WHG eine Ordnungswidrigkeit dar, die mit einer Geldbuße bis zu 100.000,— DM geahndet werden kann.

2. Pflicht zur Bestellung aufgrund Einzelanordnung

462 Nach § 21 a Abs. 2 WHG kann die zuständige Behörde[348] anordnen, daß die Einleiter von Abwasser in Gewässer, die nicht bereits gemäß § 21 a Abs. 1 WHG einen Gewässerschutzbeauftragten bestellen müssen, und die Einleiter von Abwasser in Abwasseranlagen einen oder mehrere Gewässerschutzbeauftragte zu bestellen haben.

463 Adressaten der behördlichen Anordnung i.S. von § 21 a Abs. 2 WHG sind sonach zum einen Einleiter von Abwasser in Gewässer, für die die Bestellung eines Gewässerschutzbeauftragten nicht nach § 21 a Abs. 1 WHG gesetzlich vorgeschrieben ist. Hierzu gehören insbesondere die Benutzer, die bis zu 750 Kubikmeter Abwasser an einem Tag in ein natürliches Gewässer i.S. von § 1 Abs. 1 WHG einleiten dürfen. Zum anderen kann die Anordnung gegenüber Einleitern von Abwasser in Abwasseranlagen, wie etwa in Anlagen einer Gemeinde oder eines Abwasserverbandes, ergehen.

464 Bei der Anordnung nach § 21 a Abs. 2 WHG handelt es sich um einen selbständigen – d.h. mit Widerspruch und Anfechtungsklage anfechtbaren – Verwaltungsakt i.S. von § 35 VwVfG, nicht aber um eine bloße Nebenbestimmung i.S. des § 36 VwVfG. Die Vorschrift des § 5 Abs. 1 Satz 1 Nr. 1 a WHG, wonach die Erlaubnis und die Bewilligung unter dem Vorbehalt nachträglicher Maßnahmen gemäß § 221 a Abs. 2 WHG stehen, ändert hieran nichts. Denn diese Regelung erklärt lediglich die nachträgliche Anordnung der Bestellung eines Gewässerschutzbeauftragten im Falle der Unanfechtbarkeit der Erlaubnis zur Abwassereinleitung für zulässig. Zwar können die Erlaubnis nach § 7 WHG und die Anordnung nach § 21 a Abs. 2 in einem Bescheid verbunden werden. Dennoch bleibt auch hier die Anordnung selbständig anfechtbar[349].

465 Die Anordnung i.S. von § 21 a Abs. 2 WHG steht im pflichtgemäßen Ermessen der Behörde (»kann«). Dabei begrenzt der Verhältnismäßigkeitsgrundsatz den Ermessensspielraum durch Sinn und Zweck der gesetzlichen Regelung. Aufgrund einer umfassenden Würdigung aller maßgeblichen

---

348 Welche Behörde konkret zuständig ist, bestimmt sich nach Landesrecht, s. *Gieseke/ Wiedemann/Czychowski*, WHG, § 21 a Rdnr. 13.

349 Vgl. *Sieder/Zeitler/Dahme*, WHG, § 21 a Rdnr. 18; *Gieseke/Wiedemann/Czychowski*, WHG, § 21 a Rdnr. 10.

Umstände hat die Behörde zu beurteilen, ob hinsichtlich des vorbeugenden Gewässerschutzes und der verstärkten betrieblichen Eigenüberwachung im konkreten Einzelfall die Bestellung eines Gewässerschutzbeauftragten erforderlich ist. Dies dürfte insbesondere bei Betrieben, Anlagen und Unternehmen zutreffen, deren Abwässer zu vergleichbaren Schäden oder Gefahren führen können wie die des § 21 a Abs. 1 WHG[350].

466 Die Bestellung einer bestimmten Person kann die Behörde in der Anordnung nicht vorschreiben. Dafür setzt sie aber nach pflichtgemäßem Ermessen fest, ob ein Beauftragter oder mehrere Beauftragte zu bestellen sind[351].

467 Die Anordnung kann mit Mitteln des Verwaltungszwangs (Androhung und Festsetzung von Zwangsgeld) durchgesetzt werden und ist verwaltungsgerichtlich überprüfbar. Auch hier stellt ein vorsätzlicher oder fahrlässiger Verstoß gegen eine vollziehbare Anordnung nach § 21 a Abs. 2 WHG eine Ordnungswidrigkeit i.S. von § 41 Abs. 1 Nr. 8 WHG dar.

III. Der Gewässerschutzbeauftragte nach § 21 a Abs. 3 WHG

468 Gemäß § 21 a Abs. 3 WHG *gilt* als Gewässerschutzbeauftragter, wer vor dem 1.10.1976 nach § 4 Abs. 2 Nr. 2 WHG a.F. als verantwortlicher Betriebsbeauftragter hinsichtlich des Einleitens von Abwasser bestellt worden ist. Hierbei handelt es sich um eine Übergangsvorschrift, die alle bereits vor Inkrafttreten der §§ 21 a ff. WHG nach Maßgabe des § 4 Abs. 2 Nr. 2 WHG a.F. bestellten verantwortlichen Betriebsbeauftragten auf das neue Recht überleitet[352].

469 Die Überleitung setzt voraus, daß der verantwortliche Betriebsbeauftragte vor dem 1.10.1976 rechtswirksam bestellt worden ist. Keine Anwendung

---

350 *Gieseke/Wiedemann/Czychowski,* WHG, § 21 a Rdnr. 12; *Sieder/Zeitler/Dahme,* WHG, § 21 a Rdnr. 18.

351 *Sieder/Zeitler/Dahme,* WHG, § 21 a Rdnr. 18. A.A. *Gieseke/Wiedemann/Czychowski,* WHG, § 21 a Rdnr. 10, wonach auch im Rahmen von § 21 a Abs. 2 WHG die Anzahl der Beauftragten dem Benutzer überlassen bleibe, weil es unangemessen sei, hier der Behörde größere Befugnisse einzuräumen als bei § 21 a Abs. 1 WHG. Dabei wird aber übersehen, daß sich die in § 21 a Abs. 2 WHG enthaltene Anordnungsbefugnis ausdrücklich auf die Bestellung »eines oder mehrerer« Gewässerschutzbeauftragter bezieht.

352 *Gieseke/Wiedemann/Czychowski,* WHG, § 21 a Rdnr. 15. Zum Verhältnis des § 21 a WHG zu § 4 Abs. 2 Nr. 2 WHG n.F. s. *Sieder/Zeitler/Dahme,* WHG, § 21 a Rdnr. 21.

findet § 21 a Abs. 3 WHG, wenn die Auflage zur Bestellung vor diesem Zeitpunkt noch nicht vollzogen oder die Bestellung unwirksam war[353].

470 Aus § 21 a Abs. 3 WHG folgt, daß der Beauftragte sämtliche Aufgaben, Rechte und Pflichten i.S. der §§ 21 b ff. WHG hat wie der Gewässerschutzbeauftragte nach § 21 a Abs. 1 und 2 WHG. Frühere Regelungen in dem wasserbehördlichen Erlaubnisbescheid gelten nicht mehr[354].

IV. Form der Bestellung

471 Während der Abschluß des Anstellungsvertrages zwischen dem Gewässerschutzbeauftragten und dem Benutzer formlos (somit auch mündlich) möglich ist, muß die Bestellung nach § 21 c Abs. 1 Satz 1 WHG stets **schriftlich** erfolgen, anderenfalls ist sie unwirksam, § 125 Satz 1 BGB[355]. Da das WHG keine Angaben darüber macht, welchen Inhalt die Bestellung haben muß, reicht der – vom Benutzer und Beauftragten unterzeichnete – Satz »Herr/Frau ... wird hiermit zum Betriebsbeauftragten für Gewässerschutz bestellt« aus[356]. Aus Gründen der Klarstellung der Aufgaben und Kompetenzen sollten aber die vom Beauftragten wahrzunehmenden Aufgaben in der Bestellungsurkunde stets bezeichnet und ggf. abgegrenzt werden.

472 Sofern der Betreiber mehrere Gewässerschutzbeauftragte bestellt, hat er gemäß § 21 c Abs. 1 Satz 1 Halbsatz 2 WHG den einzelnen Betriebsbeauftragten die ihnen obliegenden Aufgaben genau zu bezeichnen.

473 Weiterhin ist die Bestellung der zuständigen Behörde nach § 21 c Abs. 1 Satz 2 WHG anzuzeigen. Ein Verstoß gegen die Anzeigepflicht hat aber keinen Einfluß auf die Wirksamkeit der Bestellung[357].

V. Betriebszugehörigkeit

474 Da das WHG in den §§ 21 a ff. keine Pflicht zur Bestellung eines betriebsangehörigen Gewässerschutzbeauftragten enthält und im Wasserrecht keine § 5 5. BImSchV bzw. § 4 AbfBeauftrV vergleichbare Rechtsverordnung

---

353 *Sieder/Zeitler/Dahme*, WHG, § 21 a Rdnr. 22.
354 *Gieseke/Wiedemann/Czychowski*, WHG, § 21 a Rdnr. 17; *Sieder/Zeitler/Dahme*, WHG, § 21 a Rdnr. 22.
355 Eingehend zum Schriftformerfordernis *Sieder/Zeitler/Dahme*, WHG, § 21 c Rdnr. 8.
356 *Sieder/Zeitler/Dahme*, WHG, § 21 c Rdnr. 10.
357 *Sieder/Zeitler/Dahme*, WHG, § 21 c Rdnr. 18.

existiert, ist nicht nur die Bestellung eines betriebsangehörigen, sondern auch die Bestellung eines betriebsfremden Gewässerschutzbeauftragten rechtlich zulässig[358]. Die Möglichkeit der Bestellung eines betriebsfremden Gewässerschutzbeauftragten wird insbesondere bei kleinen und mittleren Betrieben in Betracht kommen. Allerdings muß bei der Bestellung eines betriebsfremden Gewässerschutzbeauftragten – entsprechend dem in § 5 5. BImSchV bzw. § 4 AbfBeauftrV enthaltenen allgemeinen Grundgedanken – die sachgemäße Erfüllung der in § 21 b WHG bezeichneten Aufgaben gewährleistet sein[359].

Die Inanspruchnahme eines bislang nicht im Betrieb beschäftigten (angestellten) Gewässerschutzbeauftragten erfordert wegen der rechtlichen Trennung von Amt und Anstellung nicht nur die Bestellung, sondern auch die Einstellung durch Abschluß des Arbeitsvertrages und die Eingliederung in die Betriebsorganisation. Bei der Inanspruchnahme eines bereits im Betrieb beschäftigten Mitarbeiters ist neben der Bestellung regelmäßig die Vornahme einer Versetzung erforderlich. Sofern der Benutzer statt dessen eine betriebsfremde Person in Anspruch nimmt, ist neben der Bestellung der Abschluß eines Dienst-, Geschäftsbesorgungs- oder Werkvertrages erforderlich[360]. **475**

Gewässerschutzbeauftragte können jedoch – obwohl das Gesetz hierüber keine ausdrückliche Regelung enthält – weder der Benutzer selbst noch die Organe einer juristischen Person (wie z.B. ein Vorstandsmitglied einer AG oder ein Geschäftsführer einer GmbH) sein, da dies mit den Zwecken von § 21 b Abs. 1 Nr. 2, § 21 d und § 21 e WHG unvereinbar ist. Ebensowenig können ein Abwasserverband, eine Technische Überwachungsorganisation oder ein Ingenieurbüro in der Rechtsform einer juristischen Person zu Gewässerschutzbeauftragten bestellt werden, weil die Merkmale der Fachkunde und Zuverlässigkeit i.S. von § 21 c Abs. 2 Satz 1 WHG allein auf natürliche Personen abstellen[361]. **476**

Möglich ist dagegen die Bestellung eines Konzernbeauftragten, wobei die Vorschriften von § 4 5. BImSchV und § 5 AbfBeauftrV sinngemäß heranzuziehen sind (s.o. Rdnr. 235 f., 409)[362]. **477**

358 Vgl. *Gieseke/Wiedemann/Czychowski,* WHG, § 21 c Rdnr. 15; *Sieder/Zeitler/ Dahme,* WHG, § 21 c Rdnr. 30.

359 Ebenso *Gieseke/Wiedemann/Czychowski,* WHG, § 21 c Rdnr. 15; *Sieder/Zeitler/ Dahme,* WHG, § 21 c Rdnr. 30.

360 S. zu alledem *Ehrich,* Amt und Anstellung, S. 279 ff. m.w. Nachw.

361 *Sieder/Zeitler/Dahme,* WHG, § 21 c Rdnr. 31 f.; *Gieseke/Wiedemann/Czychowski,* WHG, § 21 c Rdnr. 14 f.

362 Vgl. *Gieseke/Wiedemann/Czychowski,* WHG, § 21 c Rdnr. 15.

VI. Wahrnehmung weiterer Ämter

478 Die Wahrnehmung weiterer Ämter, wie etwa das des Immissionsschutzbeauftragten oder des Betriebsbeauftragten für Abfall, durch den Gewässerschutzbeauftragten oder dessen gleichzeitige Tätigkeit in mehreren Betrieben ist – sofern hierdurch nicht die sachgemäße Erfüllung der Aufgaben beeinträchtigt wird, grundsätzlich zulässig[363]. Dabei ist allerdings zu beachten, daß ein Betriebsbeauftragter für Abfall nach § 13 c Abs. 3 Satz 3 AbfG nur mit Einverständnis der zuständigen Behörde zusätzlich zum Betriebsbeauftragten nach einem anderen Gesetz bestellt werden kann (s. dazu o. Rdnr. 410).

VII. Anforderungen an den Gewässerschutz-beauftragten

479 Nach § 21 c Abs. 2 Satz 1 WHG darf zum Gewässerschutzbeauftragten nur bestellt werden, wer die zur Erfüllung seiner Aufgaben erforderliche Fachkunde und Zuverlässigkeit besitzt. Beide Merkmale sind auf den konkreten Aufgabenbereich zu beziehen, für den der Gewässerschutzbeauftragte vorgesehen ist[364].

480 Im Rahmen der **Fachkunde** muß der Beauftragte theoretisch und praktisch in der Lage sein, mit den Problemen der Abwassertechnik einschließlich der Verfahren zur Verminderung der Schädlichkeit des Abwassers, den Verfahren zur Vermeidung der Schädlichkeit des Abwassers, den Verfahren zur Messung und Überwachung des Abwassers, den Methoden zur Beseitigung von Reststoffen und Fragen des Recyclings fertig zu werden. Erforderlich sind neben einer mehrjährigen einschlägigen praktischen Tätigkeit theoretische Fachkenntnisse mit einer entsprechenden Abschlußprüfung auf dem Gebiet des Ingenieurwesens, ggf. auch der Chemie oder Physik[365].

481 Die weiterhin erforderliche **Zuverlässigkeit** ist gegeben, wenn die zu bestellende Person nach ihren persönlichen Eigenschaften, ihrem Verhalten und ihren (charakterlichen) Fähigkeiten zur ordnungsgemäßen Erfüllung der

---

363 *Sieder/Zeitler/Dahme,* WHG, § 21 c Rdnr. 33.

364 *Sieder/Zeitler/Dahme,* WHG, § 21 c Rdnr. 21, 23.

365 Vgl. *Sieder/Zeitler/Dahme,* WHG, § 21 c Rdnr. 21; abweichend *Gieseke/Wiedemann/Czychowski,* WHG, § 21 c Rdnr. 12, wonach auch bei Personen mit den nötigen Fachkenntnissen, längerer Berufserfahrung und entsprechender Stellung im Betrieb des Benutzers die Fachkunde gegeben sei.

ihr obliegenden Aufgaben geeignet ist[366]. In Anlehnung an § 10 Abs. 2 5. BImSchV ist die erforderliche Zuverlässigkeit insbesondere dann nicht gegeben, wenn die betreffende Person etwa wegen Verletzung der Vorschriften des Strafrechts über gemeingefährliche Delikte oder Delikte gegen die Umwelt, des Immissionsschutz-, Abfall-, Wasser- Natur- und Landschaftsschutz-, Atom- und Strahlenschutzrechts, des Gewerbe- oder Arbeitsschutzrechts oder des Betäubungsmittel- Waffen- und Sprengstoffrechts mit einer Geldbuße in Höhe von mehr als 1.000,— DM oder einer Strafe belegt worden ist oder wiederholt und grob pflichtwidrig gegen die eben genannten Vorschriften verstoßen hat oder seine Verpflichtungen als Gewässerschutzbeauftragter oder als Betriebsbeauftragter nach anderen Vorschriften verletzt hat.

Fehlt einer Person die nach § 21 c Abs. 2 Satz 1 WHG zur Aufgabenerfüllung erforderliche Fachkunde und Zuverlässigkeit, ist eine gleichwohl erfolgte Bestellung zum Gewässerschutzbeauftragten nicht unwirksam. In dem Fall kann jedoch die zuständige Behörde gemäß § 21 c Abs. 2 Satz 2 WHG die Bestellung eines anderen Gewässerschutzbeauftragten bzw. die Abberufung des bisherigen Beauftragten verlangen. **482**

VIII. Mitwirkung des Betriebsrats

Die amtsbezogenen Maßnahmen der Bestellung, Aufgabenveränderung und Abberufung eines Gewässerschutzbeauftragten unterliegen keinen Beteiligungsrechten des Betriebsrats[367]. **483**

Bei den personellen Einzelmaßnahmen der Einstellung, Versetzung und Kündigung des Gewässerschutzbeauftragten sind dagegen von Benutzer die Mitwirkungsrechte des Betriebsrats nach §§ 99 ff. BetrVG grundsätzlich zu beachten. Insoweit gelten hier die Ausführungen zu den Immissionsschutzbeauftragten entsprechend (s.o. Rdnr. 252 ff.). **484**

IX. Aufgaben des Gewässerschutzbeauftragten

Die Aufgaben des Gewässerschutzbeauftragten untergliedern sich – ebenso wie die des Betriebsbeauftragten für Abfall (s.o. Rdnr. 418 ff.) – zunächst in eine Kontroll-, Informations- und Initiativfunktion sowie in eine Berichtspflicht. **485**

---

366 *Gieseke/Wiedemann/Czychowski*, WHG, § 21 c Rdnr. 13; ähnlich *Sieder/Zeitler/Dahme*, WHG, § 21 c Rdnr. 22.
367 *Ehrich*, Amt und Anstellung, S. 280 m.w. Nachw.

486   Im einzelnen ist der Gewässerschutzbeauftragte nach § 21 b Abs. 1 WHG berechtigt und verpflichtet,

1. die Einhaltung von Vorschriften, Bedingungen und Auflagen im Interesse des Gewässerschutzes zu überwachen, insbesondere durch regelmäßige Kontrolle der Abwasseranlagen im Hinblick auf die Funktionsfähigkeit, den ordnungsgemäßen Betrieb sowie die Wartung, durch Messungen des Abwassers nach Menge und Eigenschaften, durch Aufzeichnungen der Kontroll- und Meßergebnisse; er hat dem Benutzer festgestellte Mängel mitzuteilen und Maßnahmen zu ihrer Beseitigung vorzuschlagen,
2. auf die Anwendung geeigneter Abwasserbehandlungsverfahren einschließlich der Verfahren zur ordnungsgemäßen Verwertung oder Beseitigung der bei der Abwasserbehandlung entstehenden Reststoffe hinzuwirken,
3. auf die Entwicklung und Einführung von
   a) innerbetrieblichen Verfahren zur Vermeidung oder Verminderung des Abwasseranfalls nach Art und Menge,
   b) umweltfreundlichen Produktionen
   hinzuwirken,
4. die Betriebsangehörigen über die in dem Betrieb verursachten Gewässerbelastungen sowie über die Einrichtungen und Maßnahmen zu ihrer Verhinderung unter Berücksichtigung der wasserrechtlichen Vorschriften aufzuklären.

487 Weiterhin hat der Gewässerschutzbeauftragte dem Benutzer gemäß § 21 b WHG jährlich einen Bericht über die nach § 21 b Abs. 1 WHG getroffenen und beabsichtigten Maßnahmen zu erstatten (s. dazu bereits o. Rdnr. 428 ff.).

488   Anders als beim Betriebsbeauftragten für Abfall kann hier die zuständige Behörde im Einzelfall die in § 21 b Abs. 1 und 2 WHG aufgeführten Aufgaben des Gewässerschutzbeauftragten näher regeln, erweitern oder einschränken (§ 21 b Abs. 3 WHG)[368].

489   Gemäß § 21 d Abs. 1 WHG hat der Benutzer vor Investitionsentscheidungen, die für den Gewässerschutz bedeutsam sein können eine Stellungnahme des Gewässerschutzbeauftragten einzuholen. Die Stellungnahme ist so rechtzeitig einzuholen, daß sie bei der Investitionsentscheidung angemessen berücksichtigt werden kann. Sie ist derjenigen Stelle vorzulegen, die über die Investition entscheidet, § 21 d Abs. 2 WHG. Diese Vorschrift ist inhaltlich identisch mit der des § 11 d AbfG, so daß hier die Ausführungen zum Betriebsbeauftragten für Abfall sinngemäß gelten (s.o. Rdnr. 431 ff.).

490   Schließlich hat der Gewässerschutzbeauftragte nach § 21 e WHG ein Vortragsrecht, das inhaltlich ebenfalls identisch ist mit dem des Betriebsbe-

---

368 Einzelheiten dazu bei *Gieseke/Wiedemann/Czychowski*, WHG, § 21 b Rdnr. 15 ff.

auftragten für Abfall gemäß § 11 d AbfG, so daß auch insoweit die Ausführungen zum Betriebsbeauftragten für Abfall entsprechend gelten (s.o. Rdnr. 437 ff.).

X.   Pflichten des Benutzers

Die Pflichten des Benutzers gegenüber dem Gewässerschutzbeauftragten nach §§ 21 c – 21 e WHG entsprechen denen des Anlagenbetreibers aus §§ 11 c – 11 e AbfG, so daß sich hier keine Abweichungen von den Ausführungen zum Betriebsbeauftragten für Abfall ergeben (s.o. Rdnr 440 ff.).   **491**

XI.   Haftung des Gewässerschutzbeauftragten

Hinsichtlich der Haftung des Gewässerschutzbeauftragten gegenüber Dritten und dem Benutzer gelten die Ausführungen zum Immissionsschutzbeauftragten sinngemäß (s.o. Rdnr. 315 ff.)[369].   **492**

---

369 S. dazu auch *Gieseke/Wiedemann/Czychowski*, WHG, § 21 c Rdnr. 10.

I.   Betriebliche Datenschutzbeauftragte

I.   Gesetzliche Grundlage und Zielsetzungen

Die Pflicht zur Bestellung eines betrieblichen Datenschutzbeauftragten und   **493**
dessen Rechtsstellung sind in den §§ 36–37 BDSG geregelt. Damit sollen
wirksame interne Kontrollen der Einhaltung des Datenschutzes durch die
datenverarbeitenden Stellen zum Zwecke einer effektiven Gewährung des
Rechts der Mitarbeiter auf informationelle Selbstbestimmung erreicht werden.

   Mit Wirkung zum 1.6.1991 wurden die Vorschriften der §§ 36–37 BDSG   **494**
durch das Gesetz zur Fortentwicklung des Datenschutzes und der Datenverarbeitung vom 20.12.1990[370] neu gefaßt[371]. Die für die Praxis wichtigste – und
gleichzeitig auch problematischste – Änderung bildet die Ergänzung des § 36
Abs. 3 BDSG durch Satz 4, wonach die Bestellung zum Beauftragten für den
Datenschutz nunmehr allein auf Verlangen der Aufsichtsbehörde oder in
entsprechender Anwendung von § 626 BGB widerrufen werden kann
(s. dazu u. Rdnr. 548 ff.).

II.   Voraussetzungen der Bestellungspflicht

Nach § 36 Abs. 1 Satz 1 BDSG haben nicht-öffentliche Stellen, die   **495**
personenbezogene Daten automatisiert verarbeiten und damit in der Regel
mindestens fünf Arbeitnehmer ständig beschäftigen, spätestens innerhalb
eines Monats nach Aufnahme ihrer Tätigkeit einen Beauftragten für den
Datenschutz zu bestellen. Gleiches gilt, wenn personenbezogene Daten auf
andere Weise verarbeitet werden und damit in der Regel mindestens zwanzig
Arbeitnehmer ständig beschäftigt sind, § 36 Abs. 1 Satz 1 BDSG.

   Voraussetzung für die Bestellung ist, daß die speichernde Stelle im Falle   **496**
automatischer Datenverarbeitung regelmäßig fünf oder im Falle herkömm-
licher Verarbeitung regelmäßig zwanzig Arbeitnehmer ständig mit der
Verarbeitung personenbezogener Daten betraut. Betroffen sind hiervon alle

---

370 BGBl. I S. 2954.
371 Zu den Änderungen im einzelnen s. *Ehrich,* DB 1991, 1981.

nicht-öffentlichen Stellen sowie die öffentlichen Stellen des Bundes, sofern sie am Wettbewerb teilnehmen[372]. Sind bei der automatischen Datenverarbeitung weniger als fünf und bei der herkömmlichen Datenverarbeitung weniger als 20 Personen beschäftigt, ist die Bestellung eines Datenschutzbeauftragten nicht erforderlich. Dies gilt selbst dann, wenn aus beiden Bereichen insgesamt mehr als 5 oder 20 Arbeitnehmer mit der Verarbeitung personenbezogener Daten beschäftigt werden[373].

497   Die Begriffe »in der Regel« und »ständig beschäftigt« werden im Gesetz nicht näher definiert. Da sie aber an die entsprechende Regelung in den §§ 1, 111 BetrVG eng angelehnt sind, gelten die dort entwickelten Grundsätze sinngemäß[374].

498   Das Merkmal »in der Regel« bedeutet, daß zur Verarbeitung personenbezogener Daten in Dateien 5 bzw. 20 Arbeitnehmer *benötigt* werden, d.h. hierbei ihre Dauerbeschäftigung finden. Zwar brauchen diese Stellen nicht auf unbegrenzte Zeit zu bestehen, sie müssen aber für einen längeren Zeitraum (mindestens ein Jahr) festliegen[375]. Unerheblich ist, ob die betreffenden Mitarbeiter als Vollzeitkräfte oder Teilzeitbeschäftigte tätig sind. Unberücksichtigt bleiben außergewöhnliche Arbeitsanhäufung oder zeitweiser Arbeitsrückgang. Die Verpflichtung zur Bestellung eines Datenschutzbeauftragten entfällt, wenn eine Umverteilung der Arbeit dazu führt, daß die Voraussetzungen des § 36 Abs. 1 BDSG nicht mehr gegeben sind, wenn z.B. statt bisher sechs Teilzeitkräften künftig nur noch drei Vollzeitkräfte mit der automatisierten Datenverarbeitung beschäftigt sind[376].

499   »Ständig« beschäftigt ist ein Arbeitnehmer mit der Verarbeitung personenbezogener Daten, wenn er für diese Tätigkeit, die nicht seine Hauptaufgabe zu sein braucht, auf unbestimmte, zumindest aber längere Zeit vorgesehen ist und sie entsprechend wahrnimmt. Demgemäß ist dieses Merkmal auch dann erfüllt, wenn ein Mitarbeiter diese Tätigkeit nur gelegentlich (etwa einmal im Monat), dafür aber *stets* wahrzunehmen hat. Am Merkmal »ständig« fehlt es dagegen bei solchen Mitarbeitern, die zur Erledigung anderer Arbeiten auch mit der Datenverarbeitung zu tun haben (wie z.B. Wartungstechniker)[377].

500   Die in § 36 Abs. 1 BDSG genannten 5 bzw. 20 Arbeitnehmer müssen schließlich *mit* der *Verarbeitung* personenbezogener Daten beschäftigt sein. Hierzu gehören nicht nur die Arbeitnehmer, deren Aufgabenbereich die Wahrnehmung aller Phasen der Datenverarbeitung umfaßt (z.B. Program-

---

372   Vgl. *Ordemann/Schomerus/Gola*, BDSG, § 36 Anm. 2.3.
373   *Ordemann/Schomerus/Gola*, BDSG, § 36 Anm. 2.8 m.w. Nachw.
374   Vgl. *Ordemann/Schomerus/Gola*, BDSG, § 36 Anm. 2.4.
375   *Ordemann/Schomerus/Gola*, BDSG, § 36 Anm. 2.4 m.w. Nachw.
376   *Ordemann/Schomerus/Gola*, BDSG, § 36 Anm. 2.4 m.w. Nachw.
377   Vgl. *Ordemann/Schomerus/Gola*, BDSG, § 36 Anm. 2.5 m.w. Nachw.

mierer oder Operator), sondern auch solche Mitarbeiter, die nur mit Vorarbeiten (Lochen) und Nacharbeiten (Versendung von Ausdrucken) beschäftigt sind. Nicht »mit« der Verarbeitung personenbezogener Daten beschäftigt sind dagegen die Vorgesetzten der zuvor genannten Personen, wie etwa der Leiter der EDV oder der Personalabteilung, da sich deren Tätigkeit lediglich auf die Erteilung von Weisungen und die allgemeine Kontrolle beschränkt[378].

501 Sind die tatbestandlichen Voraussetzungen des § 36 Abs. 1 BDSG bei der nicht-öffentlichen Stelle gegeben, so ist der Datenschutzbeauftragte spätestens **innerhalb eines Monats** nach Eintritt dieser Voraussetzungen zu bestellen.

502 Hat die nicht-öffentliche Stelle entgegen § 36 Abs. 1 BDSG einen Datenschutzbeauftragten vorsätzlich oder fahrlässig nicht oder nicht rechtzeitig bestellt, handelt es sich hierbei gemäß § 44 Abs. 1 Nr. 5 BDSG um eine Ordnungswidrigkeit, die mit einer Geldbuße bis zu 50.000,— DM geahndet werden kann, § 44 Abs. 2 BDSG.

III. Form der Bestellung

503 Die Bestellung muß nach § 36 Abs. 1 Satz 1 BDSG stets **schriftlich** erfolgen, anderenfalls ist sie unwirksam, § 125 Satz 1 BGB. Außerdem bedarf sie der *Annahme* des Datenschutzbeauftragten. Denn gegen ihren Willen kann eine Person nicht einseitig von der nicht-öffentlichen Stelle zum Datenschutzbeauftragten bestellt werden. Da das BDSG keine Angaben darüber enthält, welchen Inhalt die Bestellung aufweisen muß, reicht der – von der nicht-öffentlichen Stelle und dem Datenschutzbeauftragten unterzeichnete – Satz »Herr/Frau ... wird hiermit zum Datenschutzbeauftragten bestellt« aus.

504 Dagegen bedarf der Abschluß des der Bestellung zugrundeliegenden Anstellungsvertrages keiner besonderen Form, so daß er auch mündlich erfolgen kann. Zweckmäßigerweise sollte jedoch auch der Anstellungsvertrag zur Vermeidung von Unklarheiten und Beweisschwierigkeiten stets schriftlich abgeschlossen werden.

---

378 *Ordemann/Schomerus/Gola*, BDSG, § 36 Anm. 2.6 m.w. Nachw.

IV. Betriebszugehörigkeit

505 Da das BDSG in den §§ 36–37 keine Pflicht zur Bestellung eines betriebsangehörigen Datenschutzbeauftragten enthält, ist nicht nur die Bestellung eines »internen«, sondern auch die Bestellung eines sog. »externen« Datenschutzbeauftragten auf der Grundlage eines Dienst-, Geschäftsbesorgungs- oder Werkvertrages grundsätzlich möglich[379]. Unzulässig ist jedoch die Bestellung einer juristischen Person, wie etwa einer Unternehmensberatungsgesellschaft, da die in § 36 Abs. 2 BDSG enthaltenen Anforderungen der Fachkunde und Zuverlässigkeit nur von natürlichen Personen erfüllt werden können[380].

506 Sich selbst kann der Betriebsinhaber – obwohl das Gesetz hierüber keine ausdrückliche Regelung enthält – nicht zum Datenschutzbeauftragten bestellen, da dies mit den Kontrollfunktionen des § 37 Abs. 1 BDSG unvereinbar ist[381]. Daher kommt auch bei juristischen Personen die Bestellung eines Vorstandsmitglieds oder eines Geschäftsführers zum Datenschutzbeauftragten nicht in Betracht. Zulässig ist dagegen die Bestellung eines Betriebsratsmitglieds[382].

507 Die Inanspruchnahme eines bislang nicht im Betrieb beschäftigten internen Datenschutzbeauftragten erfordert wegen der rechtlichen Trennung von Amt und Anstellung nicht nur die Bestellung i.S. von § 36 BDSG, sondern auch die Einstellung durch Abschluß des Arbeitsvertrages und Eingliederung in die Betriebsorganisation. Möglich ist auch, daß einem bereits im Betrieb tätigen Mitarbeiter die Aufgaben des Datenschutzbeauftragten entweder haupt- oder nebenamtlich übertragen werden. In dem Fall ist der Mitarbeiter nur dann zur Übernahme des Amtes verpflichtet, wenn dies im Arbeitsvertrag vorgesehen ist. Anderenfalls bedarf es einer einvernehmlichen Änderung des Arbeitsvertrages, da der Arbeitgeber dem Arbeitnehmer nicht einseitig aufgrund des allgemeinen Direktionsrechts die Tätigkeiten des Datenschutzbeauftragten zuweisen kann (s. dazu bereits o. Rdnr. 154 ff.)[383].

---

379 *Ehrich*, Amt und Anstellung, S. 251; *Ehrich*, DB 1991, 1981 (1982) m.w. Nachw.
380 Vgl. *Ordemann/Schomerus/Gola*, BDSG, § 36 Anm. 3.3 m.w. Nachw.
381 Zur Frage der Zulässigkeit der Bestellung des Personalleiters oder des Leiters der EDV zum Datenschutzbeauftragten s. *Ordemann/Schomerus/Gola*, BDSG, § 36 Anm. 3.4.
382 Ausführlich dazu *Ordemann/Schomerus/Gola*, BDSG, § 36 Anm. 3.5.
383 Vgl. *Ordemann/Schomerus/Gola*, BDSG, § 36 Anm. 4.1.

V. Anforderungen an den Datenschutzbeauftragten

Zum Datenschutzbeauftragten darf gemäß § 36 Abs. 2 BDSG nur bestellt werden, wer die zur Erfüllung seiner Aufgaben erforderliche Fachkunde und Zuverlässigkeit besitzt. **508**

Das Merkmal der **Fachkunde** umfaßt zum einen das allgemeine Grundwissen (Kenntnis des Datenschutzrechts, Verständnis für betriebswirtschaftliche Zusammenhänge sowie Grundkenntnisse über Verfahren und Techniken der automatisierten Datenverarbeitung), zum anderen betriebsspezifische Kenntnisse hinsichtlich der Organisation und der Funktionen des Betriebs[384]. Eine bestimmte Fachausbildung wird jedoch vom Gesetzgeber nicht vorgeschrieben, so daß diese keine Voraussetzung für die Tätigkeit als Datenschutzbeauftragter ist. **509**

Das von § 36 Abs. 2 BDSG weiterhin geforderte Merkmal der **Zuverlässigkeit** ist gegeben, wenn der Datenschutzbeauftragte charakterlich integer ist, seine Aufgaben sorgfältig erfüllt, verschwiegen ist und verantwortungsbewußt handelt[385]. An der erforderlichen Zuverlässigkeit fehlt es insbesondere dann, wenn die betreffende Person wiederholt oder grob pflichtwidrig gegen Bestimmungen des Datenschutzrechts verstoßen oder bereits ihre Verpflichtungen als Datenschutzbeauftragter verletzt hat. **510**

Fehlt einer Person die nach § 36 Abs. 2 BDSG zur Aufgabenerfüllung erforderliche Fachkunde und Zuverlässigkeit, ist eine gleichwohl erfolgte Bestellung zum Datenschutzbeauftragten nicht unwirksam[386]. In dem Fall kann jedoch die Aufsichtsbehörde nach § 38 Abs. 5 Satz 3 BDSG von der nichtöffentlichen Stelle die Abberufung des Datenschutzbeauftragten verlangen. **511**

VI. Mitwirkung des Betriebsrats

Bei der Bestellung und Abberufung hat der Arbeitgeber keine Mitwirkungsrechte des Betriebsrats zu beachten[387]. **512**

Mit der Bestellung eines **betriebszugehörigen** Datenschutzbeauftragten werden aber regelmäßig zugleich personelle Einzelmaßnahmen erfolgen, die **513**

---

384 *Ordemann/Schomerus/Gola,* BDSG, § 36 Anm. 3.6; eingehend zum Merkmal der Fachkunde *Haaz/Voßbein* Sonderbeil. 1 zu RDV 1994, S. 5 ff.

385 *Haaz/Voßbein* Sonderbeil. 1 zu RDV 1994, S. 18; ähnlich *Ordemann/Schomerus/Gola,* BDSG, § 36 Anm. 3.7.

386 A.A. offenbar *Ordemann/Schomerus/Gola,* BDSG, § 36 Anm. 5.1 und 3.7.

387 *Ehrich,* Amt und Anstellung, S. 252 ff.; *Ehrich,* DB 1991, 1981, (1982) jeweils m.w. Nachw.

rechtlich von dem Amt des Beauftragten zu unterscheiden sind und ihrerseits dem Mitbestimmungsrecht des § 99 BetrVG unterliegen. Soll einem bislang betriebsfremden Arbeitnehmer das Amt des Datenschutzbeauftragten übertragen werden, liegt neben der Bestellung eine nach § 99 Abs. 1 BetrVG zustimmungspflichtige Einstellung vor. Ist die zu bestellende Person bereits Arbeitnehmer der nicht-öffentlichen Stelle, so handelt es sich bei der Bestellung grundsätzlich zugleich um eine – ebenfalls nach § 99 Abs. 1 BetrVG zustimmungspflichtige – Versetzung[388].

514 Uneinigkeit besteht darüber, ob der Betriebsrat die Zustimmung zu der Einstellung oder Versetzung eines Arbeitnehmers als Datenschutzbeauftragter mit der Begründung verweigern darf, der Arbeitnehmer habe nicht die nach § 36 Abs. 2 BDSG erforderliche Fachkunde und Zuverlässigkeit, so daß die Einstellung oder Versetzung gegen ein Gesetz i.S. von § 99 Abs. 2 Nr. 1 BetrVG verstoße. Das **BAG** und ein Teil des Schrifttums halten § 36 Abs. 2 BDSG für eine gesetzliche Vorschrift i.S. des § 99 Abs. 2 Nr. 1 BetrVG, so daß der Betriebsrat der beabsichtigten Einstellung oder Versetzung eines Arbeitnehmers auf einen Arbeitsplatz als Datenschutzbeauftragter mit der Begründung widersprechen könne, der Arbeitnehmer besitze nicht die von § 36 Abs. 2 BDSG geforderte Fachkunde und Zuverlässigkeit. Denn bei der Einstellung bzw. Versetzung eines Arbeitnehmers als Datenschutzbeauftragter werde ihm eine Aufgabe übertragen und ihre Erfüllung zur Vertragspflicht gemacht, die er bei fehlender Qualifikation nicht ausüben könne, ohne gegen das Gesetz zu verstoßen. Insoweit liege der Fall nicht anders als bei der Beschäftigung eines Arbeitnehmers, der eine bestimmte Tätigkeit deshalb nicht ausüben dürfe, weil er – etwa nach einschlägigen Unfallverhütungsvorschriften – fachliche oder persönliche Kriterien nicht erfülle oder weil er keine Arbeitserlaubnis habe[389].

515 Diese Ansicht ist **abzulehnen**. Fehlt einer Person, welcher der Arbeitgeber die Aufgaben eines Datenschutzbeauftragten übertragen will, nach Ansicht des Betriebsrats die erforderliche Fachkunde und Zuverlässigkeit, so kann der Betriebsrat die Zustimmung zu der Einstellung oder Versetzung nur dann gemäß § 99 Abs. 2 Nr. 1 BetrVG verweigern, wenn ein Gesetz ein Beschäftigungsverbot enthält oder besondere fachliche oder persönliche Anforderungen an den Arbeitnehmer stellt. Dabei muß das Gesetz aber

---

388 Vgl. dazu *LAG München* vom 16.11.1978, DB 1979, 1561, wonach die Zuweisung des Aufgabenbereichs des Datenschutzbeauftragten, der 20% der Gesamttätigkeit des Arbeitnehmers umfaßte, bereits als erheblich angesehen wurde.

389 *BAG* vom 22.3.1994, DB 1994, 1678 = BB 1994, 2070 = NZA 1994, 1049 m.w. Nachw. Zu den möglichen Konsequenzen dieser Entscheidung – auch für andere Betriebsbeauftragte – s. *Ehrich,* in der Anm. zu *BAG* vom 22.3.1994, a.a.O., DB 1994, 1680 (1681).

gerade der personellen Maßnahme als solcher entgegenstehen. Anders als vom BAG angenommen, stellt die Vorschrift des § 36 Abs. 2 BDSG kein derartiges Verbotsgesetz dar. Denn diese Bestimmung betrifft nicht die Einstellung oder Versetzung, sondern die rechtlich hiervon zu unterscheidende Bestellung. Weist der zu bestellende Arbeitnehmer nicht die Qualifikation des § 36 Abs. 2 BDSG auf, so verstoßen weder die Einstellung als solche noch die tatsächliche Beschäftigung gegen ein gesetzliches Verbot, sondern lediglich die Bestellung[390].

Anders als bei der sog. abberufenden Kündigung von Betriebsärzten (s.o. Rdnr. 45 f.) oder Datenschutzbeauftragten (s.u. Rdnr. 551 ff.) sind im Rahmen von § 36 Abs. 2 BDSG sachliche Gründe für die übergreifende Wirkung einer amtsbezogenen Vorschrift auf die rechtliche Ebene des Anstellungsverhältnisses nicht erkennbar[391]. **516**

Überdies ist der Betriebsrat bei fehlender Widerspruchsmöglichkeit nach § 99 Abs. 2 Nr. 1 BetrVG nicht schutzlos gestellt. Sind seiner Ansicht nach die Erfordernisse des § 36 Abs. 2 BDSG beim Datenschutzbeauftragten nicht gegeben, bleibt es ihm unbenommen, sich an die Aufsichtsbehörde zu wenden, die bei fehlender Fachkunde und Zuverlässigkeit nach § 38 Abs. 5 Satz 3 BDSG vom Arbeitgeber die Abberufung des Datenschutzbeauftragten verlangen kann. Zudem kann der Betriebsrat die Qualifikation des zu bestellenden Datenschutzbeauftragten bei seiner Entscheidung durchaus im Rahmen der Zustimmungsverweigerungsgründe des § 99 Abs. 2 Nr. 3 und 4 BetrVG berücksichtigen[392]. **517**

Ein Mitbestimmungsrecht des Betriebsrats nach § 99 BetrVG entfällt, wenn es sich bei dem Datenschutzbeauftragten um einen leitenden Angestellten i.S. von § 5 Abs. 3 BetrVG, handelt. In dem Fall hat der Arbeitgeber die Einstellung oder Versetzung gemäß § 105 BetrVG dem Betriebsrat sowie nach § 31 Abs. 1 SprAuG dem Sprecherausschuß (sofern dieser besteht) rechtzeitig mitzuteilen. Allerdings wird es sich bei den Datenschutzbeauftragten regelmäßig nicht um leitende Angestellte handeln, da bei ihnen die Voraussetzungen des § 5 Abs. 3 BetrVG grundsätzlich nicht erfüllt sein dürften[393]. **518**

Ein Mitbestimmungsrecht des Betriebsrats nach § 99 BetrVG greift ebensowenig ein, wenn einer betriebsfremden Person das Amt des Datenschutzbeauftragten auf der Grundlage eines Dienst- oder Werkvertrages **519**

---

390 Eingehend hierzu *Ehrich,* Amt und Anstellung, S. 255 ff.; *Ehrich,* DB 1991, 1981 (1983).

391 S. *Ehrich,* in der Anm. zu *BAG* vom 22.3.1994, a.a.O., DB 1994, 1680 (1681).

392 *Ehrich,* Amt und Anstellung, S. 257; *Ehrich,* DB 1991, 1981 (1983); *Ehrich,* in der Anm. zu *BAG* vom 22.3.1994, a.a.O., DB 1994, 1680 (1681).

393 *Ehrich,* Amt und Anstellung, S. 257 f.; *Ehrich,* DB 1991, 1981 (1983).

übertragen wird, ohne daß diese in den Betrieb der nicht-öffentlichen Stelle eingegliedert wird[394].

520   Will der Arbeitgeber das Arbeitsverhältnis mit dem Datenschutzbeauftragten durch Kündigung beenden, hat er gemäß § 102 Abs. 1 Satz 1 und 2 BetrVG den Betriebsrat vor Ausspruch der Kündigung anzuhören und ihm die Gründe für die Kündigung mitzuteilen. Dagegen ist dem Betriebsrat die Kündigung nur nach § 105 BetrVG rechtzeitig mitzuteilen und ein etwa bestehender Sprecherausschuß gemäß § 31 Abs. 2 Satz 1 und 2 SprAuG vor der Kündigung anzuhören und über die Kündigungsgründe zu informieren, wenn es sich bei dem Datenschutzbeauftragten ausnahmsweise um einen leitenden Angestellten i.S. des § 5 Abs. 3 BetrVG handelt.

521   Sofern die nicht-öffentliche Stelle den Grundvertrag mit einem externen Datenschutzbeauftragten beendet, bestehen keine Beteiligungsrechte des Betriebsrats[395].

522   Zu den Auswirkungen der erschwerten Widerrufsmöglichkeit nach § 36 Abs. 3 Satz 3 BDSG auf die Kündigung s.u. Rdnr. 548 ff.

VII. Aufgaben des Datenschutzbeauftragten

523   Die Aufgabe des Datenschutzbeauftragten besteht nach § 37 Abs. 1 Satz 1 BDSG hauptsächlich darin, die Einhaltung des BDSG und anderer Vorschriften über den Datenschutz sicherzustellen. Im einzelnen ergeben sich die Aufgaben des Datenschutzbeauftragten aus dem Katalog des § 37 Abs. 1 Satz 3 BDSG, wobei aus der darin enthaltenen Formulierung »insbesondere« folgt, daß es sich hierbei um einen Mindestkatalog handelt.

1.   *Programmüberwachung*

524   Nach § 37 Abs. 1 Satz 3 Nr. 1 hat der Datenschutzbeauftragte die ordnungsgemäße Anwendung der Datenverarbeitungsprogramme mit deren Hilfe personenbezogene Daten verarbeitet werden sollen, zu überwachen. Zu diesem Zweck ist er über Vorhaben der automatisierten Verarbeitung personenbezogener Daten rechtzeitig zu unterrichten.

525   Durch die Programmüberwachung soll verhindert werden, daß eine gesetzeswidrige Verarbeitung personenbezogener Daten überhaupt erfolgt.

---

394 *Ehrich,* Amt und Anstellung, S. 258.
395 Vgl. *Ehrich,* DB 1991, 1981 (1984).

Das Erfordernis der »rechtzeitigen« Unterrichtung bedeutet, daß der Datenschutzbeauftragte ausreichend Zeit zur Stellungnahme haben muß und dessen Stellungnahme bei der Planung auch noch berücksichtigt werden kann. Mithin ergibt sich aus § 37 Abs. 1 Satz 2 Nr. 1 BDSG nicht nur ein Unterrichtungs-, sondern auch ein Anhörungsrecht des Datenschutzbeauftragten[396].

2. Schulungsfunktion

Der Datenschutzbeauftragte hat weiterhin gemäß § 37 Abs. 1 Satz 3 Nr. 2 BDSG die bei der Verarbeitung personenbezogener Daten tätigen Personen durch geeignete Maßnahmen mit den Vorschriften des BDSG sowie anderen Vorschriften über den Datenschutz, bezogen auf die besonderen Verhältnisse in diesem Geschäftsbereich und die sich daraus ergebenden besonderen Verhältnisse für den Datenschutz, vertraut zu machen. **526**

Als Möglichkeiten kommen hier z.B. die Herausgabe allgemeiner Lehr- und Schulungsunterlagen, Veranstaltungen, Seminare sowie persönliche Gespräche in Betracht[397]. Bei etwaigen Maßnahmen der Berufsbildung sind jedoch die Beteiligungsrechte des Betriebsrats aus §§ 96–98 BetrVG zu beachten. **527**

3. Mitwirkung bei der Personalauswahl

Der Datenschutzbeauftragte hat außerdem nach § 37 Abs. 1 Satz 3 Nr. 3 BDSG bei der Auswahl der bei der Verarbeitung personenbezogener Daten tätigen Personen beratend mitzuwirken. Diese Regelung gewährt dem Datenschutzbeauftragten ein Anhörungs-, nicht aber ein Veto- oder Mitbestimmungsrecht bei Einstellungen und allen sonstigen personellen Einzelmaßnahmen, die zum Einsatz eines Mitarbeiters bei der Verarbeitung personenbezogener Daten führen[398]. **528**

4. Einschaltung der Aufsichtsbehörde

Nach § 37 Abs. 1 Satz 2 BDSG kann sich der Datenschutzbeauftragte in Zweifelsfällen an die Aufsichtsbehörde wenden. Diese Möglichkeit kommt zum einen bei Unklarheiten über die Auslegung einschlägiger gesetzlicher **529**

---

396 Vgl. *Ordemann/Schomerus/Gola*, BDSG, § 37 Anm. 3.1.
397 Einzelheiten bei *Ordemann/Schomerus/Gola*, BDSG, § 37 Anm. 4.2.
398 S. dazu *Ordemann/Schomerus/Gola*, BDSG, § 37 Anm. 5.1 ff.

Vorschriften oder die Angemessenheit einzelner Maßnahmen des Datenschutzes, zum anderen bei Verstößen der nicht-öffentlichen Stelle gegen den Datenschutz in Betracht.

530 Zur Einschaltung der Aufsichtsbehörde ist der Datenschutzbeauftragte nicht verpflichtet (»kann«). Von dieser Möglichkeit sollte auch nur ausnahmsweise Gebrauch gemacht werden. Insbesondere bei Verstößen gegen den Datenschutz sollte der Datenschutzbeauftragte vor Einschaltung der Aufsichtsbehörde zunächst alle internen Mittel zur Beseitigung dieser Verstöße (etwa durch Einwirkung auf die Geschäftsleitung) anwenden[399].

VIII. Pflichten der nicht-öffentlichen Stelle

1. Unterstützungspflicht

531 Die nicht-öffentliche Stelle ist nach § 36 Abs. 5 BDSG verpflichtet, den Datenschutzbeauftragten bei der Erfüllung seiner Aufgaben zu unterstützen und ihm insbesondere, soweit dies zur Erfüllung seiner Aufgaben erforderlich ist, Hilfspersonal sowie Räume, Einrichtungen, Geräte und Mittel zur Verfügung zu stellen. Aus der Formulierung »insbesondere« folgt, daß diese Aufzählung nicht abschließend ist. Zur Unterstützung i.S. von § 36 Abs. 5 BDSG gehört u.a. auch, dem Datenschutzbeauftragten die Möglichkeit zur Fortbildung zu gewähren.

532 Der Umfang der Unterstützung wird dadurch eingeschränkt, daß sie zur Erfüllung der Aufgaben des Datenschutzbeauftragten erforderlich sein müssen. In jedem Fall hat aber die nicht-öffentliche Stelle dem Datenschutzbeauftragten eine ordnungsgemäße Wahrnehmung seiner Funktionen zu ermöglichen[400]. Die Kosten für die nach § 36 Abs. 5 BDSG erforderlichen Maßnahmen trägt die nicht-öffentliche Stelle.

2. Dateiübersicht

533 Zum Zwecke der Durchführung seiner Aufgaben ist dem Datenschutzbeauftragten von der nicht-öffentlichen Stelle eine Übersicht zur Verfügung zu stellen über die eingesetzten Datenverarbeitungsanlagen, die Bezeichnung und Art der Dateien, die Art der gespeicherten Dateien, die Geschäftszwecke,

399 Vgl. *Ordemann/Schomerus/Gola*, BDSG, § 37 Anm. 2.1 f.
400 *Ordemann/Schomerus/Gola*, BDSG, § 36 Anm. 7.3.

zu deren Erfüllung die Kenntnis dieser Daten erforderlich ist, deren regelmäßige Empfänger sowie die zugriffsberechtigten Personengruppen oder Personen, die allein zugriffsberechtigt sind[401].

Diese Pflicht entfällt bei Dateien, die nur vorübergehend vorgehalten und innerhalb von drei Monaten nach ihrer Erstellung gelöscht werden, § 37 Abs. 3 BDSG.   **534**

3.   Weisungsverbot

Bei der Anwendung seiner Fachkunde auf dem Gebiet des Datenschutzes ist der Datenschutzbeauftragte gemäß § 36 Abs. 3 Satz 2 BDSG weisungsfrei. Damit wird dem Datenschutzbeauftragten die Unabhängigkeit garantiert, die er zur Erfüllung seiner gesetzlichen Aufgaben braucht.   **535**

Die Weisungsfreiheit bezieht sich nur auf die Kontroll- und Beratungstätigkeit des Datenschutzbeauftragten, nicht aber auf solche Weisungen, die sich aus dem Direktionsrecht des Arbeitgebers ergeben und mit der Ausübung des Amtes in keinem Zusammenhang stehen. Mit der gesetzlich festgelegten Weisungsfreiheit werden dem Datenschutzbeauftragten auch keine Entscheidungsbefugnisse übertragen[402].   **536**

4.   Benachteiligungsverbot

Nach § 36 Abs. 3 Satz 3 BDSG darf der Datenschutzbeauftragte wegen der Erfüllung seiner Aufgaben nicht benachteiligt werden. Diese Vorschrift, die in § 78 BetrVG ihr Vorbild hat, soll die Unabhängigkeit des Datenschutzbeauftragten und dessen sachgemäße Aufgabenerfüllung sicherstellen.   **537**

In zeitlicher Hinsicht beschränkt sich das Benachteiligungsverbot nicht nur auf die Ausübung des Amtes, sondern erfaßt nach Sinn und Zweck auch Maßnahmen, die nach der Beendigung des Amtes erfolgen, sofern sie durch die (frühere) Tätigkeit als Datenschutzbeauftragter motiviert sind[403].   **538**

Eine »Benachteiligung« liegt vor, wenn der Datenschutzbeauftragte schlechter behandelt wird als eine Person in vergleichbarer Situation. Unzulässig sind alle rechtlichen oder tatsächlichen Maßnahmen, die sich objektiv als Benachteiligung darstellen, ohne daß es auf eine Benachteiligungsabsicht oder ein Verschulden der nicht-öffentlichen Stelle ankommt.   **539**

---

401 Einzelheiten hierzu bei *Ordemann/Schomerus/Gola,* BDSG, § 37 Anm. 6.1 ff.
402 Vgl. *Ordemann/Schomerus/Gola,* BDSG, § 36 Anm. 6.3.
403 Vgl. *Ordemann/Schomerus/Gola,* BDSG, § 36 Anm. 7.

540 Im einzelnen kann die Benachteiligung in der – durch die ordnungsgemäße Aufgabenerfüllung motivierten – Zuweisung eines ungünstigeren Arbeitsplatzes, dem Entzug von Aufgaben, der Verhinderung von Aufstiegsmöglichkeiten, der Verweigerung von Höhergruppierung, der Vorenthaltung von Vergünstigungen (z.B. Nichtgewährung eines in vergleichbaren
Fällen gewährten Arbeitgeberdarlehens oder die Ablehnung der Benutzung
von Sozialeinrichtungen des Unternehmens) liegen[404].

541 § 36 Abs. 3 Satz 3 BDSG verbietet allerdings nicht jede Benachteiligung
des Datenschutzbeauftragten, sondern nur eine Schlechterstellung »wegen
der ihm übertragenen Aufgaben«. Zwischen der Tätigkeit des Datenschutzbeauftragten und der betreffenden Maßnahme muß sonach ein Kausalzusammenhang bestehen. Für einen solchen Kausalzusammenhang spricht
aber eine tatsächliche Vermutung, wenn ein Datenschutzbeauftragter ausschließlich die in § 37 Abs. 1 BDSG genannten Aufgaben wahrgenommen
hat.

542 Dagegen kann sich der Datenschutzbeauftragte nicht auf das Benachteiligungsverbot berufen, wenn alle betriebsangehörigen Personen in vergleichbarer Tätigkeit und Position Schlechterstellungen in Kauf nehmen
müssen oder die nicht-öffentliche Stelle die Überschreitung des Aufgabenbereiches, die nicht ordnungsgemäße Wahrnehmung der Amtsaufgaben
oder anderweitige Pflichtverletzungen arbeitsrechtlich sanktioniert. In all
diesen Fällen erfolgt die Benachteiligung nicht »wegen« der ordnungsgemäßen Erfüllung der dem Datenschutzbeauftragten übertragenen Aufgaben.

543 Bei dem Benachteiligungsverbot des § 36 Abs. 3 Satz 3 BDSG handelt es
sich um ein gesetzliches Verbot i.S. von § 134 BGB, so daß die Maßnahmen
der nicht-öffentlichen Stelle, die hiergegen verstoßen, nichtig sind.

IX. Stellung im Betrieb

544 Der Datenschutzbeauftragte ist nach § 36 Abs. 3 Satz 1 BDSG dem Inhaber,
dem Vorstand, dem Geschäftsführer oder dem sonstigen gesetzlich oder nach
der Verfassung des Unternehmens berufenen Leiter unmittelbar zu unterstel-
len. Damit erhält der Datenschutzbeauftragte ein direktes Vortragsrecht und
kann in datenschutzrelevanten Angelegenheiten die Entscheidung der Unternehmensleitung ohne Einhaltung des Dienstweges herbeiführen. Ohne
Einfluß ist die Unterstellung nach § 36 Abs. 3 Satz 1 BDSG indes auf die

---

404 S. auch *Ordemann/Schomerus/Gola*, BDSG, § 36 Anm. 7.1.

tarifliche Eingruppierung des Datenschutzbeauftragten und dessen rangmä-
ßige Eingliederung in die Hierarchie des Unternehmens[405].

X. Verschwiegenheitspflicht

Nach § 36 Abs. 4 BDSG ist der Datenschutzbeauftragte zur Verschwiegenheit   **545**
über die Identität des Betroffenen sowie über Umstände, die Rückschlüsse
auf den Betroffenen zulassen, verpflichtet. Diese Verschwiegenheitspflicht
betrifft den Fall, daß sich ein Mitarbeiter der nicht-öffentlichen Stelle mit
einer Beschwerde oder Anfrage an den Datenschutzbeauftragten wendet.

Die Verschwiegenheitspflicht entfällt, soweit er von ihr durch den   **546**
Betroffenen befreit wird (§ 34 letzter Halbsatz BDSG). Darüber hinaus
besteht auch dann keine Verschwiegenheitspflicht des Datenschutzbeauftragten, wenn der Betroffene selbst einen schweren Datenschutzverstoß
begangen hat oder der Datenschutzbeauftragte bei seiner Kontrolltätigkeit
Unregelmäßigkeiten bei der Verarbeitung oder Nutzung von Daten eines
Betroffenen feststellt[406].

Die Verletzung der Verschwiegenheitspflicht kann einen Schadensersatz-   **547**
anspruch des Betroffenen gegenüber dem Datenschutzbeauftragten aus § 823
Abs. 2 BGB i.V. mit § 36 Abs. 4 BDSG begründen (s. dazu u. Rdnr. 557).

XI. Bedeutung des § 36 Abs. 3 Satz 4 BDSG für die Kündigung des Datenschutzbeauftragten

Nach § 36 Abs. 3 Satz 4 BDSG kann die Bestellung zum Datenschutzbeauf-   **548**
tragten nur auf Verlangen der Aufsichtsbehörde oder in entsprechender
Anwendung von § 626 BGB widerrufen werden. Diese Vorschrift soll die
Unabhängigkeit des Datenschutzbeauftragten gegenüber der Leitung der
speichernden Stelle festigen. Liegen ein Verlangen der Aufsichtsbehörde oder
ein wichtiger Grund i.S. von § 626 BGB nicht vor, ist die von der nicht-
öffentlichen Stelle gleichwohl vorgenommene Abberufung entsprechend
§ 134 BGB nichtig und damit unwirksam[407].

405 *Ordemann/Schomerus/Gola*, BDSG, § 36 Anm. 6.2.
406 Vgl. *Ordemann/Schomerus/Gola*, BDSG, § 36 Anm. 6.4 m.w. Nachw.
407 *Ehrich,* Amt und Anstellung, S. 260; *Ehrich,* DB 1991, 1981 (1984).

549   Anders als § 58 Abs. 2 BImSchG erschwert § 36 Abs. 3 Satz 4 BDSG nicht die *Kündigung* des Arbeitsverhältnisses, sondern die Beendigung des – hiervon rechtlich zu trennenden – *Amtes* des Datenschutzbeauftragten durch die nicht-öffentliche Stelle.

550   Keine Probleme ergeben sich, wenn ein »wichtiger Grund« vorliegt, der die nicht-öffentliche Stelle sowohl zur Abberufung nach § 36 Abs. 3 Satz 4 BDSG als auch zur außerordentlichen Kündigung des Arbeitsverhältnisses berechtigt, wie z.B. der Verrat von Betriebs- oder Geschäftsgeheimnissen, von denen der Datenschutzbeauftragte im Rahmen seiner Kontrolltätigkeit Kenntnis erlangt hat. In dem Fall kann die nicht-öffentliche Stelle beide Rechtsverhältnisse ohne weiteres durch Abberufung bzw. durch Kündigung beenden.

551   Uneinigkeit besteht jedoch darüber, ob und inwieweit § 36 Abs. 3 Satz 4 BDSG die **ordentliche Kündigung** eines Datenschutzbeauftragten einschränkt[408]. Grundsätzlich würde die ordentliche Kündigung des Arbeitsverhältnisses durch die nicht-öffentliche Stelle gleichzeitig zur Beendigung des Amtes des Datenschutzbeauftragten führen, da eine gleichsam isolierte Amtsausübung nicht möglich ist. In dem Fall könnte jedoch die nicht-öffentliche Stelle das Arbeitsverhältnis auch aus Gründen, die im Sachzusammenhang mit der Amtsausübung stehen, ordentlich kündigen und damit die Beendigung des Amtes erreichen, obwohl diese Gründe eine Abberufung nach § 36 Abs. 3 Satz 4 BDSG nicht rechtfertigen würden.

552   Eine höchstrichterliche Entscheidung zu dieser Problematik ist – soweit ersichtlich – bislang noch nicht ergangen[409]. Richtigerweise sind hier die Grundsätze zur sog. abberufenden Kündigung eines Betriebsarztes (s.o. Rdnr. 45 f.) sinngemäß heranzuziehen: Würde das Amt des Datenschutzbeauftragten stets automatisch mit der Kündigung des Arbeitsverhältnisses enden, ohne daß ein Abberufungsverlangen der Aufsichtsbehörde oder ein wichtiger Grund i.S. von § 626 BGB vorlägen, wäre dies mit Sinn und Zweck des § 36 Abs. 3 Satz 4 BDSG – nämlich der Festigung der Unabhängigkeit des Datenschutzbeauftragten – kaum zu vereinbaren. Daher ist die ordentliche Kündigung eines Datenschutzbeauftragten wegen objektiver Gesetzesumgehung des § 36 Abs. 3 Satz 4 BDSG jedenfalls dann unwirksam, wenn sie aus Gründen erfolgt, die mit der Amtsausübung in untrennbarem Sachzusammenhang stehen.

553   Wird die ordentliche Kündigung des Datenschutzbeauftragten dagegen allein auf Gründe gestützt, die keinen Bezug zur Amtstätigkeit haben, steht

---

408 S. die Zusammenstellung der unterschiedlichen Ansichten bei *Ehrich,* CR 1993, 226.
409 Lediglich das *ArbG Dresden* hat entschieden, daß § 36 Abs. 3 Satz 4 BDSG einer betriebsbedingten Kündigung des Datenschutzbeauftragten nicht entgegenstehe, *ArbG Dresden* vom 9.2.1994, CR 1994, 484.

§ 36 Abs. 3 Satz 4 BDSG nach Sinn und Zweck ihrer Wirksamkeit nicht entgegen[410]. Als Gründe, die keinen Bezug zur Amtstätigkeit haben, kommen insbesondere der Wegfall der Voraussetzungen für die Pflicht zur Bestellung eines Datenschutzbeauftragten nach § 36 BDSG oder lang andauernde Erkrankungen des Datenschutzbeauftragten, die nicht auf die Tätigkeiten im Betrieb zurückzuführen sind, in Betracht.

Die vorangegangenen Ausführungen gelten in gleicher Weise für einen **554** hauptamtlich und einen nebenamtlich tätigen Datenschutzbeauftragten. Soweit demgegenüber im Schrifttum z.T. die ordentliche Kündigung eines hauptamtlichen Datenschutzbeauftragten *generell* für unzulässig, die ordentliche Kündigung eines Datenschutzbeauftragten, der im Unternehmen überwiegend andere Aufgaben wahrnimmt, jedoch für möglich gehalten wird[411], ist diese Differenzierung abzulehnen. Denn einerseits können auch bei den hauptamtlich tätigen Datenschutzbeauftragten betriebs-, personen- oder verhaltensbedingte Gründe (wie eben genannt), gegeben sein, die mit der Amtsausübung als solcher nichts zu tun haben. Einer deswegen ausgesprochenen ordentlichen Kündigung würde der Schutzzweck des § 36 Abs. 3 Satz 4 BDSG nicht entgegenstehen. Zum anderen wird es sich regelmäßig bei den Gründen für die Beendigung des Arbeitsverhältnisses eines Datenschutzbeauftragten, der überwiegend andere Aufgaben im Unternehmen wahrnimmt, nicht um »wichtige Gründe« i.S. von § 626 Abs. 1 BGB, § 36 Abs. 3 Satz 4 BDSG handeln. Im Ergebnis ist hier jedoch eine ordentliche Kündigung aus Gründen, die sich allein aus der anderweitigen Tätigkeit ergeben, deshalb möglich, weil diese auf nicht amtsbezogenen Gründen beruht und insoweit keine objektive Gesetzesumgehung des § 36 Abs. 3 Satz 4 BDSG darstellt[412].

XII. Haftung des Datenschutzbeauftragten

Das BDSG enthält keine besonderen Regelungen über die Haftung des **555** Datenschutzbeauftragten für Pflichtverletzungen. Maßgebend sind daher insoweit die allgemeinen zivilrechtlichen Grundsätze.

Im Rahmen der zivilrechtlichen Haftung des Datenschutzbeauftragten ist **556** zwischen der Haftung im Außenverhältnis (insbesondere gegenüber den Mitarbeitern der nicht-öffentlichen Stelle) und der Haftung im Innenverhältnis (gegenüber der nicht-öffentlichen Stelle) zu unterscheiden.

---

410 *Ehrich*, Amt und Anstellung, S. 260; *Ehrich*, DB 1991, 1981 (1984 ff.); *Ehrich*, NZA 1993, 248 ff.; *Ehrich*, CR 1993, 226 ff.
411 So insbesondere *Schierbaum/Kiesche*, CR 1992, 726 (728 f.).
412 *Ehrich*, Amt und Anstellung, S. 266 f.; *Ehrich*, CR 1993, 226 (229 f.).

557   Im **Außenverhältnis** haftet der Datenschutzbeauftragte – da zwischen ihm und den Mitarbeitern der nicht-öffentlichen Stelle keine vertraglichen oder vertragsähnlichen Beziehungen bestehen – nur nach Maßgabe der Vorschriften über unerlaubte Handlungen (§§ 823 ff. BGB). Möglich ist hier insbesondere ein Schadensersatzanspruch eines Betroffenen gegenüber dem Datenschutzbeauftragten nach § 823 Abs. 2 BGB i.V. mit § 36 Abs. 4 BDSG wegen Verletzung der Verschwiegenheitspflicht[413].

558   Im **Innenverhältnis** haftet der Datenschutzbeauftragte gegenüber der nicht-öffentlichen Stelle für Schäden, die auf schuldhafte Pflichtverletzungen zurückzuführen sind, aus positiver Forderungsverletzung, ggf. aus §§ 823 ff. BGB. Allerdings greift zugunsten der als Arbeitnehmer beschäftigten Datenschutzbeauftragten, die von der Rechtsprechung im Wege der Rechtsfortbildung entwickelte Beschränkung der Arbeitnehmerhaftung ein, welche zwischenzeitlich die Diffenzierung nach gefahrgeneigter oder nicht gefahrgeneigter Arbeit aufgegeben hat (Einzelheiten s.o. Rdnr. 83 f.)[414].

---

413 S. *Ordemann/Schomerus/Gola,* BDSG, § 36 Anm. 6.4 und § 37 Anm. 1.6 f.
414 Vgl. *BAG (GS)* vom 27.9.1994, DB 1994, 2237 = BB 1994, 2205.

K. Tierschutzbeauftragte

Träger von Einrichtungen, in denen Tierversuche an Wirbeltieren durchge-   **559**
führt werden, haben nach § 8 b Abs. 1 Satz 1 TierSchG einen oder mehrere
Tierschutzbeauftragte zu bestellen. Die Bestellung des Tierschutzbeauftragten sowie dessen Stellung und Befugnisse sind der zuständigen Behörde
anzuzeigen, § 8 b Abs. 1 Satz 1 und 2 TierSchG. Bei der – vorsätzlich oder
fahrlässig – unterbliebenen Bestellung eines Tierschutzbeauftragten entgegen
§ 8 b Abs. 1 Satz 1 TierSchG handelt es sich um eine Ordnungswidrigkeit,
die mit einer Geldbuße bis zu 10.000,— DM geahndet werden kann, § 18
Abs. 1 Nr. 16, Abs. 2 TierSchG.

Zum Tierschutzbeauftragten können gemäß § 8 b Abs. 2 Satz 1 TierSchG   **560**
nur Personen mit abgeschlossenem Hochschulstudium der Veterinärmedizin, Medizin oder Biologie – Fachrichtung Zoologie – bestellt werden.
Hiervon kann die zuständige Behörde im Einzelfall Ausnahmen zulassen
(§ 8 b Abs. 2 Satz 3 TierSchG). Die Tierschutzbeauftragten müssen die für die
Durchführung ihrer Aufgaben erforderlichen Fachkenntnisse und die hierfür
erforderliche Zuverlässigkeit haben.

Ein Beteiligungsrecht des Betriebsrats bei der Bestellung oder Abberufung   **561**
von Tierschutzbeauftragten besteht nicht. Bei den personellen Einzelmaßnahmen der Einstellung, Versetzung und Kündigung eines als Arbeitnehmer
beschäftigten Tierschutzbeauftragten hat die Einrichtung allerdings grundsätzlich die Mitwirkungsrechte des Betriebsrats nach §§ 99 ff. BetrVG zu
beachten (s.o. Rdnr. 252 ff.). Die Bestellung einer bei der Einrichtung
beschäftigten Person ist aber nicht zwingend erforderlich[415].

Die **Aufgaben** des Tierschutzbeauftragten ergeben sich aus § 8 b Abs. 3   **562**
TierSchG. Danach ist der Tierschutzbeauftragte verpflichtet, auf die Einhaltung von Vorschriften, Bedingungen und Auflagen des Tierschutzes zu
achten, die Einrichtung und die mit den Tierversuchen und mit der Haltung
der Versuchstiere befaßten Personen zu beraten, zu jedem Antrag auf
Genehmigung eines Tierversuchs Stellung zu nehmen und innerbetrieblich
auf die Entwicklung und Einführung von Verfahren und Mitteln zur
Vermeidung oder Beschränkung von Tierversuchen hinzuwirken.

Um Interessenkollisionen zu vermeiden, darf ein Tierschutzbeauftragter,   **563**
wenn er selbst Tierversuche durchführt, nicht für sein eigenes Versuchsvor-

---

415 Vgl. *Lorz,* TierSchG, § 8 b Rdnr. 3.

haben eingesetzt werden. Insoweit muß dann ein anderer Tierschutzbeauftragter tätig werden, § 8 b Abs. 4 TierSchG.

564 Die Einrichtung hat den Tierschutzbeauftragten bei der Erfüllung seiner Aufgaben so zu unterstützen und von allen Versuchsvorhaben zu unterrichten, daß er seine Aufgaben uneingeschränkt wahrnehmen kann, § 8 b Abs. 5 TierSchG.

565 Die Stellung des Tierschutzbeauftragten und seine Befugnisse sind nach § 8 b Abs. 6 Satz 3 TierSchG durch Satzung, innerbetriebliche Anweisung oder in ähnlicher Form zu regeln. Dabei ist sicherzustellen, daß er seine Vorschläge oder Bedenken unmittelbar der in der Einrichtung entscheidenden Stelle vortragen kann, § 8 b Abs. 6 Satz 4 TierSchG.

566 Werden mehrere Tierschutzbeauftragte bestellt, sind ihre Aufgabenbereiche festzulegen, § 8 b Abs. 6 Satz 5 TierSchG.

567 Der Tierschutzbeauftragte ist nach § 8 b Abs. 6 Satz 1 TierSchG bei der Erfüllung seiner Aufgaben weisungsfrei. Anweisungen, die ihre Grundlage in dem allgemeinen arbeitsvertraglichen Direktionsrecht der Einrichtung haben und mit der Ausübung des Amtes in keinem Zusammenhang stehen, können dagegen wirksam erteilt werden.

568 Schließlich darf der Tierschutzbeauftragte wegen der Erfüllung seiner Aufgaben nicht benachteiligt werden, § 8 b Abs. 6 Satz 2 TierSchG (zum Benachteiligungsverbot s. bereits o. Rdnr. 289 ff.).

L. Beauftragte für die Biologische Sicherheit

Einen weiteren Betriebsbeauftragten hat der Gesetzgeber im Jahre 1990 in der **569** Gentechnik-Sicherheitsverordnung (GenTSV)[416] neu geschaffen: Gemäß § 16 Abs. 1 Satz 1 GenTSV hat der Betreiber einer gentechnischen Anlage (vgl. § 3 Nr. 9 GenTG) einen, oder wenn dies im Hinblick auf die Art oder den Umfang der gentechnischen Arbeiten zum Schutz für die in § 1 Nr. 1 GenTG genannten Rechtsgüter erforderlich ist, mehrere Beauftragte für die Biologische Sicherheit (Ausschuß für Biologische Sicherheit) zu bestellen. Die Bestellung hat **schriftlich** zu erfolgen. Vor der Bestellung ist der Betriebs- oder Personalrat anzuhören. Daneben hat der Betreiber bei den personellen Einzelmaßnahmen der Einstellung, Versetzung und Kündigung eines Beauftragten für die Biologische Sicherheit grundsätzlich die Mitwirkungsrechte des Betriebsrats nach §§ 99 ff. BetrVG zu beachten.

Zum Beauftragten für die Biologische Sicherheit darf nur eine Person bestellt **570** werden, die die erforderliche Sachkunde besitzt. Die erforderliche Sachkunde und deren Nachweis richten sich nach den für den Projektleiter geltenden Vorschriften des § 15 Abs. 1 Nr. 1, Abs. 2 bis 4 GenTSV (§ 17 Abs. 1 GenTSV). Ferner soll der Beauftragte für die Biologische Sicherheit gemäß § 17 Abs. 2 Satz 1 GenTSV eine Erlaubnis zum Arbeiten mit Krankheitserregern nach §§ 19 ff. BSeuchenG oder §§ 2 ff. TierseuchenerregerV oder den pflanzenschutzrechtlichen Vorschriften haben, falls in seinem Zuständigkeitsbereich mit human-, tier- oder pflanzenpathogenen Organismen gearbeitet wird. In jedem Fall muß er – je nach Art der Organismen, mit denen gearbeitet wird – die zum Erwerb der Erlaubnis notwendigen Voraussetzungen nach den einschlägigen Vorschriften erfüllen, § 17 Abs. 2 Satz 2 GenTSV.

Bei dem Beauftragten für Biologische Sicherheit muß es sich grundsätzlich **571** um einen – neu einzustellenden oder bereits im Betrieb beschäftigten – Arbeitnehmer des Betreibers handeln. Jedoch kann die Behörde dem Betreiber nach § 16 Abs. 2 GenTSV die Bestellung eines oder mehrerer nicht betriebsangehöriger Beauftragter für die Biologische Sicherheit gestatten, wenn hierdurch die sachgerechte Aufgabenerfüllung in gleicher Weise sichergestellt ist.

---

416 Verordnung über die Sicherheitsstufen und Sicherheitsmaßnahmen bei gentechnischen Anlagen (Gentechnik-Sicherheitsverordnung – GenTSV) vom 24.10.1990 (BGBl. I S. 2340).

572   Die **Aufgaben** des Beauftragten für die Biologische Sicherheit ergeben sich in erster Linie aus § 18 Abs. 1 GenTSV. Danach ist der Beauftragte für die Biologische Sicherheit berechtigt und verpflichtet,

1. die Erfüllung der auf die Sicherheit gentechnischer Arbeiten bezogenen Aufgaben des Projektleiters insbesondere durch Kontrolle der Laboratorien bzw. Produktionsstätten in regelmäßigen Abständen, Mitteilung festgestellter Mängel und Vorschläge zu Maßnahmen zur Beseitigung dieser Mängel zu überwachen,
2. den Betreiber, den Betriebs- oder Personalrat auf dessen Verlangen und die verantwortlichen Personen zu beraten
   a) bei der Planung, Ausführung und Unterhaltung von Einrichtungen, in denen ein Umgang mit gentechnisch veränderten Organismen erfolgt,
   b) bei der Beschaffung von Einrichtungen und Betriebsmitteln und der Einführung von Verfahren zur Nutzung von gentechnisch veränderten Organismen,
   c) bei der Auswahl und Erprobung von persönlichen Schutzausrüstungen und
   d) vor der Inbetriebnahme von Einrichtungen und Betriebsmitteln und vor der Einführung von Verfahren zur Nutzung von gentechnisch veränderten Organismen.

573   Weiterhin hat der Beauftragte für die Biologische Sicherheit dem Betreiber gemäß § 18 Abs. 2 GenTSV jährlich einen schriftlichen Bericht über die getroffenen und beabsichtigten Maßnahmen zu erstatten.

574   Der Betreiber hat vor der Beschaffung von Einrichtungen und Betriebsmitteln, die für die Sicherheit gentechnischer Arbeiten in gentechnischen Anlagen bedeutsam sein können, eine Stellungnahme des Beauftragten für die Biologische Sicherheit einzuholen. Die Stellungnahme ist so rechtzeitig einzuholen, daß sie bei der Entscheidung über die Beschaffung angemessen berücksichtigt werden kann. Sie ist derjenigen Stelle vorzulegen, die über die Beschaffung entscheidet, § 19 Abs. 3 GenTSV.

575   Der Betreiber hat außerdem nach § 19 Abs. 4 GenTSV dafür zu sorgen, daß der Beauftragte für die Biologische Sicherheit seine Vorschläge oder Bedenken unmittelbar der entscheidenden Stelle vortragen kann, wenn er sich mit dem Projektleiter nicht einigen konnte und der Beauftragte für die Biologische Sicherheit wegen der besonderen Bedeutung der Sache eine Entscheidung dieser Stelle für erforderlich hält.

576   Der Betreiber hat den Beauftragten für die Biologische Sicherheit gemäß § 19 Abs. 1 Satz 1 GenTSV bei der Erfüllung seiner Aufgaben zu unterstützen und ihm insbesondere, soweit dies zur Erfüllung seiner Aufgaben erforderlich ist, Hilfsmittel sowie Räume, Einrichtungen, Geräte und Arbeitsmittel zur Verfügung zu stellen. Aus der Formulierung »insbesondere« folgt, daß diese

Aufzählung nicht abschließend ist. Der Umfang der Unterstützung wird dadurch eingeschränkt, daß sie zur Erfüllung der Aufgaben des Datenschutzbeauftragten erforderlich sein muß. In jedem Fall muß aber der Beauftragte für die Biologische Sicherheit in der Lage sein, die in § 18 GenTSV genannten Aufgaben wirksam zu erfüllen.

Darüber hinaus hat der Betreiber dem Beauftragten für die Biologische **577** Sicherheit nach § 19 Abs. 1 Satz 2 GenTSV die zur Erfüllung seiner Aufgaben erforderliche Fortbildung unter Berücksichtigung der betrieblichen Belange auf seine Kosten zu ermöglichen (s. hierzu bereits o. Rdnr. 69).

Im Gegensatz zu § 8 Abs. 1 Satz 1 ASiG hinsichtlich der Betriebsärzte und **578** Fachkräfte für Arbeitssicherheit oder § 36 Abs. 3 Satz 2 BDSG hinsichtlich des Datenschutzbeauftragten enthält die GenTSV zwar kein ausdrückliches Weisungsverbot des Betreibers gegenüber dem Beauftragten für die Biologische Sicherheit. Aus der Regelung des § 18 Abs. 1 GenTSV, wonach der Beauftragte für die Biologische Sicherheit zur Wahrnehmung der darin enthaltenen Aufgaben nicht nur verpflichtet, sondern auch *berechtigt* ist, folgt allerdings, daß der Beauftragte für die Biologische Sicherheit jedenfalls bei der Wahrnehmung seiner gesetzlichen Aufgaben nicht weisungsgebunden ist.

Nach § 19 Abs. 2 GenTSV darf der Beauftragte für die Biologische **579** Sicherheit wegen der Erfüllung der ihm übertragenen Aufgaben nicht benachteiligt werden (eingehend zum Benachteiligungsverbot s. bereits o. Rdnr. 289 ff.).

Werden mehrere Beauftragte für die Biologische Sicherheit bestellt, sind **580** die dem einzelnen Beauftragten für die Biologische Sicherheit obliegenden Aufgaben genau zu bezeichnen, § 16 Abs. 1 Satz 1 GenTSV.

Zur Haftung des Beauftragten für die Biologische Sicherheit gelten die **581** Ausführungen zum Immissionsschutzbeauftragten entsprechend (s.o. Rdnr. 315 ff.).

M. Gefahrgutbeauftragte

Nach § 1 Abs. 1 Satz 1 der Gefahrgutbeauftragtenverordnung (GbV)[417] haben **582**
Unternehmer oder Inhaber von Betrieben, die

a) in einem Kalenderjahr mindestens 50 Tonnen netto gefährliche Güter i.S.
   der für die Beförderung gefährlicher Güter mit Eisenbahn-, Straßen-,
   Wasser- und Luftfahrzeugen geltenden Vorschriften, soweit nicht die
   Beförderung dieser Güter von den Gefahrgutvorschriften ausgenommen
   ist, oder
b) radioaktive Stoffe der Anlage A, Klasse 7 Blätter 5 bis 13, sowie nicht nur
   gelegentlich gefährliche Güter der Anlage B, Anhang B.8, Rdnr. 280 001
   Liste I, der Gefahrgutverordnung Straße vom 22.7.1985 (BGBl. I S. 1550)

versenden, befördern oder zur Beförderung verpacken oder übergeben,
einen oder mehrere Gefahrgutbeauftragte zu bestellen.

Auch wenn die eben genannten Voraussetzungen nicht vorliegen, kann **583**
die zuständige Überwachungsbehörde gemäß § 1 Abs. 2 GbV die Bestellung
eines Gefahrgutbeauftragten anordnen, wenn

1. von der Art und Menge der gefährlichen Güter besondere Gefahren für
   die öffentliche Sicherheit oder Ordnung, insbesondere für die Allgemeinheit, für wichtige Gemeinschaftsgüter, für Leben und Gesundheit von
   Menschen sowie für Tiere, andere Sachen und die Umwelt ausgehen
   können oder
2. im Unternehmen oder Betrieb wiederholt oder schwerwiegend den
   Verpflichtungen zuwidergehandelt wurde, die nach dem Gesetz über die
   Beförderung gefährlicher Güter oder nach den auf Grund dieses Gesetzes
   erlassenen Rechtsvorschriften dem Unternehmer, Inhaber des Betriebes
   oder Gefahrgutbeauftragten obliegen.

Die Bestellung muß stets **schriftlich** erfolgen, § 1 Abs. 1 Satz 1 GbV. Der **584**
Unternehmer oder Inhaber des Betriebes muß im Unternehmen oder Betrieb
und auf Verlangen gegenüber der zuständigen Behörde den Namen des
Gefahrgutbeauftragten bekanntgeben (§ 1 Abs. 1 Satz 4 GbV).

---

417 Verordnung über die Bestellung von Gefahrgutbeauftragten und die Schulung der
    beauftragten Personen in Unternehmen und Betrieben (Gefahrgutbeauftragtenver-
    ordnung – GbV) vom 12.12.1989 (BGBl. I S. 2185).

585   Die Bestellung einer nicht zum Unternehmen oder Betrieb gehörenden Person ist zulässig, § 1 Abs. 1 Satz 2 GbV). Ist kein Gefahrgutbeauftragter bestellt, gilt nach § 1 Abs. 1 Satz 3 GbV der Unternehmer oder Inhaber des Betriebes als Gefahrgutbeauftragter.

586   Die zuständige Überwachungsbehörde kann nach § 1 Abs. 3 GbV die erforderlichen Anordnungen treffen, um zu gewährleisten, daß die in § 1 Abs. 2 Nr. 2 GbV genannten Verpflichtungen eingehalten werden. Sie kann insbesondere die Abberufung des bestellten Gefahrgutbeauftragten und die Bestellung eines anderen Gefahrgutbeauftragten anordnen.

587   Der Gefahrgutbeauftragte muß zuverlässig und sachkundig sein (§ 2 Abs. 1 Satz 1 GbV). Sachkundig ist nach § 2 Abs. 1 Satz 2 GbV, wer ausreichende Kenntnisse über die für seinen Betrieb maßgebenden Vorschriften über gefährliche Güter hat. Diese Kenntnisse müssen durch besondere Schulung erworben sein. Nach jeweils drei Jahren hat der Gefahrgutbeauftragte an einer Fortbildungsschulung teilzunehmen. Die Schulung erfolgt im Rahmen eines von der zuständigen Industrie- und Handelskammer anerkannten Lehrgangs. Die Teilnahme an der Schulung muß der Gefahrgutbeauftragte durch Bescheinigung eines Schulungsveranstalters nachweisen, aus denen Zeitpunkt, Dauer und Inhalt der Schulung hervorgehen. Die Bescheinigungen sind der Überwachungsbehörde auf Verlangen zur Prüfung vorzulegen, § 2 Abs. 1 Satz 3 bis 5, Abs. 2 GbV.

588   Die **Aufgaben** des Gefahrgutbeauftragten ergeben sich im wesentlichen aus § 3 GbV. Danach ist der Gefahrgutbeauftragte berechtigt und verpflichtet,

1. die Einhaltung der Vorschriften über die Beförderung gefährlicher Güter durch die beauftragten Personen (§ 5 Abs. 1 Satz 1) und die sonstigen verantwortlichen Personen (z.B. Fahrzeugführer, Schiffsführer) nach den Vorschriften über die Beförderung gefährlicher Güter im Unternehmen oder Betrieb zu überwachen,

2. schriftlich Aufzeichnungen über seine Überwachungstätigkeit zu führen unter Angabe des Zeitpunktes der Überwachung, der Namen der überwachten Personen und der überwachten Geschäftsvorgänge,

3. die Namen der beauftragten Personen und deren Schulung aufzuzeichnen,

4. Mängel, die die Sicherheit beim Transport gefährlicher Güter beeinträchtigen, unverzüglich dem Unternehmer oder Inhaber des Betriebes anzuzeigen, sofern der Gefahrgutbeauftragte nicht Unternehmer oder Inhaber des Betriebs ist und

5. innerhalb eines halben Jahres nach Ablauf des Geschäftsjahres einen Jahresbericht zu erstellen.

589   Der Jahresbericht i.S. der Nr. 5 muß insbesondere Angaben enthalten über Art und Menge der beförderten Güter, Beförderungsart, verwendete Verpakkungen, Fahrzeuge, eingesetztes Personal, Anlagen und Einrichtungen zum Gefahrgutumschlag, durchgeführte Schulungen (Datum, Teilnehmer), besondere Ereignisse, wie z.B. Unfälle usw., § 3 Abs. 1 Satz 2 GbV. Der Unternehmer oder Inhaber des Betriebes hat den Jahresbericht mindestens drei Jahre aufzubewahren. Er ist der Überwachungsbehörde auf Verlangen vorzulegen, § 4 Abs. 4 GbV.

Die Aufzeichnungen i.S. der Nr. 2 hat der Gefahrgutbeauftragte nach § 3 **590** Abs. 2 GbV mindestens drei Jahre aufzubewahren und der Überwachungsbehörde auf Verlangen zur Prüfung vorzulegen.

Der Unternehmer oder Inhaber eines Betriebes hat nach § 4 Abs. 1 GbV **591** dafür zu sorgen, daß der Gefahrgutbeauftragte an der in § 2 Abs. 1 Satz 3 und 4 GbV vorgeschriebenen Schulung teilnimmt und seine Vorschläge und Bedenken unmittelbar der entscheidenden Stelle im Unternehmen oder Betrieb vortragen kann. Weiterhin hat der Unternehmer oder Inhaber des Betriebes dem Gefahrgutbeauftragten Gelegenheit zu geben, zu vorgesehenen Anträgen auf Abweichungen von den Gefahrgutvorschriften Stellung zu nehmen, § 4 Abs. 3 GbV.

Der Gefahrgutbeauftragte darf gemäß § 4 Abs. 2 GbV wegen der Erfüllung **592** der ihm übertragenen Aufgaben nicht benachteiligt werden (zum Benachteiligungsverbot s. bereits o. Rdnr. 289 ff.).

Für Bund, Länder und Gemeinden sowie sonstige Personen des öffentli- **593** chen Rechts gelten die Vorschriften von § 1 Abs. 1 und §§ 2–5 GbV sinngemäß (§ 1 Abs. 4 GbV).

Nach § 6 GbV handelt **ordnungswidrig** i.S. des § 10 Abs. 1 Nr. 1 des **594** Gesetzes über die Beförderung gefährlicher Güter vom 6.8.1975 (BGBl. I S. 2121), wer vorsätzlich oder fahrlässig

1. als Unternehmer oder Inhaber eines Betriebes entgegen
   a) einer vollziehbaren Anordnung nach § 1 Abs. 2 und 3 GbV einen Gefahrgutbeauftragten nicht bestellt oder nicht abberuft,
   b) § 4 Abs. 1 GbV nicht dafür sorgt, daß der Gefahrgutbeauftragte an der vorgeschriebenen Schulung teilnehmen kann, oder
2. als Gefahrgutbeauftragter entgegen
   a) § 2 Abs. 1 Satz 4 GbV nicht jeweils nach drei Jahren an einer Fortbildungsschulung teilnimmt,
   b) § 3 Abs. 1 Nr. 2 GbV Aufzeichnungen über seine Überwachungstätigkeit nicht, nicht richtig oder nicht vollständig führt,
   c) § 3 Abs. 1 Nr. 5 GbV einen Jahresbericht nicht oder nicht rechtzeitig erstattet.

N. Strahlenschutzbeauftragte

I. Strahlenschutzverordnung

Nach § 29 Abs. 2 Satz 1 der Strahlenschutzverordnung (StrlSchV)[418] hat der **595** Strahlenschutzverantwortliche, soweit dies für eine sichere Ausführung der genehmigungs- oder anzeigebedürftigen Tätigkeit oder für das Aufsuchen, das Gewinnen oder das Aufbereiten radioaktiver Bodensätze notwendig ist, für die Leitung oder Beaufsichtigung dieser Tätigkeit die erforderliche Anzahl von Strahlenschutzbeauftragten zu bestellen. Strahlenschutzverantwortlicher ist gemäß § 29 Abs. 1 Satz 1 StrlSchV, wer einer Genehmigung nach den §§ 6, 7 oder 9 des Atomgesetzes oder nach den §§ 3, 15, 16 oder 20 StrlSchV oder der Planfeststellung nach § 9 b des Atomgesetzes bedarf oder wer eine Anzeige nach § 4 Abs. 1 oder § 17 Abs. 1 StrlSchV zu erstatten hat oder wer aufgrund des § 3 Abs. 2 StrlSchV keiner Genehmigung nach § 3 Abs. 1 StrlSchV bedarf.

Die Pflicht zur Bestellung von Strahlenschutzbeauftragten bezweckt den **596** Schutz der betroffenen Arbeitnehmer und der Allgemeinheit vor Gesundheitsgefahren durch radioaktive Stoffe. Da der Strahlenschutzbeauftragte nach § 29 Abs. 2 Satz 1 StrlSchV für die *Leitung* oder *Beaufsichtigung* der in § 29 Abs. 1 Satz 1 StrlSchV genannten Tätigkeiten zu bestellen ist, kommen ihm nicht nur Kontrollfunktionen zu. Vielmehr handelt es sich bei ihm auch um eine für den ordnungsgemäßen Umgang mit radioaktivem Material **verantwortliche Person**. Die Bestellung von Strahlenschutzbeauftragten entbindet den Strahlenschutzverantwortlichen aber nicht von dessen Pflichten nach § 31 StrlSchV (§ 29 Abs. 2 Satz 4 StrlSchV).

Die Bestellung des Strahlenschutzbeauftragten muß stets **schriftlich** **597** erfolgen (§ 29 Abs. 2 Satz 1 StrlSchV), anderenfalls ist sie nichtig, § 125 Satz 1 BGB. Bei der Bestellung des Strahlenschutzbeauftragten ist auch dessen innerbetrieblicher Entscheidungsbereich schriftlich festzulegen, § 29 Abs. 2 Satz 3 StrlSchV. Die Bestellung des Strahlenschutzbeauftragten mit Angabe des innerbetrieblichen Entscheidungsbereiches, die Änderung des innerbetrieblichen Entscheidungsbereiches sowie das Ausscheiden des Strahlenschutzbeauftragten aus seiner Funktion sind zudem von dem Strahlenschutzverantwortlichen der zuständigen Behörde unverzüglich anzuzeigen. Bei der

---

418 Verordnung über den Schutz vor Schäden durch ionisierende Strahlen (Strahlenschutzverordnung – StrlSchV) vom 30.6.1989 (BGBl. I S. 1321, ber. S. 1296).

Anzeige der Bestellung ist der Nachweis der für den Strahlenschutz erforderlichen Fachkunde zu erbringen. Dem Strahlenschutzbeauftragten und dem Betriebs- oder Personalrat ist eine Abschrift der Anzeige auszuhändigen, § 29 Abs. 3 StrlSchV.

598 Die Behörde kann dem Strahlenschutzbeauftragten nach § 30 Abs. 4 StrlSchV die Anerkennung versagen, wenn sich ergibt, daß der Strahlenschutzbeauftragte infolge eines unzureichenden innerbetrieblichen Entscheidungsbereichs oder aus anderen Gründen seine Aufgaben, insbesondere zur Abwehr von Gefahren sofortige Maßnahmen zu treffen, nur unzureichend erfüllen kann. In dem Fall scheidet die Möglichkeit der Bestellung einer nicht betriebszugehörigen Person aus.

599 Zu Strahlenschutzbeauftragten dürfen gemäß § 29 Abs. 4 StrlSchV nur Personen bestellt werden, gegen die keine Tatsachen vorliegen, aus denen sich gegen ihre Zuverlässigkeit Bedenken ergeben, und die die für den Strahlenschutz erforderliche Fachkunde besitzen.

600 Beim Umgang mit sonstigen radioaktiven Stoffen im Zusammenhang mit dem Unterricht in Schulen dürfen zu Strahlenschutzbeauftragten nur Lehrer bestellt werden, § 29 Abs. 5 Satz 1 StrlSchV. Beim Umgang mit sonstigen radioaktiven Stoffen im Zusammenhang mit dem Unterricht in Schulen haben die Rechtsträger der Schule als Strahlenschutzverantwortliche dafür zu sorgen, daß diese Tätigkeiten nur von Lehrern ausgeübt werden, die nach § 29 Abs. 2 StrlSchV zu Strahlenschutzbeauftragten bestellt sind, § 31 Abs. 4 StrlSchV. Die für den Strahlenschutz erforderliche Fachkunde des Lehrers ist gemäß § 29 Abs. 5 Satz 2 StrlSchV durch eine Bescheinigung, die von der nach Landesrecht zuständigen Stelle auszustellen ist, nachzuweisen.

601 Sind für das Aufsuchen, das Gewinnen oder das Aufbereiten radioaktiver Bodenschätze Strahlenschutzbeauftragte zu bestellen, so müssen sie als verantwortliche Personen zur Leitung oder Beaufsichtigung eines Betriebsteiles nach § 58 Abs. 1 Nr. 2 BBergG bestellt sein, wenn auf diese Tätigkeiten die Vorschriften des BBergG Anwendung finden, § 29 Abs. 6 StrlSchV.

602 Dem Strahlenschutzbeauftragten dürfen nach § 29 Abs. 2 Satz 2 StrlSchV nur solche Aufgaben übertragen werden, die er infolge seiner Stellung im Betrieb und der ihm übertragenen Befugnisse auch erfüllen kann.

603 Die **Aufgaben** des Strahlenschutzbeauftragten ergeben sich aus § 30 Abs. 1 und § 31 Abs. 2 und 3 StrlSchV. Dabei obliegen dem Strahlenschutzbeauftragten die ihm durch die StrlSchV auferlegten Pflichten nur im Rahmen seines innerbetrieblichen Entscheidungsbereichs, § 30 Abs. 1 Satz 1 StrlSchV. Der Strahlenschutzbeauftragte hat dem Strahlenschutzverantwortlichen nach § 30 Abs. 1 Satz 2 StrlSchV unverzüglich alle Mängel mitzuteilen, die den Strahlenschutz beeinträchtigen. Weiterhin hat der Strahlenschutzbeauftragte gemäß § 31 Abs. 2 StrlSchV dafür zu sorgen, daß

1. im Rahmen seines innerbetrieblichen Entscheidungsbereichs die Strahlenschutzgrundsätze des § 28 Abs. 1 StrlSchV und die in § 31 Abs. 1 Nr. 3 StrlSchV aufgeführten Schutzvorschriften und,
2. soweit ihm deren Durchführung und Erfüllung nach § 29 Abs. 2 StrlSchV übertragen worden ist, die Bestimmungen des Bescheides über die Genehmigung oder allgemeine Zulassung und die von der zuständigen Behörde erlassenen Anordnungen und Auflagen

eingehalten werden. Soweit ihm Aufgaben übertragen worden sind, hat er die Strahlenschutzgrundsätze des § 28 Abs. 1 StrlSchV zu beachten.

604 Darüber hinaus haben der Strahlenschutzverantwortliche und der Strahlenschutzbeauftragte nach § 31 Abs. 3 StrlSchV dafür zu sorgen, daß bei Gefahr für Leben, Gesundheit oder bedeutende Sachgüter geeignete Maßnahmen zur Abwendung dieser Gefahr unverzüglich getroffen werden. Dies verdeutlicht die über Kontrollfunktionen hinausgehende Verantwortlichkeit des Strahlenschutzbeauftragten.

605 Der Strahlenschutzverantwortliche hat den Strahlenschutzbeauftragten nach § 30 Abs. 2 StrlSchV über alle Verwaltungsakte und Maßnahmen, die Aufgaben oder Befugnisse des Strahlenschutzbeauftragten betreffen, unverzüglich zu unterrichten.

606 Können sich der Strahlenschutzverantwortliche und der Strahlenschutzbeauftragte über eine von ihm vorgeschlagene Strahlenschutzmaßnahme oder Strahlenschutzeinrichtung nicht einigen, so hat der Strahlenschutzverantwortliche dem Strahlenschutzbeauftragten die Ablehnung des Vorschlags schriftlich mitzuteilen und zu begründen und dem Betriebsrat oder dem Personalrat und der zuständigen Behörde je eine Abschrift zu übersenden, § 30 Abs. 1 Satz 3 StrlSchV.

607 Ebenso wie das ASiG verpflichtet die StrlSchV in § 30 Abs. 3 den Strahlenschutzbeauftragten, bei der Erfüllung seiner Aufgaben mit dem Betriebsrat oder dem Personalrat und den Fachkräften für Arbeitssicherheit zusammenzuarbeiten und sie über wichtige Angelegenheiten des Strahlenschutzes zu unterrichten (s.o. Rdnr. 116 f.). Auf Verlangen des Betriebsrats oder Personalrats hat der Strahlenschutzbeauftragte diese in Angelegenheiten des Strahlenschutzes zu beraten.

608 Schließlich sieht § 30 Abs. 4 StrlSchV vor, daß der Strahlenschutzbeauftragte bei der Erfüllung seiner Pflichten und wegen seiner Tätigkeit nicht benachteiligt werden darf (s. dazu bereits o. Rdnr. 289 ff.).

II. Röntgenverordnung

609 Nach § 13 Abs. 2 Satz 1 der Röntgenverordnung (RöV)[419] hat der Strahlen-schutzverantwortliche, soweit dies für den sicheren Betrieb notwendig ist, für die Leitung oder Beaufsichtigung dieses Betriebs die erforderliche Anzahl von Strahlenschutzbeauftragten zu bestellen. Strahlenschutzverantwortlicher ist gemäß § 13 Abs. 1 RöV, wer eine Röntgeneinrichtung oder einen Störstrahler, dessen Betrieb der Genehmigung nach § 5 Abs. 1 RöV bedarf (Störstrahler nach § 5 Abs. 1 RöV), betreibt.

610 Dem Strahlenschutzbeauftragten nach der RöV kommen – ebenso wie dem Strahlenschutzbeauftragten nach der StrlSchV (s.o. Rdnr. 596) nicht nur Kontrollfunktionen zu. Vielmehr handelt es sich bei ihm – wie sich aus § 13 Abs. 2 Satz 1 RöV ergibt – auch um eine für den ordnungsgemäßen Umgang mit Röntgeneinrichtungen **verantwortliche Person**. Die Bestellung von Strahlenschutzbeauftragten entbindet den Strahlenschutzverantwortlichen aber nicht von dessen Pflichten nach § 15 Abs. 1 RöV (§ 13 Abs. 2 Satz 4 RöV).

611 Die Bestellung des Strahlenschutzbeauftragten muß stets **schriftlich** erfolgen (§ 13 Abs. 2 Satz 1 RöV), anderenfalls ist sie nichtig, § 125 Satz 1 BGB. Bei der Bestellung des Strahlenschutzbeauftragten ist auch dessen innerbetrieblicher Entscheidungsbereich schriftlich festzulegen, § 13 Abs. 2 Satz 3 RöV. Die Bestellung des Strahlenschutzbeauftragten mit Angabe des innerbetrieblichen Entscheidungsbereiches, die Änderung des innerbetrieblichen Entscheidungsbereiches sowie das Ausscheiden des Strahlenschutzbeauftragten aus seiner Funktion sind zudem von dem Strahlenschutzverantwortlichen der zuständigen Behörde unverzüglich anzuzeigen. Bei der Anzeige der Bestellung ist der Nachweis der für den Strahlenschutz erforderlichen Fachkunde zu erbringen. Dem Strahlenschutzbeauftragten und dem Betriebs- oder Personalrat ist eine Abschrift der Anzeige auszuhändigen, § 13 Abs. 3 RöV.

612 Die Behörde kann dem Strahlenschutzbeauftragten nach § 14 Abs. 5 RöV die Anerkennung versagen, wenn sich ergibt, daß der Strahlenschutzbeauftragte infolge eines unzureichenden innerbetrieblichen Entscheidungsbereichs oder aus anderen Gründen seine Aufgaben, insbesondere zur Abwehr von Gefahren sofortige Maßnahmen zu treffen, nur unzureichend erfüllen kann. In dem Fall kommt die Möglichkeit der Bestellung einer betriebsfremden Person nicht in Betracht.

613 Zu Strahlenschutzbeauftragten dürfen gemäß § 13 Abs. 4 RöV nur Personen bestellt werden, gegen die keine Tatsachen vorliegen, aus denen

---

419 Verordnung über den Schutz vor Röntgen durch Röntgenstrahlen (Röntgenver-ordnung – RöV) vom 8.1.1987 (BGBl. I S. 114).

sich gegen ihre Zuverlässigkeit Bedenken ergeben, und die die für den Strahlenschutz erforderliche Fachkunde besitzen.

Beim Betrieb von Röntgeneinrichtungen im Zusammenhang mit dem Unterricht in Schulen dürfen zu Strahlenschutzbeauftragten nur Lehrer bestellt werden, § 13 Abs. 5 Satz 1 RöV. Der Strahlenschutzverantwortliche hat nach § 13 Abs. 5 Satz 2 RöV dafür zu sorgen, daß hierbei **614**

1. nur Lehrer tätig werden, die nach § 13 Abs. 2 RöV zu Strahlenschutzbeauftragten bestellt sind, und
2. Schüler nur in Anwesenheit und unter Aufsicht eines Strahlenschutzbeauftragten mitwirken.

Dem Strahlenschutzbeauftragten dürfen nach § 13 Abs. 2 Satz 2 RöV nur solche Aufgaben übertragen werden, die er infolge seiner Stellung im Betrieb und der ihm übertragenen Befugnisse auch erfüllen kann. **615**

Die **Aufgaben** des Strahlenschutzbeauftragten ergeben sich aus § 14 Abs. 1 und § 15 Abs. 2 RöV. Dabei obliegen dem Strahlenschutzbeauftragten die ihm durch die RöV auferlegten Pflichten nur im Rahmen seines innerbetrieblichen Entscheidungsbereichs, § 14 Abs. 1 Satz 1 RöV. Der Strahlenschutzbeauftragte hat dem Strahlenschutzverantwortlichen nach § 14 Abs. 1 Satz 2 RöV unverzüglich alle Mängel mitzuteilen, die den Strahlenschutz beeinträchtigen. Weiterhin hat der Strahlenschutzbeauftragte gemäß § 15 Abs. 2 Satz 1 RöV dafür zu sorgen, daß **616**

1. die in § 15 Abs. 1 Nr. 3 genannten Schutzvorschriften und
2. die Bestimmungen des Bescheides über die Genehmigung oder Bauartzulassung und die von der zuständigen Behörde erlassenen Anordnungen und Auflagen,

deren Durchführung und Erfüllung ihm nach § 13 Abs. 2 RöV übertragen worden ist, eingehalten werden. Die Verpflichtung nach Nr. 1 bezieht sich jedoch nicht auf die Schutzvorschriften nach § 16 Abs. 3 Satz 1 und Abs. 4 Satz 2, § 17 Abs. 4 Satz 2, § 34 Abs. 2 Satz 3 und § 40 Abs. 3 RöV. Soweit dem Strahlenschutzbeauftragten Aufgaben übertragen worden sind, hat er die Strahlenschutzgrundsätze des § 15 Abs. 1 Nr. 1 und 2 RöV zu beachten, § 15 Abs. 2 Satz 2 RöV.

Der Strahlenschutzverantwortliche hat den Strahlenschutzbeauftragten nach § 14 Abs. 2 RöV über alle Verwaltungsakte und Maßnahmen, die Aufgaben oder Befugnisse des Strahlenschutzbeauftragten betreffen, unverzüglich zu unterrichten. **617**

Können sich der Strahlenschutzverantwortliche und der Strahlenschutzbeauftragte über eine von ihm vorgeschlagene Strahlenschutzmaßnahme oder Strahlenschutzeinrichtung nicht einigen, so hat der Strahlenschutzverantwortliche dem Strahlenschutzbeauftragten die Ablehnung des Vorschlags **618** schriftlich mitzuteilen und zu begründen und dem Betriebsrat oder dem Personalrat und der zuständigen Behörde je eine Abschrift zu übersenden, § 14 Abs. 1 Satz 3 RöV.

619   Ebenso wie das ASiG verpflichtet die RöV in § 14 Abs. 3 den Strahlenschutzbeauftragten, bei der Erfüllung seiner Aufgaben mit dem Betriebsrat oder dem Personalrat und den Fachkräften für Arbeitssicherheit zusammenzuarbeiten und sie über wichtige Angelegenheiten des Strahlenschutzes zu unterrichten (s.o. Rdnr. 116 f.). Auf Verlangen des Betriebsrats oder Personalrats hat der Strahlenschutzbeauftragte diese in Angelegenheiten des Strahlenschutzes zu beraten.

620   § 14 Abs. 4 RöV sieht schließlich vor, daß der Strahlenschutzbeauftragten bei der Erfüllung seiner Pflichten und wegen seiner Tätigkeit nicht benachteiligt werden darf (zum Benachteiligungsverbot s. bereits o. Rdnr. 289 ff.).

O. Laserschutzbeauftragte

Der Unternehmer hat nach § 6 Abs. 1 der Unfallverhütungsvorschrift **621**
Laserstrahlung (VBG 93) vom 1.10.1988 für den Betrieb von Lasereinrichtungen der Klassen 3 B oder 4 Sachkundige als Laserschutzbeauftragte
schriftlich zu bestellen. Die vorsätzliche oder fahrlässige Zuwiderhandlung
gegen diese Vorschrift stellt gemäß § 18 VBG 93 eine Ordnungswidrigkeit
dar, die mit einer Geldbuße bis zu 20.000,— DM geahndet werden kann,
§ 710 Abs. 1 und 2 RVO.

Die Pflicht zur Bestellung eines Laserschutzbeauftragten entfällt, wenn der **622**
Unternehmer der Berufsgenossenschaft nachweist, daß er selbst die erforderliche Sachkunde besitzt und den Betrieb der Lasereinrichtungen selbst
überwacht, § 6 Abs. 3 VBG 93.

Der Laserschutzbeauftragte gilt als sachkundig, wenn er aufgrund seiner **623**
fachlichen Ausbildung oder Erfahrung ausreichende Kenntnisse über die zum
Einsatz kommenden Laser erworben hat und so eingehend über die Wirkung
der Laserstrahlung, über die Schutzmaßnahmen und Schutzvorschriften
unterrichtet ist, daß er die notwendigen Schutzvorkehrungen beurteilen und
auf ihre Wirksamkeit prüfen kann.

Der Unternehmer hat dem Laserschutzbeauftragten gemäß § 6 Abs. 2 **624**
VBG 93 folgende **Aufgaben** zu übertragen:

1. Überwachung des Betriebes der Lasereinrichtungen,
2. Unterstützung des Unternehmers hinsichtlich des sicheren Betriebs und
   der notwendigen Schutzmaßnahmen,
3. Zusammenarbeit mit den Fachkräften für Arbeitssicherheit bei der Erfüllung ihrer Aufgaben einschließlich Unterrichtung über wichtige Angelegenheiten des Laserstrahlenschutzes.

P. Kesselwärter

Nach § 26 Abs. 1 Dampfkesselverordnung (DampfkV)[420] hat der Betreiber einer Dampfkesselanlage mit einem Dampfkessel der Gruppe IV einen Kesselwärter zu bestellen und diesen anzuweisen: **625**

1. die Anlage zu warten und, soweit erforderlich, zu beaufsichtigen,
2. Mängel, die sich an der Anlage zeigen, und Vorfälle nach § 19 Abs. 1 DampfkV den vom Betreiber bestimmten Personen zu melden und
3. die Anlage außer Betrieb zu setzen, wenn durch Mängel der Anlage Beschäftigte oder Dritte gefährdet werden.

Zum Kesselwärter darf nur bestellt werden, wer das 18. Lebensjahr vollendet hat. Er muß die für den Betrieb der Anlage erforderliche Sachkunde sowie die Kenntnis der Bedienungsvorschriften und -regeln besitzen, § 26 Abs. 2 Satz 1 und 2 DampfkV. Zu den Aufgaben eines Kesselwärters auf Seeschiffen s. § 26 Abs. 2 Satz 3 und 4 DampfkV. **626**

Die Aufsichtsbehörde kann nach § 26 Abs. 3 DampfkV anordnen, daß ein Kesselwärter, der nicht die erforderliche Sachkunde besitzt oder wiederholt den ihm nach § 26 Abs. 1 DampfkV erteilten Weisungen zuwidergehandelt hat oder sich sonst als unzulässig erwiesen hat, nicht weiter als Kesselwärter beschäftigt werden darf. **627**

---

420 Verordnung über Dampfkesselanlagen (Dampfkesselverordnung – DampfkV) in der Fassung der Bekanntmachung vom 27.2.1980 (BGBl. I S. 173).

R. Druckluftfachkräfte

Der Arbeitgeber hat gemäß § 18 Abs. 1 Druckluftverordnung (DrucklV)[421] **628**
zu bestellen:

1. einen Fachkundigen, der die Arbeiten in Druckluft leitet und den Betrieb
    der Arbeitskammer ständig überwacht, sowie dessen ständigen Vertreter,
2. einen Sachkundigen, der das Druckleitungsnetz, die Personen- und
    Materialschleusen und die Krankendruckluftkammern vor dem Beginn
    einer jeden Arbeitsschicht unter einem dem Betriebsdruck entsprechen-
    den Luftdruck daraufhin prüft, ob sie dicht sind,
3. einen Sachkundigen, der die elektrischen Anlagen beim Betrieb der
    Arbeitskammer und der Krankendruckluftkammer ständig überwacht,
4. einen Schleusenwärter, der den Schleusenbetrieb nach Maßgabe der
    Anweisung des Anhanges 3 der DrucklV ständig überwacht,
5. zwei Sachkundige, die sich ständig an der Arbeitsstelle aufhalten, davon
    einer in der Arbeitskammer, und die ständig in der Lage sind, einen
    auftretenden Brand zu bekämpfen,
6. zwei Betriebshelfer, die sich an der Arbeitsstelle ständig aufhalten, davon
    einer in der Arbeitskammer, und die ständig in der Lage sind, bei Unfällen
    und Drucklufterkrankungen Erste Hilfe zu leisten.

Die Wahrnehmung mehrerer Aufgaben nach § 18 Abs. 1 DrucklV von **629**
derselben Person ist zwar grundsätzlich zulässig. Allerdings dürfen der
Fachkundige und sein ständiger Vertreter (§ 18 Abs. 1 Nr. 1 DrucklV) nicht
für Aufgaben nach § 18 Abs. 1 Nr. 4, 5 oder 6 DrucklV sowie der
Schleusenwärter (§ 18 Abs. 1 Nr. 4 DrucklV) nicht für Aufgaben nach § 18
Abs. 1 Nr. 5 oder 6 DrucklV bestellt werden, § 18 Abs. 3 DrucklV.

Zum Fachkundigen oder dessen ständigen Vertreter i.S. von § 18 Abs. 1 **630**
Nr. 1 DrucklV darf nur bestellt werden, wer einen behördlichen Befähi-
gungsschein für die Ausübung dieser Tätigkeit besitzt. Die zuständige
Behörde erteilt auf Antrag demjenigen einen Befähigungsschein, der

1. eine ausreichende praktische Erfahrung bei Arbeiten in Druckluft besitzt
    und

---

421 Verordnung über Arbeiten in Druckluft (Druckluftverordnung) vom 4.10.1972
    (BGBl. I S. 1909).

2. über ausreichende Kenntnisse der bei Arbeiten in Druckluft auftretenden Gefahren und der zur Abwendung solcher Gefahren zu treffenden Maßnahmen verfügt.

Der Befähigungsschein ist in der Regel für die Dauer von drei Jahren zu erteilen (§ 18 Abs. 2 DrucklV).

631   Zum Sachkundigen i.S. von § 18 Abs. 1 Nr. 2 DrucklV darf nur bestellt werden, wer die zur Prüfung des Druckleitungsnetzes und der Schleusen notwendige Sachkunde besitzt (§ 18 Abs. 4 DrucklV).

632   Zum Sachkundigen i.S. von § 18 Abs. 1 Nr. 3 DrucklV darf nur bestellt werden, wer die zur Überwachung der elektrischen Anlagen notwendige Sachkunde besitzt (§ 18 Abs. 5 DrucklV).

633   Zum Schleusenwärter i.S. von § 18 Abs. 1 Nr. 4 DrucklV darf nur bestellt werden, wer zuverlässig ist und über ausreichende praktische Erfahrungen mit der Überwachung des Schleusenbetriebs verfügt (§ 18 Abs. 6 DrucklV).

634   Zum Sachkundigen i.S. von § 18 Abs. 1 Nr. 5 DrucklV darf nur bestellt werden, wer über die zur Brandbekämpfung in Druckluft erforderlichen Fachkenntnisse verfügt (§ 18 Abs. 7 DrucklV).

635   Zum Betriebshelfer i.S. von § 18 Abs. 1 Nr. 6 DrucklV darf nur bestellt werden, wer eine Bescheinigung darüber vorgelegt hat, daß er

1. erfolgreich an einem Erste-Hilfe-Lehrgang teilgenommen hat und
2. von einem ermächtigten Arzt in der Ersten Hilfe für Druckluftkranke unterwiesen worden ist (§ 18 Abs. 8 DrucklV).

636   Der Arbeitgeber hat dafür zu sorgen, daß die von ihm nach § 18 Abs. 1 DrucklV bestellten Personen die ihnen übertragenen Aufgaben ordnungsgemäß erfüllen, § 18 Abs. 9 DrucklV.

637   Weiterhin hat der Arbeitgeber nach § 20 Abs. 1 DrucklV dafür zu sorgen, daß der Fachkundige, der die Arbeiten in Druckluft leitet (§ 18 Abs. 1 Nr. 1 DrucklV), die beim Betrieb der Arbeitskammer Beschäftigten vor Beginn der Beschäftigung über die Unfall- und Gesundheitsgefahren, denen sie bei der Beschäftigung ausgesetzt sind, sowie über die Einrichtungen und Maßnahmen zur Abwendung dieser Gefahren belehrt. Die Belehrungen sind in angemessenen Zeitabständen, mindestens in Abständen von sechs Monaten zu wiederholen.

638   Auf der Arbeitsstelle hat der Arbeitgeber zudem ein Verzeichnis der nach § 18 DrucklV bestellten Fachkräfte unter Angabe von Name und Anschrift bereitzuhalten, § 19 Nr. 3 DrucklV.

S. Aufzugswärter

Wer eine Aufzugsanlage betreibt, in der Personen befördert werden dürfen, **639**
hat nach § 20 Abs. 1 Satz 1 Aufzugsverordnung (AufzV)[422] mindestens einen
Aufzugswärter zu bestellen und diesen anzuweisen,

1. die Anlage zu beaufsichtigen,
2. Mängel, die sich an der Anlage zeigen, bestimmten Personen zu melden,
3. eine Weiterbenutzung der Anlage zu verhindern, wenn durch Mängel an
   ihr Beschäftigte oder Dritte gefährdet werden,
4. einzugreifen, wenn Personen durch Betriebsstörungen im Fahrkorb
   eingeschlossen sind.

Zum Aufzugsführer darf nur bestellt werden, wer das 18. Lebensjahr **640**
vollendet und in der Prüfung durch den Sachverständigen die für seine
Aufgaben erforderliche Sachkunde nachgewiesen hat. Bescheinigungen über
die Prüfungen sind am Betriebsort der Anlage aufzubewahren, § 20 Abs. 2
AufzV.

Der Arbeitgeber hat gemäß § 20 Abs. 1 Satz 2 AufzV dafür Sorge zu tragen, **641**
daß ein Aufzugsführer jederzeit leicht zu erreichen ist, solange die Anlage zur
Benutzung bereitsteht.

Hat der Aufzugswärter nicht die erforderliche Sachkunde oder wiederholt **642**
gegen die Vorschriften der AufzV verstoßen oder sich sonst als unzuverlässig
erwiesen, kann die Aufsichtsbehörde nach § 20 Abs. 3 AufzV anordnen, daß
diese Person nicht weiter als Aufzugswärter beschäftigt werden darf.

---

422 Verordnung über Aufzugsanlagen (Aufzugsverordnung – AufzV) in der Fassung der
     Bekanntmachung vom 27.2.1980 (BGBl. I S. 173)

T. Verantwortliche Personen nach dem Bundesberg- und Sprengstoffgesetz

I. Bundesberggesetz

Nach § 58 Abs. 1 Nr. 2 i.V. mit § 59 Abs. 2 Satz 1 BBergG hat der 643
Unternehmer i.S. von § 58 Abs. 1 Nr. 1 BBergG verantwortliche Personen
in einer für die planmäßige und sichere Führung des Betriebes erforderlichen
Anzahl zu bestellen. Die Aufgaben und Befugnisse der verantwortlichen
Personen müssen gemäß § 59 Abs. 2 Satz 1 BBergG eindeutig und lückenlos
festgesetzt und so aufeinander abgestimmt werden, daß eine geordnete
Zusammenarbeit gewährleistet ist.

Die Bestellung und Abberufung verantwortlicher Personen sind **schriftlich** 644
zu erklären, § 60 Abs. 1 Satz 1 BBergG. In Fällen, die nach § 57 Abs. 1 Satz 1
und Abs. 2 BBergG eine Abweichung von einem zugelassenen Betriebsplan
rechtfertigen, kann die Erklärung auch mündlich erfolgen. Jedoch muß sie
unverzüglich schriftlich bestätigt werden, § 60 Abs. 1 Satz 2 BBergG. In der
Bestellung sind die Aufgaben und Befugnisse genau zu beschreiben, wobei
die Befugnisse den Aufgaben entsprechen müssen (§ 60 Abs. 1 Satz 3
BBergG).

Die verantwortlichen Personen sind unter Angabe ihrer Stellung im 645
Betrieb und ihrer Vorbildung der zuständigen Behörde unverzüglich nach
der Bestellung namhaft zu machen. Die Änderung der Stellung im Betrieb
und das Ausscheiden verantwortlicher Personen sind der zuständigen Stelle
unverzüglich anzuzeigen, § 60 Abs. 2 BBergG.

Als verantwortliche Personen i.S. von § 58 Abs. 1 Nr. 2 BBergG dürfen 646
nur Personen beschäftigt werden, die die zur Erfüllung ihrer Aufgaben und
Befugnisse erforderliche Zuverlässigkeit, Fachkunde und körperliche Eignung besitzen, § 59 Abs. 1 BBergG.

Die zuständige Behörde kann dem Unternehmer nach § 73 Abs. 1 BBergG 647
die Beschäftigung einer in § 58 Abs. 1 Nr. 2 BBergG genannten verantwortlichen Person in dem ihr übertragenen Aufgabenbereich untersagen, wenn

1. diese Person vorsätzlich oder grob fahrlässig gegen Pflichten verstoßen hat,
   für deren Erfüllung sie verantwortlich ist, und dieses Verhalten trotz
   Verwarnung durch die zuständige Behörde fortsetzt oder sonst Tatsachen
   die Annahme rechtfertigen, daß die Person die erforderliche Zuverlässigkeit nicht besitzt,
2. Tatsachen die Annahme rechtfertigen, daß die Person die erforderliche
   Fachkunde oder körperliche Eignung nicht besitzt.

648 Kommt der Unternehmer einer Anordnung i.S. von § 73 Abs. 1 Satz 1 BBergG nicht nach, so kann die Behörde die Fortführung des Betriebes bis zur Befolgung der Anordnung untersagen.

649 Der Unternehmer ist nach § 61 Abs. 2 BBergG verpflichtet, den verantwortlichen Personen von allen die Errichtung, Führung oder Einstellung des Betriebes betreffenden Verwaltungsakten einschließlich der dazugehörigen Unterlagen unverzüglich insoweit Kenntnis zu geben, als deren Aufgaben und Befugnisse betroffen sind. Er hat weiterhin dafür zu sorgen, daß Betriebspläne und deren Zulassung von den verantwortlichen Personen jederzeit eingesehen werden können.

650 Außerdem kann der Unternehmer die in § 62 Satz 1 BBergG aufgeführten Pflichten und Befugnisse auf verantwortliche Personen übertragen. Die Pflichten des Unternehmers nach § 61 Abs. 1 Satz 1 zweiter Halbsatz und Satz 2 BBergG bleiben jedoch selbst dann bestehen, wenn verantwortliche Personen bestellt worden sind (§ 62 Satz 2 BBergG).

II. Sprengstoffgesetz

651 Verantwortliche Personen müssen nach § 21 Abs. 1 Satz 1 SprengG in der Anzahl bestellt werden, die nach dem Umfang des Betriebes und der Art der Tätigkeit für einen sicheren Umgang und Verkehr mit explosionsgefährlichen Stoffen erforderlich ist. Durch innerbetriebliche Anordnungen ist sicherzustellen, daß die bestellten verantwortlichen Personen die ihnen obliegenden Pflichten erfüllen können, § 21 Abs. 1 Satz 2 SprengG.

652 Verantwortliche Personen sind nach der Definition des § 19 Abs. 1 SprengG:

1. der Erlaubnisinhaber oder der Inhaber eines Betriebes, der nach dem SprengG oder einer auf Grund des § 4 Abs. 1 SprengG erlassenen Rechtsverordnung ohne Erlaubnis den Umgang oder den Verkehr mit explosionsgefährlichen Stoffen betreiben oder diese Stoffe befördern darf, im Falle des § 8 Abs. 3 SprengG die mit der Gesamtleitung der genannten Tätigkeit beauftragte Person,
2. die mit der Leitung des Betriebes, einer Zweigniederlassung oder einer unselbständigen Zweigstelle beauftragten Personen,
3. Aufsichtspersonen, insbesondere Leiter einer Betriebsabteilung, Sprengberechtigte, Betriebsmeister und Lagerverwalter sowie Personen, die zur Durchführung der Beförderung, zum Überlassen explosionsgefährlicher Stoffe an andere oder zum Empfang dieser Stoffe von anderen bestellt sind,
4. in Betrieben, die der Bergaufsicht unterliegen, neben denen in den Nr. 1 und 2 bezeichneten Personen

a) die zur Beaufsichtigung aller Personen, die explosionsgefährliche Stoffe in Empfang nehmen, überlassen, aufbewahren, befördern oder verwenden, bestellten Personen,

b) die zum Überlassen von explosionsgefährlichen Stoffen an andere oder zum Empfang dieser Stoffe von anderen bestellten Personen.

Bei dem Umgang und dem Verkehr mit explosionsgefährlichen Stoffen außerhalb der Betriebsstätte und bei der Beförderung dieser Stoffe ist ferner nach § 19 Abs. 2 SprengG die Person verantwortlich, die die tatsächliche Gewalt über die explosionsgefährlichen Stoffe ausübt. **653**

Zu verantwortlichen Personen nach § 19 Abs. 1 Nr. 3 und 4 Buchstabe a SprengG dürfen nur Personen bestellt werden, die für ihre Tätigkeit einen behördlichen Befähigungsschein besitzen, § 21 Abs. 2 Satz 1 SprengG. Dies gilt gemäß § 21 Abs. 2 Satz 2 SprengG auch für verantwortliche Personen nach § 19 Abs. 1 Nr. 2 SprengG, die zugleich verantwortliche Personen nach § 19 Abs. 1 Nr. 3 oder 4 Buchstabe a sind. Zum Befähigungsschein s. § 20 SprengG. **654**

Zu verantwortlichen Personen nach § 19 Abs. 1 Nr. 2 und Buchstabe 4 b SprengG dürfen nur Personen bestellt werden, bei denen Versagungsgründe nach § 8 Abs. 1 SprengG nicht vorliegen, § 21 Abs. 3 SprengG. **655**

Die Namen der in § 19 Abs. 1 Nr. 3 und 4 SprengG bezeichneten verantwortlichen Personen sind der zuständigen Behörde unverzüglich nach der Bestellung mitzuteilen. Das Erlöschen der Bestellung einer dieser Personen ist unverzüglich der zuständigen Behörde anzuzeigen, § 21 Abs. 4 SprengG. **656**

Die verantwortlichen Personen haben nach § 24 Abs. 1 SprengG bei dem Umgang und dem Verkehr mit explosionsgefährlichen Stoffen sowie bei der Beförderung dieser Stoffe Beschäftigte und Dritte vor Gefahren zu schützen, soweit die Art des Umgangs und des Verkehrs oder der Beförderung dies zuläßt. Hierbei haben sie die allgemein anerkannten Regeln der Sicherheitstechnik anzuwenden. **657**

Zum Schutze der in § 24 Abs. 1 SprengG bezeichneten Rechtsgüter haben die verantwortlichen Personen gemäß § 24 Abs. 2 SprengG insbesondere **658**

1. Betriebsanlagen und Betriebseinrichtungen den Anforderungen von § 24 Abs. 1 SprengG entsprechend einzurichten und zu unterhalten, insbesondere den erforderlichen Schutzabstand der Betriebsanlagen untereinander und zu betriebsfremden Gebäuden, Anlagen und öffentlichen Verkehrswegen einzuhalten,

2. Vorsorge- und Überwachungsmaßnahmen im Betrieb zu treffen, insbesondere den Arbeitsablauf zu regeln,

3. Beschäftigten oder Dritten im Betrieb ein den Anforderungen des § 24 Abs. 1 SprengG entsprechendes Verhalten vorzuschreiben,

4. die erforderlichen Maßnahmen zu treffen, damit explosionsgefährliche Stoffe nicht abhanden kommen oder Beschäftigte oder Dritte diese Stoffe nicht unbefugt an sich nehmen,

5. die Beschäftigten vor Beginn der Beschäftigung über die Unfall- und Gesundheitsgefahren, denen sie bei der Beschäftigung ausgesetzt sind, sowie über die Einrichtungen und Maßnahmen zur Abwendung dieser Gefahren zu belehren; die Belehrungen sind in angemessenen Zeitabläufen zu wiederholen.

659 Die verantwortlichen Personen haben weiterhin nach § 26 Abs. 1 SprengG das Abhandenkommen von explosionsgefährlichen Stoffen der zuständigen Behörde unverzüglich anzuzeigen.

660 Ferner haben die verantwortlichen Personen, die nach § 20 SprengG im Besitz eines Befähigungsscheines sein müssen, diesen außerhalb des eigenen Betriebes mitzuführen und auf Verlangen dem Beauftragten der zuständigen Behörden vorzulegen, § 23 Satz 1 SprengG.

661 Zum Vertrieb und zur Überlassung von explosionsgefährlichen Stoffen durch verantwortliche Personen s. § 22 SprengG.

U. Bildungsbeauftragte

Ein Arbeitgeber, dem die fachliche Eignung fehlt oder selbst nicht ausbildet, **662** darf nach § 20 Abs. 4 BBiG, § 21 Abs. 4 HandwO Auszubildende nur dann einstellen, wenn er einen Ausbilder *bestellt*, der persönlich und fachlich für die Berufsausbildung geeignet ist.

Die Bestellung des Ausbilders bedarf keiner besonderen Form, jedoch **663** erfordert sie die *Annahme* der zu bestellenden Person. Zudem muß die Bestellung des Ausbilders nach § 33 Abs. 2 Nr. 3 BBiG bzw. § 30 Abs. 2 Nr. 2 HandwO der zuständigen Stelle angezeigt werden.

I. Anforderungen an den Bildungsbeauftragten

Der Ausbilder muß für die Ausbildung **persönlich** und **fachlich geeignet** **664** sein. Die persönliche Eignung fehlt, wenn der Ausbilder Kinder und Jugendliche nicht beschäftigen darf (§ 20 Abs. 2 Nr. 1 BBiG, § 21 Abs. 1 Nr. 1 HandwO). Diese – negative – Voraussetzung bezieht sich auf die §§ 25, 27 Abs. 2 JArbSchG. Dabei ist unerheblich, ob die auszubildenden, fortzubildenden oder umzuschulenden Arbeitnehmer das 18. Lebensjahr vollendet haben[423]. Persönlich ungeeignet ist nach § 20 Abs. 2 Nr. 2 BBiG, § 21 Abs. 2 Nr. 2 HandwO auch, wer wiederholt und schwer gegen das BBiG bzw. die HandwO oder die auf Grund dieser Gesetze erlassenen Vorschriften und Bestimmungen verstoßen hat.

Im Geltungsbereich des BBiG fehlt dem Ausbilder die fachliche Eignung, **665** wenn er die erforderlichen beruflichen Fertigkeiten und Kenntnisse nicht besitzt (§ 20 Abs. 3 Nr. 1 BBiG) oder die erforderlichen berufs- und arbeitspädagogischen Kenntnisse nicht hat (§ 20 Abs. 3 Nr. 2 BBiG). Die erforderlichen beruflichen Fertigkeiten und Kenntnisse besitzt nach § 76 Abs. 1 BBiG, wer das 24. Lebensjahr vollendet hat und

1. die Abschlußprüfung in einer dem Ausbildungsberuf entsprechenden Fachrichtung bestanden hat,
2. eine Abschlußprüfung an einer deutschen Hochschule, einer öffentlichen oder staatlich anerkannten deutschen Ingenieurschule oder Höheren

---

423 *Ehrich*, RdA 1993, 221 (222) m.w. Nachw.

Wirtschaftsfachschule in einer dem Ausbildungsberuf entsprechenden Fachrichtung bestanden hat und eine angemessene Zeit in seinem Beruf praktisch tätig gewesen ist oder

3. eine anerkannte Prüfung an einer Ausbildungsstätte oder vor einer Prüfungsbehörde in einer dem Ausbildungsberuf entsprechenden Fachrichtung bestanden hat und eine angemessene Zeit in seinem Beruf praktisch tätig gewesen ist.

Die nach Landesrecht zuständige Behörde kann Personen, welche diesen Voraussetzungen nicht entsprechen, die fachliche Eignung gemäß § 76 Abs. 3 BBiG nach Anhören der Industrie- und Handelskammer widerruflich zuerkennen. Für die berufs- und arbeitspädagogischen Kenntnisse ist im Bereich der gewerblichen Wirtschaft die auf der Grundlage des § 21 BBiG ergangene Ausbilder-Eignungsverordnung[424] maßgebend. Entsprechende Verordnungen sind für den öffentlichen Dienst[425], für die Landwirtschaft[426] und für die städtische Hauswirtschaft[427] ergangen. Danach ist über die fachliche Eignung hinaus der Erwerb von berufs- und arbeitspädagogischen Kenntnissen auf den Sachgebieten Grundfragen der Berufsbildung, Planung und Durchführung der Ausbildung, der Jugendliche in der Ausbildung und Rechtsgrundlagen nachzuweisen. Ohne weiteres als fachlich geeignet anzusehen sind gemäß § 21 Abs. 3 HandwO Handwerksmeister nach Vollendung des 24. Lebensjahres und die nach § 22 HandwO ausbildungsberechtigten Personen sowie gemäß § 111 Abs. 2 BBiG Ausbilder, die bei Inkrafttreten des BBiG bereits 10 Jahre erfolgreich ausgebildet haben.

666   Liegen beim Ausbilder die persönliche oder fachliche Eignung nicht oder nicht mehr vor, so kann die nach Landesrecht zuständige Behörde nach Anhörung der Beteiligten und der zuständigen Stelle die Einstellung und Ausbildung von Auszubildenden untersagen, § 24 Abs. 1 und 3 BBiG, § 24 Abs. 1 und 3 HandwO.

---

424 Verordnung über die berufs- und arbeitspädagogische Eignung für die Berufsausbildung der gewerblichen Wirtschaft (Ausbilder-Eignungsverordnung gewerbliche Wirtschaft) vom 20.4.1972 (BGBl. I S. 707).

425 Verordnung über die berufs- und arbeitspädagogische Eignung für die Berufsausbildung durch Ausbilder in einem Arbeitsverhältnis im öffentlichen Dienst (Ausbilder-Eignungsverordnung Öffentlicher Dienst) vom 16.7.1976 (BGBl. I S. 1825).

426 Verordnung über die berufs- und arbeitspädagogische Eignung für die Berufsausbildung in der Landwirtschaft (Ausbilder-Eignungsverordnung Landwirtschaft) vom 5.4.1976 (BGBl. I S. 923).

427 Verordnung über die berufs- und arbeitspädagogische Eignung für die Berufsausbildung in der Hauswirtschaft – Teilbereich städtische Hauswirtschaft – (Ausbilder-Eignungsverordnung Hauswirtschaft) vom 29.6.1978 (BGBl. I S. 976).

II. Mitwirkung des Betriebsrats

Nach § 98 Abs. 2 BetrVG kann der Betriebsrat der Bestellung einer mit der **667** Durchführung der betrieblichen Berufsausbildung beauftragten Person widersprechen oder ihre Abberufung verlangen, wenn diese die persönliche oder fachliche, insbesondere die berufs- und arbeitspädagogische Eignung i.S. des BBiG nicht besitzt oder ihre Aufgaben vernachlässigt[428]. Diese Vorschrift bezieht sich zunächst auf alle Ausbilder i.S. des BBiG, die nach § 20 Abs. 4 BBiG vom Arbeitgeber bestellt werden müssen. Darüber hinaus erfaßt § 98 Abs. 2 BetrVG aber auch sämtliche Personen, die mit der betrieblichen Berufsbildung (Ausbildung, Fortbildung und Umschulung) beauftragt werden[429]. Unerheblich ist, ob es sich bei den mit der beruflichen Ausbildung Beauftragten um Arbeitnehmer des Betriebs, die auch leitende Angestellte i.S. von § 5 Abs. 3 BetrVG sein können, oder um freiberuflich tätige Personen handelt[430].

Ein Widerspruch gegen die Bestellung oder ein Abberufungsverlangen **668** durch den Betriebsrat setzen voraus, daß die mit der Durchführung der betrieblichen Berufsausbildung beauftragte Person die persönliche oder fachliche Eignung nicht besitzt oder ihre Aufgaben vernachlässigt. Zu den Merkmalen der persönlichen und fachlichen Eignung s. bereits o. Rdnr. 664 ff. Eine Vernachlässigung der Aufgaben liegt vor, wenn der Ausbilder seine Aufgaben nicht mit der erforderlichen Gründlichkeit durchführt, so daß befürchtet werden muß, daß die Auszubildenden das Ziel der Ausbildung nicht erreichen. Hierbei muß es sich aber – da § 98 Abs. 2 BetrVG die Aufgabenvernachlässigung und das Fehlen der persönlichen oder fachlichen Eignung gleichwertig nebeneinander nennt – um schwerwiegende Gründe handeln. Ein geringfügiges oder einmaliges Fehlverhalten reicht nicht aus. Auf ein Verschulden des Ausbilders kommt es jedoch nicht an, weil der Schutzzweck des § 98 Abs. 2 BetrVG ausschließlich auf die Auszubildenden abstellt, die vor Schaden bewahrt werden sollen[431].

Kommt zwischen dem Betriebsrat und dem Arbeitgeber eine Einigung **669** über die Bestellung oder Abberufung eines betrieblichen Bildungsbeauftragten nicht zustande, so kann der Betriebsrat gemäß § 98 Abs. 5 Satz 1 BetrVG beim Arbeitsgericht beantragen, dem Arbeitgeber aufzugeben, die Bestellung zu unterlassen oder die Abberufung durchzuführen. Führt der Arbeitgeber

---

428 Eingehend zum Mitbestimmungsrecht des § 98 Abs. 2 BetrVG Ehrich, RdA 1993, 220.
429 *Ehrich,* RdA 1993, 220 (221) m.w. Nachw.
430 *Ehrich,* RdA 1993, 220 (221) m.w. Nachw.
431 Vgl. hierzu *Ehrich,* RdA 1993, 220 (222) m.w. Nachw.

die Bestellung einer rechtskräftigen gerichtlichen Entscheidung zuwider durch, so ist er auf Antrag des Betriebsrats vom Arbeitsgericht wegen der Bestellung nach vorheriger Androhung zu einem Ordnungsgeld zu verurteilen, dessen Höchstmaß 20.000,— DM beträgt, § 98 Abs. 5 Satz 2 BetrVG. Führt der Arbeitgeber die Abberufung einer rechtskräftigen gerichtlichen Entscheidung zuwider nicht durch, so ist auf Antrag des Betriebsrats nach § 98 Abs. 5 Satz 3 BetrVG vom Arbeitsgericht zu erkennen, daß der Arbeitgeber zur Abberufung durch Zwangsgeld anzuhalten sei. Das Höchstmaß des Zwangsgeldes beträgt für jeden Tag der Zuwiderhandlung 500,— DM[432].

670   Die Befugnisse der nach dem BBiG für die Ordnung der Berufsausbildung zuständigen Stellen und Behörden werden gemäß § 98 Abs. 5 Satz 4 BetrVG durch das Mitbestimmungsrecht des Betriebsrats bei der Bestellung und Abberufung von betrieblichen Bildungsbeauftragten nicht berührt. Beide Verfahren – § 98 Abs. 2 und 5 BetrVG auf der einen sowie § 24 BBiG und § 24 HandwO auf der anderen Seite – stehen somit selbständig nebeneinander[433].

671   Von den – nach § 98 Abs. 2 und 5 BetrVG mitbestimmungspflichtigen – Maßnahmen der Bestellung und Abberufung zu trennen sind die personellen Einzelmaßnahmen der Einstellung, Versetzung und Kündigung eines betrieblichen Bildungsbeauftragten. Deshalb hat der Arbeitgeber bei einer im Zusammenhang mit der Bestellung oder Abberufung erforderlichen Einstellung, Versetzung oder Kündigung des betrieblichen Bildungsbeauftragten daneben auch die Beteiligungsrechte des Betriebsrats nach §§ 99 ff. BetrVG zu beachten[434].

672   Beabsichtigt der Arbeitgeber, für das Amt des betrieblichen Bildungsbeauftragten einen Arbeitnehmer einzustellen, so handelt es sich dabei um eine personelle Einzelmaßnahme, die nach § 99 Abs. 1 BetrVG der Zustimmungspflicht des Betriebsrats unterliegt. Bestellt der Arbeitgeber statt dessen einen bereits im Betrieb beschäftigten Arbeitnehmer haupt- oder nebenamtlich zum betrieblichen Bildungsbeauftragten, so wird es sich hierbei regelmäßig um eine Versetzung i.S. von § 95 Abs. 3 BetrVG handeln, die nach § 99 Abs. 1 BetrVG ebenfalls der Zustimmungspflicht des Betriebsrats unterliegt. Ein Mitbestimmungsrecht des Betriebsrats nach § 99 Abs. 1 BetrVG entfällt jedoch, wenn es sich bei dem betrieblichen Bildungsbeauftragten um einen leitenden Angestellten i.S. von § 5 Abs. 3 BetrVG handelt. In dem Fall hat

---

432 Einzelheiten zum Verfahren nach § 98 Abs. 5 BetrVG s. bei *Ehrich*, RdA 1993, 220 (223 ff.).

433 S. dazu *Ehrich*, RdA 1993, 220 (225).

434 *Ehrich*, Amt und Anstellung, S. 237; *Ehrich*, RdA 1993, 220 (226) jeweils m.w. Nachw.

der Arbeitgeber die Einstellung oder Versetzung dem Betriebsrat gemäß § 105 BetrVG sowie dem Sprecherausschuß (falls ein solcher besteht) nach § 31 Abs. 1 SprAuG rechtzeitig mitzuteilen. Weiterhin entfällt ein Mitbestimmungsrecht des Betriebsrats mangels »Einstellung«, wenn kein Arbeitnehmer, sondern ein freiberuflich tätiger Ausbilder auf der Grundlage eines Dienst- oder Werkvertrages mit dem Amt des betrieblichen Bildungsbeauftragten betraut und nicht in den Betrieb eingegliedert wird[435].

Beabsichtigt der Arbeitgeber, das mit dem betrieblichen Bildungsbeauftragten bestehende Arbeitsverhältnis durch Kündigung zu beenden, so hat er gemäß § 102 Abs. 1 Satz 1 und 2 BetrVG den Betriebsrat vor Ausspruch der Kündigung anzuhören und ihm die Gründe für die Kündigung mitzuteilen. Handelt es sich bei dem betrieblichen Bildungsbeauftragten um einen leitenden Angestellten i.S. von § 5 Abs. 3 BetrVG, ist der Arbeitgeber lediglich verpflichtet, dem Betriebsrat die geplante Kündigung rechtzeitig mitzuteilen (§ 105 BetrVG). Besteht ein Sprecherausschuß, ist dieser jedoch gemäß § 31 Abs. 2 Satz 1 und 2 SprAuG vor der Kündigung anzuhören und über die Kündigungsgründe zu informieren. Ein Beteiligungsrecht steht dem Betriebsrat nicht zu, wenn der Arbeitgeber den Grundvertrag mit einem freiberuflich tätigen Ausbilder beendet, da § 102 Abs. 1 BetrVG allein auf betriebszugehörige Arbeitnehmer Anwendung findet[436].

673

Die unterschiedlichen Beteiligungsrechte des Betriebsrats bei der Bestellung und Abberufung nach § 98 Abs. 2 und 5 BetrVG einerseits und den personellen Einzelmaßnahmen gemäß §§ 99 ff. BetrVG andererseits beschränken sich in ihren Wirkungen grundsätzlich auf die jeweiligen Bereiche des Amts- oder Arbeitsverhältnisses. Eine übergreifende Wirkung ist allerdings insoweit gegeben, als ein rechtskräftiger Abberufungsbeschluß bei einer Kündigung regelmäßig die Widerspruchsgründe des § 102 Abs. 3 Nr. 1, 2 und 4 BetrVG sowie einen Weiterbeschäftigungsanspruch nach § 102 Abs. 5 Satz 1 BetrVG ausschließt. Außerdem kann der Betriebsrat mit dem Widerspruch gegen die Bestellung oder die Einstellung bzw. Versetzung zumindest faktisch auch die Durchführung der jeweils anderen Maßnahme blockieren[437].

674

---

435 *Ehrich,* RdA 1993, 220 (227 f.).
436 *Ehrich,* RdA 1993, 220 (228).
437 Eingehend hierzu *Ehrich,* RdA 1993, 220 (228 ff.).

V. Schwerbehindertenbeauftragte

§ 28 Abs. 1 SchwbG verpflichtet den Arbeitgeber zur Bestellung eines Schwerbehindertenbeauftragten, der ihn in Angelegenheiten der Schwerbehinderten vertritt. Diese Pflicht besteht unabhängig davon, ob eine Schwerbehindertenvertretung vorhanden ist[438]. Dagegen besteht in Kleinbetrieben mit einer Beschäftigtenzahl bis zu 16 Arbeitnehmern keine Pflicht zur Bestellung eines Schwerbehindertenbeauftragten, weil Arbeitgeber dieser Betriebe nach § 5 Abs. 1 SchwbG nicht verpflichtet sind, einen oder mehrere Schwerbehinderte zu beschäftigen[439].   **675**

Die Bestellung zum Schwerbehindertenbeauftragten bedarf keiner Form, setzt jedoch das Einverständnis der zu bestellenden Person voraus[440]. Unterläßt der Arbeitgeber die Bestellung, ist dies keine Ordnungswidrigkeit, da der Katalog des § 68 SchwbG einen Verstoß gegen § 28 SchwbG nicht umfaßt.   **676**

Gemäß § 28 Abs. 1 Satz 1 Halbsatz 2 SchwbG kann der Arbeitgeber, »falls erforderlich«, mehrere Schwerbehindertenbeauftragte bestellen. Die Bestellung mehrerer Beauftragter kommt in Betracht, wenn der Arbeitgeber mehrere Betriebe oder Dienststellen hat. Eine Verpflichtung zur Bestellung mehrerer Beauftragter besteht allerdings nicht[441].   **677**

Das Gesetz sieht keine bestimmten Anforderungen vor, welche die zu bestellende Person aufweisen muß. Möglich ist daher auch die Bestellung des Personalchefs, eines Sicherheitsingenieurs oder einer betriebsfremden Person[442].   **678**

Der Arbeitgeber hat den Schwerbehindertenbeauftragten unverzüglich nach der Bestellung dem für den Sitz des Betriebes oder der Dienststelle zuständigen Arbeitsamt und der Hauptfürsorgestelle anzuzeigen, § 13 Abs. 5 SchwbG.   **679**

Der Schwerbehindertenbeauftragte hat gemäß § 28 Satz 2 SchwbG vor allem darauf zu achten, daß die dem Arbeitgeber obliegenden Verpflichtungen aus dem SchwbG erfüllt werden[443].   **680**

---

438 *Schimanski* in: GK-SchwbG, § 28 Rdnr. 12 m.w. Nachw.
439 Vgl. *Schimanski* in: GK-SchwbG, § 28 Rdnr. 13.
440 Vgl. *Schimanski* in: GK-SchwbG, § 28 Rdnr. 14.
441 Vgl. *Schimanski* in: GK-SchwbG, § 28 Rdnr. 16 f.
442 *Schimanski* in: GK-SchwbG, § 28 Rdnr. 18.
443 Einzelheiten hierzu bei *Schimanski* in: GK-SchwbG, § 28 Rdnr. 21 ff.

681   Nach § 29 Abs. 1 und 2 Satz 1 SchwbG haben Arbeitgeber, Schwerbehindertenbeauftragter, Schwerbehindertenvertretung und Betriebs-, Personal-, Richter-, Staatsanwalts- oder Präsidialrat zur Eingliederung Schwerbehinderter in den Betrieb oder die Dienststelle eng zusammenzuarbeiten und sich gegenseitig bei der Erfüllung ihrer Aufgaben zu unterstützen. Vertrauensmann oder Vertrauensfrau und Schwerbehindertenbeauftragter sind gemäß § 29 Abs. 2 Satz 2 SchwbG Verbindungsleute zur Bundesanstalt für Arbeit und zur Hauptfürsorgestelle[444].

444 S. dazu *Schimanski* in: GK-SchwbG, § 29 Rdnr. 10 ff.

W. Betäubungsmittelverantwortliche

Die Pflicht zur Bestellung eines Betäubungsmittelverantwortlichen ergibt **682** sich mittelbar aus § 3 Abs. 1 i.V. mit § 5 Abs. 1 BtMG. Gemäß § 3 Abs. 1 BtMG bedarf einer Erlaubnis des Bundesinstituts für Arzneimittel und Medizinprodukte, wer Betäubungsmittel anbauen, herstellen, mit ihnen Handel treiben, einführen, ausführen, abgeben, veräußern, sonst in Verkehr bringen, erwerben oder ausgenommene Zubereitungen i.S. von § 2 Abs. 1 Nr. 3 BtMG herstellen will. Die Erlaubnis nach § 3 BtMG ist u.a. zu versagen, wenn nicht gewährleistet ist, daß in der Betriebsstätte und, sofern weitere Betriebsstätten in nicht benachbarten Gemeinden bestehen, in jeder dieser Betriebsstätten eine Person *bestellt* wird, die verantwortlich ist für die Einhaltung der betäubungsmittelrechtlichen Vorschriften und der Anordnungen der Überwachungsbehörden (Verantwortlicher), wobei der Antragsteller aber selbst die Stelle eines Verantwortlichen wahrnehmen kann.

Aus § 3 Abs. 1 Nr. 2 BtMG folgt, daß der vorgesehene Verantwortliche **683** die erforderliche Sachkenntnis haben muß und die ihm obliegenden Verpflichtungen ständig erfüllen kann. Nach § 6 Abs. 1 BtMG wird der Nachweis der erforderlichen Sachkenntnis erbracht

1. im Falle des Herstellens von Betäubungsmitteln oder ausgenommenen Zubereitungen, die Arzneimittel sind, durch den Nachweis der Sachkenntnis als Herstellungsleiter oder Kontrolleiter nach den Vorschriften des Arzneimittelgesetzes,
2. im Falle des Herstellens von Betäubungsmitteln, die keine Arzneimittel sind, durch das Zeugnis über eine nach abgeschlossenem wissenschaftlichem Hochschulstudium der Biologie, der Chemie, der Pharmazie, der Human- oder der Veterinärmedizin abgelegte Prüfung und durch die Bestätigung einer mindestens einjährigen praktischen Tätigkeit in der Herstellung oder Prüfung von Betäubungsmitteln,
3. im Falle des Verwendens für wissenschaftliche Zwecke durch das Zeugnis über eine nach abgeschlossenem wissenschaftlichem Hochschulstudium der Biologie, der Chemie, der Pharmazie, der Human- oder Veterinärmedizin abgelegte Prüfung und
4. in allen anderen Fällen durch das Zeugnis über eine abgeschlossene Berufsausbildung als Kaufmann im Groß- und Außenhandel in den Fachbereichen Chemie oder Pharma und durch die Bestätigung einer mindestens einjährigen praktischen Tätigkeit im Betäubungsmittelverkehr.

Von den Anforderungen an die Sachkenntnis kann das Bundesinstitut für Arzneimittel und Medizinprodukte im Einzelfall abweichen, wenn die Sicherheit und Kontrolle des Betäubungsmittelverkehrs oder der Herstellung ausgenommener Zubereitungen gewährleistet sind, § 6 Abs. 2 BtMG.

684   Die Erlaubnis nach § 3 BtMG wird auf Antrag erteilt, der in doppelter Ausfertigung beim Bundesinstitut für Arzneimittel und Medizinprodukte zu stellen ist und dem u.a. die Namen, Vornamen oder die Firma und die Anschriften der Verantwortlichen sowie die Nachweise über die erforderliche Sachkenntnis und Erklärungen darüber, ob und auf Grund welcher Umstände sie die ihnen obliegenden Verpflichtungen ständig erfüllen können, beizufügen sind, § 7 Satz 1 und 2 Nr. 1 und 2 BtMG.

Anhang I: Mustervertrag zwischen Arbeitgeber und angestelltem Betriebsarzt[1]

Zwischen der ... im folgenden kurz »Firma« genannt – einerseits – und Herrn, Frau Dr. med. ... andererseits – wird folgendes vereinbart:

§ 1 Dienststellung

Herr, Frau Dr. med. ... wird ab ... als Betriebsarzt angestellt. Sein Zuständigkeitsbereich bezieht sich auf den Betrieb (das Werk) ... der Firma. Der Betriebsarzt untersteht unmittelbar dem Leiter dieses Betriebes (dieses Werkes). Der Betriebsarzt übernimmt verantwortlich die arbeitsmedizinische Betreuung der Betriebsangehörigen. In der Ausübung seiner arbeitsmedizinischen Tätigkeit ist er weisungsfrei und nur seinem ärztlichen Gewissen und dem Gesetz unterworfen.

Die Firma stellt dem Betriebsarzt nach Maßgabe des § 2 Abs. 2 ASiG das erforderliche Personal sowie Räume, Einrichtungen, Geräte und Mittel zur Verfügung. Die Anschaffung von Einrichtungen, Geräten und Mitteln sowie die Einstellung des erforderlichen Personals erfolgt auf Vorschlag des Betriebsarztes. Der Betriebsarzt ist gegenüber dem ihm zur Verfügung gestellten Personal weisungsbefugt.

§ 2 Aufgabengebiet

Dem Betriebsarzt werden die in § 3 ASiG aufgeführten Aufgaben übertragen.

Es werden ihm folgende weitere Aufgaben übertragen: ...

Der Betriebsarzt unterliegt der ärztlichen Schweigepflicht. Er ist darüber hinaus zur unbedingten Verschwiegenheit über alle ihm im Rahmen seiner Tätigkeit zur Kenntnis gelangenden Angelegenheiten der Firma, insbesondere Geschäfts- und Betriebsgeheimnisse, verpflichtet. Die Verschwiegenheitspflicht besteht auch nach Beendigung des Anstellungsvertrages fort.

Der Betriebsarzt hat die für seine Tätigkeit notwendigen Aufzeichnungen anzufertigen bzw. anfertigen zu lassen und diese so aufzubewahren, daß die ärztliche Schweigepflicht gewahrt ist.

---

[1] Bekanntmachung der Bundesärztekammer, Deutsches Ärzteblatt Heft 10 vom 6.3.1975.

§ 3 Arbeitszeit

Der Betriebsarzt übt seine Tätigkeit persönlich ausschließlich innerhalb der Firma (des Betriebes, des Werkes) und mit den Mitteln und Einrichtungen der Firma (des Betriebes, des Werkes) aus.

Der Betriebsarzt verpflichtet sich, regelmäßig an folgenden Tagen ... in der Zeit von ... bis ... Uhr in der Firma (Betrieb, Werk) tätig zu sein.

Im Falle einer länger andauernden Verhinderung(Urlaub, Krankheit, Fortbildung o.ä.) bemüht sich der Betriebsarzt gemeinsam mit der Firmenleitung (Betriebs-, Werksleitung) um eine geeignete Vertretung.

§ 4 Vergütung

Als Vergütung für seine Tätigkeit erhält der Betriebsarzt ein monatliches Bruttogehalt von DM ..., zahlbar jeweils am Monatsende. Damit sind auch im Einzelfall notwendig werdende Überstunden abgegolten. Für Sonderzuwendungen sowie Gehaltsfortzahlung im Krankheits- und Todesfall gelten die jeweiligen betrieblichen Regelungen für außertarifliche bzw. leitende Angestellte. Dasselbe gilt für Reisekostenerstattung.

§ 5 Urlaub

Der Urlaub des Betriebsarztes beträgt ... Arbeitstage pro Kalenderjahr. Im einzelnen gelten die Bestimmungen des Bundesurlaubsgesetzes und die für die Firma geltenden Urlaubsregelungen.

§ 6 Altersversorgung

Der Betriebsarzt nimmt an der betrieblichen Altersversorgung für die außertariflichen bzw. leitenden Angestellten der Firma nach Maßgabe der betrieblichen Regelungen teil.

§ 7 Haftpflichtversicherung

Die ärztliche Haftpflichtversicherung für die betriebliche Tätigkeit des Betriebsarztes schließt die Firma auf ihre Kosten ab.

§ 8 Weiter- und Fortbildung

Der Betriebsarzt verpflichtet sich, die für seine Arbeit gemäß § 4 ASiG erforderliche arbeitsmedizinische Fachkunde, soweit er noch nicht über sie verfügt, unverzüglich zu erwerben. Er wird sich im übrigen im zur Erfüllung seiner Aufgaben notwendigen Umfang unter Berücksichtigung der betrieblichen Belange fortbilden. Die Teilnahme an Weiter- oder Fortbildungsveranstaltungen erfolgt im vorherigen Einvernehmen mit der Firma. Die Kosten für die Fortbildung trägt die Firma nach Maßgabe des § 2 Abs. 3 ASiG.

§ 9 Nebentätigkeit

1. Die Aufnahme einer – entgeltlichen oder unentgeltlichen – Nebentätigkeit, insbesondere einer anderen Betriebsarztstelle oder einer privatärztlichen Praxis bedarf der vorherigen schriftlichen Zustimmung der Firma. Für Veröffentlichungen, Vorträge u.a., soweit dadurch Interessen der Firma berührt werden, ist die vorherige Zustimmung der Firma einzuholen.

2. Der Betriebsarzt ist jedoch im Einvernehmen mit der Firma über den Rahmen seiner Haupttätigkeit im Sinne des § 2 hinaus berechtigt, folgende Nebentätigkeiten auszuüben:
   a) Durchführung von Jugendschutzuntersuchungen,
   b) Erstellung von Gutachten, soweit sie nicht in das Aufgabengebiet des Betriebsarztes nach § 2 fallen,
   c) Durchführung von Untersuchungen zur Früherkennung von Krankheiten, soweit eine Ermächtigung zur Durchführung dieser Untersuchungen im Rahmen der kassen- bzw. vertragsärztlichen Versorgung vorliegt.

3. Durch die Ausübung einer Nebentätigkeit darf die Tätigkeit als Betriebsarzt der Firma nicht beeinträchtigt werden.

4. Die Genehmigung einer Nebentätigkeit darf nur zurückgenommen werden, wenn durch sie die Tätigkeit als Betriebsarzt für die Firma beeinträchtigt wird oder ein sonstiger Grund vorliegt.

§ 10 Vertragsbeendigung

Die ersten sechs Monate der Tätigkeit des Betriebsarztes gelten als Probezeit. In diesem Zeitraum kann das Anstellungsverhältnis von jeder Vertragspartei mit einer Frist von einem Monat zum Monatsende gekündigt werden.

Nach Ablauf der Probezeit kann das Anstellungsverhältnis von beiden Vertragsparteien mit einer Frist von sechs Monaten zum Quartalsende gekündigt werden.

Nach mindestens zehnjähriger Tätigkeit des Betriebsarztes bei der Firma beträgt die Kündigungsfrist sechs Monate zum Jahresende.

Das Recht zur außerordentlichen Kündigung aus wichtigem Grund bleibt unberührt.

Eine Kündigung kann nur schriftlich erfolgen.

§ 11 Schlußbestimmung

Für das Anstellungsverhältnis des Betriebsarztes gelten im übrigen die Vorschriften der Arbeitsordnung und die sonstigen gesetzlichen und betrieblichen Regelungen ergänzend, soweit ihre Anwendung nicht nach Inhalt und Geltungsbereich entfällt oder seinen gesetzlichen Status berührt.

Es besteht Übereinstimmung, daß Vereinbarungen außerhalb dieses Vertrages zwischen den Parteien nicht getroffen sind. Änderungen und Ergänzungen des Vertrages bedürfen zu ihrer Rechtswirksamkeit der Schriftform.

	Unterschriften
..., den ...	Firma
	Betriebsarzt

Anhang II: Mustervertrag zwischen Arbeitgeber und freiberuflich tätigem Betriebsarzt[2]

Zwischen der ... im folgenden kurz »Firma« genannten – einerseits – und Herrn, Frau Dr. med. ... – andererseits – wird folgendes vereinbart:

§ 1 Tätigkeit

Herr, Frau Dr. med. ... übernimmt ab ... als freier Mitarbeiter der Firma die Aufgaben eines Betriebsarztes nach dem Arbeitssicherheitsgesetz. Sein Zuständigkeitsbereich bezieht sich auf den Betrieb (das Werk) ... der Firma. Der Betriebsarzt ist dem für diesen Betrieb (dieses Werk) verantwortlichen Betriebsleiter (Werksleiter) zugeordnet. Der Betriebsarzt übernimmt verantwortlich die arbeitsmedizinische Betreuung der Betriebsangehörigen. In der Ausübung seiner arbeitsmedizinischen Tätigkeit ist er weisungsfrei und nur dem Gesetz unterworfen.

Die Firma stellt dem Betriebsarzt nach Maßgabe des § 2 Abs. 2 ASiG das erforderliche Personal sowie Räume, Einrichtungen, Geräte und Mittel zur Verfügung. Der Betriebsarzt ist gegenüber dem ihm zur Verfügung gestellten Personal weisungsbefugt. Die Firma informiert den Betriebsarzt über alle für seine Tätigkeit im Betrieb bedeutsamen Umstände.

§ 2 Aufgabengebiet

Dem Betriebsarzt werden die in § 3 ASiG aufgeführten Aufgaben übertragen. Es werden ihm folgende weitere Aufgaben übertragen: ...

Der Betriebsarzt unterliegt der ärztlichen Schweigepflicht. Er ist darüber hinaus zur unbedingten Verschwiegenheit über alle ihm im Rahmen seiner Tätigkeit zur Kenntnis gelangenden Angelegenheiten der Firma, insbesondere Geschäfts- und Betriebsgeheimnisse, verpflichtet. Die Verschwiegenheitspflicht besteht auch nach Beendigung des Vertragsverhältnisses fort.

Der Betriebsarzt hat die für seine Tätigkeit notwendigen Aufzeichnungen anzufertigen bzw. anfertigen zu lassen und diese so aufzubewahren, daß die ärztliche Schweigepflicht gewahrt ist.

Veröffentlichungen, Vorträge u.a. bedürfen der vorherigen Zustimmung der Firma, soweit dadurch ihre Interessen berührt werden.

---

2 Bekanntmachung der Bundesärztekammer, Deutsches Ärzteblatt Heft 10 vom 6.3.1975.

§ 3 Dienstzeit

Der Betriebsarzt verpflichtet sich, regelmäßig an folgenden Tagen ... in der Zeit von ... bis ... Uhr in der Firma (Betrieb, Werk) tätig zu sein.

Im Falle einer länger dauernden Verhinderung (Urlaub, Krankheit, Weiter- und Fortbildung o.ä.) bemüht sich der Betriebsarzt gemeinsam mit der Firmenleitung (Betriebs-, Werksleitung) um eine geeignete Vertretung.

Der Betriebsarzt hat der Firma eine voraussehbare Verhinderung rechtzeitig mitzuteilen. Die Kosten der Vertretung trägt der Betriebsarzt.

§ 4 Vergütung

Für seine Tätigkeit in der Firma (Betrieb, Werk) erhält der Betriebsarzt ein am Monatsende zu zahlendes Honorar, mit dem sämtliche Kosten des Betriebsarztes abgedeckt sind. Das Honorar beträgt für jede angefangene Stunde DM ....

§ 5 Haftpflichtversicherung

Die ärztliche Haftpflichtversicherung für seine Tätigkeit im Betrieb schließt der Betriebsarzt auf seine Kosten ab.

§ 6 Weiter- und Fortbildung

Der Betriebsarzt verpflichtet sich, die für seine Tätigkeit gemäß § 4 ASiG erforderliche arbeitsmedizinische Fachkunde, soweit er noch nicht über sie verfügt, unverzüglich zu erwerben. Er wird sich im übrigen im zur Erfüllung seiner Aufgaben notwendigen Umfang unter Berücksichtigung der betrieblichen Belange fortbilden. Die Teilnahme an Weiter- oder Fortbildungsveranstaltungen erfolgt im vorherigen Einvernehmen mit der Firma. Dabei ist die Frage einer Übernahme von Kosten für die Weiter- und Fortbildung durch die Firma zu klären.

§ 7 Vertragsbeendigung

Die ersten sechs Monate der Tätigkeit des Betriebsarztes gelten als Probezeit. In diesem Zeitraum kann das Vertragsverhältnis von jeder Vertragspartei mit einer Frist von einem Monat zum Monatsende gekündigt werden.

Nach Ablauf der Probezeit kann das Vertragsverhältnis von beiden Vertragsparteien mit einer Frist von sechs Wochen zum Quartalsende gekündigt werden, von seiten der Firma jedoch nur, wenn ein betriebliches Erfordernis oder Gründe in der Person des Betriebsarztes vorliegen, die eine Fortsetzung des Dienstverhältnisses für die Firma unzumutbar werden lassen.

§ 8 Schlußbestimmung

Für das Vertragsverhältnis des Betriebsarztes gelten im übrigen während seiner Tätigkeit im Betrieb die Vorschriften der Arbeitsordnung ergänzend, soweit ihre Anwendung nicht nach Inhalt und Geltungsbereich entfällt oder seinen gesetzlichen Status berührt.

Es besteht Übereinstimmung, daß Vereinbarungen außerhalb dieses Vertrages zwischen den Parteien nicht getroffen sind. Änderungen und Ergänzungen des Vertrages bedürfen zu ihrer Rechtswirksamkeit der Schriftform.

	Unterschriften
..., den ...	Firma
	Betriebsarzt

Anhang III: Mustervertrag zwischen Arbeitgeber und überbetrieblichem Dienst

Zwischen

dem Berufsgenossenschaftlichen arbeitsmedizinischen Dienst e.V.,
vertreten durch
den Geschäftsführer der Leitstelle _____

_____

– nachfolgend Dienst genannt –

und
Firma _____

_____

– nachfolgend Arbeitgeber genannt –

wird folgender

Vertrag

geschlossen:

§ 1 Vertragsgegenstand
Der Arbeitgeber verpflichtet den Dienst, durch das arbeitsmedizinische
Zentrum _____ (Außenstelle _____)
die Aufgaben nach § 3 des Gesetzes über Betriebsärzte, Sicherheitsingenieure
und andere Fachkräfte für Arbeitssicherheit (Arbeitssicherheitsgesetz) in
folgende(m/n) Betrieb(en) wahrzunehmen:

_____

_____

_____

_____

§ 2 Aufgaben des Dienstes
(1) Der Dienst nimmt die Aufgaben wahr, die sich für einen Betriebsarzt aus
dem Arbeitssicherheitsgesetz ergeben. Maßgebend für den Inhalt der Aufgaben ist insbesondere § 3 Arbeitssicherheitsgesetz.

(2) Der Dienst wird auf Anforderung des Arbeitgebers – soweit seine Ärzte
über die vorgeschriebenen Ermächtigungen verfügen und soweit durch
ärztliche Untersuchungen eine arbeitsmedizinische Beurteilung ermöglicht
wird – auch Untersuchungen nach anderen Rechtsnormen sowie nach den

»Berufsgenossenschaftlichen Grundsätzen für arbeitsmedizinische Vorsorgeuntersuchungen« durchführen.

(3) Der Dienst erfüllt seine Aufgaben im Rahmen der Einsatzzeiten, die
sich aus der für den Arbeitgeber geltenden Unfallverhütungsvorschrift
»Betriebsärzte« ergeben.

(4) Soweit Untersuchungen nach Abs. 2 durchgeführt werden, werden
auch diese im Rahmen der Einsatzzeiten der UVV »Betriebsärzte« vorge-
nommen.

(5) Ausnahmen von Abs. 4 bilden Untersuchungen Silikose- und Asbest-
gefährdeter nach Grundsatz 1 der »Berufsgenossenschaftlichen Grundsätze
für arbeitsmedizinische Vorsorgeuntersuchungen«.

§ 3 Schweigepflicht

Der Dienst verpflichtet die für ihn tätigen Ärzte und Hilfspersonen, über alle
Angelegenheiten, die ihnen im Rahmen der Betreuung und Beratung des
Betriebes offenbart werden, insbesondere über Betriebs- und Geschäftsge-
heimnisse Stillschweigen zu bewahren.

§ 4 Haftung

Der Dienst haftet dem Arbeitgeber für Schäden, die diesem durch schuldhafte
Verletzung der vertraglichen Pflichten entstehen.

§ 5 Aufgaben des Arbeitgebers

(1) Der Arbeitgeber verpflichtet sich, dem Dienst alle für eine ordnungsgemäße Durchführung der Aufgaben nach dem Arbeitssicherheitsgesetz erforderlichen Informationen und Auskünfte zu erteilen. Er wird den Ärzten des
Dienstes nach vorheriger Terminabsprache Betriebsbegehungen und Ar-
beitsplatzbesichtigungen ermöglichen. Er wird die Arbeitnehmer des Betriebes zu den erforderlichen Untersuchungen freistellen.

(2) Der Arbeitgeber verpflichtet sich, in seinem Betrieb einen als Sprechzimmer geeigneten Raum mit zweckentsprechender Einrichtung zur Verfügung zu stellen. Sofern ein Erste-Hilfe-Raum vorhanden ist, kann dieser als
Sprechzimmer genutzt werden.

§ 6 Rechnung

(1) Die vom Arbeitgeber für die Durchführung der Aufgaben nach § 2
(Ausnahme § 2 Abs. 5) dieses Vertrages zu zahlende Vergütung wird am Ende
eines Kalenderjahres ermittelt, sie ist innerhalb von vier Wochen ab Rechnungsdatum zu zahlen.

(2) Leistungen nach § 2 Abs. 5 werden gesondert in Rechnung gestellt. Die
Berechnung dieser Leistungen erfolgt auf der Grundlage der Leitnummer 62a
des Abkommens Ärzte/Berufsgenossenschaften in der jeweils gültigen Fas-

sung der dort festgelegten Sätze mit einem Abschlag von 25% unter gleichzeitiger Anrechnung auf die Einsatzzeit nach der UVV »Betriebsärzte« mit 15 Minuten pro Fall, soweit durch diese Anrechnung 2/3 der Gesamteinsatzzeit des Betriebes nicht überschritten werden.

(3) Auf die Rechnungsbeträge nach Absätzen 1 und 2 wird Mehrwertsteuer in der jeweiligen gesetzlichen Höhe (z.Zt. 5,5%) erhoben.

(4) Der Arbeitgeber ist verpflichtet, bis zum 11. 2. eines jeden Jahres die Zahl der im Vorjahr beschäftigten Arbeitnehmer nach Maßgabe der für ihn geltenden UVV »Betriebsärzte« dem Dienst auf einem zur Verfügung gestellten Vordruck zu melden.

(5) Auf die Vergütung nach Absätzen 1 und 2 kann der Dienst jeweils am Ende eines Quartals Vorschüsse erheben. Die Vorschüsse betragen bis zu einem Viertel des zu erwartenden Jahresbetrages. Die Vorschüsse sind innerhalb von vier Wochen ab Rechnungsdatum zu zahlen.

§ 7 Beginn und Ende des Vertrages

(1) Der Vertrag beginnt mit Wirkung vom _____; er wird auf unbestimmte Zeit, mindestens für _____ Jahre geschlossen.

(2) Der Vertrag kann beiderseits nach Ablauf von _____ Jahren mit einer Frist von sechs Monaten zum 31. 12. eines Jahres gekündigt werden.

(3) Die Kündigung bedarf der Schriftform; sie muß dem anderen Vertragspartner bis zum 3. Werktag des ersten Monats der Kündigungsfrist zugegangen sein.

§ 8 Gerichtsstand

Gerichtsstand und Erfüllungsort ist _____

_____   _____
(Geschäftsführer der Leitstelle)   (Arbeitgeber)

Anhang IV: Musterarbeitsvertrag zwischen Arbeit-geber und Immissionsschutzbeauftragtem

Zwischen der Firma ... (Arbeitgeber) – einerseits – und Herrn, Frau ... (Arbeitnehmer) – andererseits – wird folgendes vereinbart:

§ 1 Dienststellung

Der Arbeitnehmer wird ab ... als Immissionsschutzbeauftragter und ... [3] angestellt. Sein Zuständigkeitsbereich bezieht sich auf die Anlage(n)/den Betrieb/das Werk ... des Arbeitgebers. Der Arbeitnehmer übernimmt verantwortlich die Aufgaben des Immissionsschutzbeauftragten und ...

Der Arbeitnehmer ist unmittelbar der Geschäftsleitung unterstellt. Er hat jederzeit das Recht und die Verpflichtung, seine Vorschläge oder Bedenken unmittelbar der Geschäftsleitung (dem zuständigen Vertreter der Geschäftsleitung) vorzutragen.

Der Arbeitgeber stellt dem Arbeitnehmer nach Maßgabe des § 55 Abs. 4 BImSchG das erforderliche Personal sowie Räume, Einrichtungen, Geräte und sonstige Hilfsmittel zur Verfügung. Die Anschaffung von Einrichtungen, Geräten und Mitteln sowie die Einstellung des erforderlichen Personals erfolgt auf Vorschlag und im Einvernehmen mit dem Arbeitnehmer. Das bisherige Personal wird weiter beschäftigt. Die sächlichen Betriebsmittel werden vom Arbeitgeber angeschafft, soweit sie erforderlich und nicht bereits vorhanden sind.

§ 2 Aufgabengebiet

Dem Arbeitnehmer werden die im BImSchG beschriebenen Aufgaben übertragen.

Es werden ihm folgende weitere Aufgaben übertragen: ...

Ihm können zusätzlich folgende Aufgaben übertragen werden: ...

---

3 Die Wahrnehmung eines weiteren Amtes, etwa die Tätigkeit als Störfallbeauftragter, ist – wie die Regelung des § 1 Abs. 3 5. BImSchV verdeutlicht – grundsätzlich möglich, soweit dadurch die sachgemäße Erfüllung der Aufgaben nicht beeinträchtigt wird.

§ 3 Arbeitszeit

Der Arbeitnehmer verpflichtet sich, regelmäßig an folgenden Tagen ... in der Zeit von ... bis ... Uhr in der Firma (Betrieb, Werk) tätig zu sein[4].

Der Arbeitnehmer ist verpflichtet, in dringenden Fällen Überstunden und Mehrarbeit zu leisten.

Im Falle einer länger dauernden Verhinderung des Arbeitnehmers wird in seinem Einvernehmen ein Vertreter bestellt.

Der Arbeitgeber wird im Rahmen der geschuldeten Arbeitszeit dafür Sorge tragen, daß dem Arbeitnehmer hinreichende Zeit für Fragen des Umweltschutzes zur Verfügung steht.

§ 4 Vergütung

Als Vergütung für seine Tätigkeit erhält der Arbeitnehmer ein monatliches Bruttogehalt von DM ..., zahlbar jeweils am Monatsende. Damit sind auch im Einzelfall notwendig werdende Über- und Mehrarbeitsstunden abgegolten.

Für Sonderzuwendungen sowie Gehaltsfortzahlung im Krankheits- und Todesfall gelten die jeweiligen betrieblichen Regelungen für außertarifliche bzw. leitende Angestellte. Dasselbe gilt für Reisekostenerstattung.

§ 5 Urlaub

Der Urlaub des Arbeitnehmers beträgt ... Arbeitstage pro Kalenderjahr. Im einzelnen gelten die Bestimmungen des Bundesurlaubsgesetzes und die für den Betrieb geltenden Urlaubsregelungen.

§ 6 Altersversorgung

Der Arbeitnehmer nimmt an der betrieblichen Altersversorgung für die außertariflichen bzw. leitenden Angestellten des Arbeitgebers nach Maßgabe der betrieblichen Regelungen teil.

§ 7 Haftpflichtversicherung

Der Arbeitgeber schließt auf seine Kosten für die betriebliche Tätigkeit des Arbeitnehmers eine Haftpflichtversicherung ab.

---

4 Sofern eine Betriebsvereinbarung über die Arbeitszeit besteht, kann die Regelung über die Arbeitszeit auch wie folgt gefaßt werden: »Die Arbeitszeit des Arbeitnehmers richtet sich nach der für den Betrieb bestehenden Betriebsvereinbarung ... über die Arbeitszeit im Betrieb bestehenden Betriebsvereinbarung ... über die Arbeitszeit im Betrieb. Sie ist zur Zeit von ... bis ... festgesetzt.«

§ 8 Fortbildung

Der Arbeitnehmer verpflichtet sich, sich auf allen Gebieten des Umweltschutzes fortzubilden. Er ist verpflichtet, die Geschäftsleitung über alle neuen Erkenntnisse des Umweltschutzes zu unterrichten.

Der Arbeitnehmer wird für erforderliche Fortbildungsveranstaltungen auf vorherigen Antrag von der Arbeit freigestellt. In dieser Zeit wird die Vergütung weitergezahlt. Findet die Fortbildung außerhalb des Betriebssitzes statt, erhält der Arbeitnehmer Reisekosten nach den betriebsüblichen Regelungen.

Die Kosten der Fortbildung trägt der Arbeitgeber.

§ 9 Zusammenarbeit mit dem Betriebsrat und Sprecherausschuß

Der Arbeitnehmer hat vertrauensvoll mit dem Betriebsrat und dem Sprecherausschuß zusammenzuarbeiten.

§ 10 Verschwiegenheitspflicht

Der Arbeitnehmer ist während und nach Beendigung des Arbeitsverhältnisses verpflichtet, über alle Angelegenheiten des Unternehmens, insbesondere über Betriebs- und Geschäftsgeheimnisse Stillschweigen zu bewahren.

Beanstandet der Arbeitnehmer die fehlende Einhaltung von Bestimmungen des Umweltschutzes und ..., so hat er dies der Geschäftsleitung vorzutragen. Kommt innerhalb eines Monats zwischen der Geschäftsleitung und dem Arbeitnehmer eine Einigung nicht zustande, so ist der Arbeitnehmer berechtigt, die jeweils zuständige Behörde einzuschalten. Vor der Einschaltung sind der Betriebsrat und der Sprecherausschuß zu informieren. Der Arbeitnehmer ist nicht berechtigt, ohne Zustimmung der Geschäftsleitung Presseerklärungen abzugeben[5].

Im Falle eines Störfalls ist der Arbeitnehmer berechtigt, der zuständigen Behörde über alle nach seinem Dafürhalten möglichen Störursachen zu berichten. Die Stellungnahme ist vorab der Geschäftsleitung vorzulegen, um eine Gegenäußerung zu ermöglichen. Der Arbeitnehmer ist nicht berechtigt, ohne Zustimmung der Geschäftsleitung Presseerklärungen abzugeben.

§ 11 Nebentätigkeit

Die Aufnahme einer entgeltlichen oder unentgeltlichen Nebentätigkeit bedarf der vorherigen schriftlichen Zustimmung des Arbeitgebers. Dasselbe gilt für Veröffentlichungen und Vorträge, soweit durch sie die Interessen des Arbeitgebers berührt werden können.

---

5 Zur rechtlichen Problematik dieser Klausel s. *Schaub*, DB 1993, 481 (486).

Der Arbeitnehmer ist jedoch im Einvernehmen mit dem Arbeitgeber berechtigt, folgende Nebentätigkeiten auszuüben: ...

§ 12 Vertragsbeendigung[6]

Die ersten sechs Monate der Tätigkeit des Arbeitnehmers gelten als Probezeit. Während der Probezeit kann das Arbeitsverhältnis mit einer Frist von einem Monat zum Monatsende gekündigt werden.

Nach Ablauf der Probezeit kann das Arbeitsverhältnis von beiden Vertragsparteien mit einer Frist von sechs Wochen zum Quartalsende gekündigt werden.

Nach mindestens zehnjähriger Tätigkeit des Arbeitnehmers für den Arbeitgeber beträgt die Kündigungsfrist sechs Monate zum Jahresende.

Das Recht zur außerordentlichen Kündigung aus wichtigem Grund bleibt unberührt.

Eine Kündigung kann nur schriftlich erfolgen.

§ 13 Schlußbestimmung

Für das Anstellungsverhältnis des Arbeitnehmers gelten im übrigen die Vorschriften der Arbeitsordnung und die sonstigen gesetzlichen und betrieblichen Regelungen ergänzend, soweit ihre Anwendung nicht nach Inhalt und Geltungsbereich entfällt oder seinen gesetzlichen Status berührt.

Es besteht Übereinstimmung, daß Vereinbarungen außerhalb dieses Vertrages zwischen den Parteien nicht getroffen sind. Änderungen und Ergänzungen des Vertrages bedürfen zu ihrer Rechtswirksamkeit der Schriftform.

Sollte eine Bestimmung dieses Vertrages unwirksam sein, so wird die Gültigkeit des Vertrages dadurch im übrigen nicht berührt.

	Unterschriften
..., den ...	Arbeitgeber
	Arbeitnehmer

---

6 Obwohl die ordentliche Kündigung des Immissionsschutzbeauftragten nach § 58 Abs. 2 BImSchG während der Amtsausübung und innerhalb eines Jahres nach der Abberufung unzulässig ist, kommt der Regelung über die Vertragsbeendigung insoweit Bedeutung zu, als sie die Eigenkündigung des Immissionsschutzbeauftragten betrifft oder die Kündigungsbeschränkung des § 58 Abs. 2 BImSchG ausnahmsweise keine Anwendung findet.

Anhang V: Genehmigungsbedürftige Anlagen, für die ein Immissionsschutzbeauftragter zu bestellen ist:[7]

1. Kraftwerke, Heizkraftwerke und Heizwerke mit Feuerungsanlagen für den Einsatz von festen, flüssigen oder gasförmigen Brennstoffen, soweit die Feuerungswärmeleistung
   a) bei festen oder flüssigen Brennstoffen 150 Megawatt oder
   b) bei gasförmigen Brennstoffen 250 Megawatt erreicht oder übersteigt;

2. Feuerungsanlagen, einschließlich zugehöriger Dampfkessel, für den Einsatz von Kohle, Koks, einschließlich Petrolkoks und Restkoksen aus der Kohleverarbeitung, Kohlebriketts, Torfbriketts, Brenntorf, Heizölen, Methanol, Äthanol, naturbelassenem Holz sowie von
   a) gestrichenem, lackiertem oder beschichtetem Holz sowie daraus anfallenden Resten, soweit keine Holzschutzmittel aufgetragen oder enthalten sind und Beschichtungen nicht aus halogenorganischen Verbindungen bestehen oder von
   b) Sperrholz, Spanplatten, Faserplatten oder sonst verleimtem Holz sowie daraus anfallenden Resten, soweit keine Holzschutzmittel aufgetragen oder enthalten sind und Beschichtungen nicht aus halogenorganischen Verbindungen bestehen
   mit einer Feuerungswärmeleistung von 150 Megawatt oder mehr;

3. Feuerungsanlagen, einschließlich zugehöriger Dampfkessel, für den Einsatz von gasförmigen Brennstoffen
   a) Gasen der öffentlichen Gasversorgung, naturbelassenem Erdgas oder Erdölgas mit vergleichbaren Schwefelgehalten, Flüssiggas oder Wasserstoff,
   b) Klärgas mit einem Volumengehalt an Schwefelverbindungen bis zu 1 vom Tausend, angegeben als Schwefel, oder Biogas aus der Landwirtschaft,

---

7 Anhang I zu § 1 Abs. 1 der Fünften Verordnung zur Durchführung des Bundes-Immissionsschutzgesetzes (Verordnung über Immissionsschutz- und Störfallbeauftragte – 5. BImSchV) vom 30.7.1993 (BGBl. I S. 1433).

c) Koksofengas, Grubengas, Stahlgas, Hochofengas, Raffineriegas und Synthesegas mit einem Volumengehalt an Schwefelverbindungen bis zu 1 vom Tausend, angegeben als Schwefel,
d) Erdölgas aus der Tertiärförderung von Erdöl
mit einer Feuerungswärmeleistung von 250 Megawatt oder mehr;

4. Feuerungsanlagen, einschließlich zugehöriger Dampfkessel, für den Einsatz anderer als in 2. oder 3. genannter fester, flüssiger oder gasförmiger brennbarer Stoffe mit einer Feuerungswärmeleistung von 10 Megawatt oder mehr;

5. Anlagen zum Brikettieren von Braun- oder Steinkohle;

6. Anlagen zur Trockendestillation, insbesondere von Steinkohle, Braunkohle, Holz, Torf oder Pech (z.B. Kokereien, Gaswerke und Schwelereien), ausgenommen Holzkohlenmeiler;

7. Anlagen zur Destillation oder Weiterverarbeitung von Teer oder Teererzeugnissen oder von Teer- oder Gaswasser;

8. Anlagen zur Vergasung oder Verflüssigung von Kohle;

9. Anlagen über Tage zur Gewinnung von Öl aus Schiefer oder anderen Gesteinen oder Sanden sowie Anlagen zur Destillation oder Weiterbearbeitung solcher Öle;

10. Anlagen zur Herstellung von Zementklinker oder Zementen;

11. Anlagen zur Gewinnung, Bearbeitung oder Verarbeitung von Asbest;

12. Anlagen zur Herstellung von Glas, auch soweit es aus Altglas hergestellt wird, einschließlich Glasfasern, die nicht für medizinische oder fernmeldetechnische Zwecke bestimmt sind;

13. Anlagen zum Rösten (Erhitzen unter Luftzufuhr zur Überführung in Oxide), Schmelzen oder Sintern (Stückigmachen von feinkörnigen Stoffen durch Erhitzen) von Erzen;

14. Anlagen zur Gewinnung von Roheisen oder Nichteisenrohmetallen aus Erzen oder Sekundärrohstoffen;

15. Anlagen zur Stahlerzeugung sowie Anlagen zum Erschmelzen von Gußeisen oder Stahl, ausgenommen Schmelzanlagen für Gußeisen oder Stahl mit einer Schmelzleistung bis zu 2,5 Tonnen je Stunde;

16. Schmelzanlagen für Zink oder Zinklegierungen für den Einsatz von 10 Tonnen oder mehr oder Schmelzanlagen für sonstige Nichteisenmetalle einschließlich der Anlagen zur Raffination für den Einsatz von
   a) 5 Tonnen Leichtmetall oder mehr oder
   b) 10 Tonnen Schwermetall oder mehr,
   ausgenommen
   – Vakuum-Schmelzanlagen,
   – Schmelzanlagen für Gußlegierungen aus Zinn und Wismut oder aus Feinzink und Aluminium in Verbindung mit Kupfer oder Magnesium,
   – Schmelzanlagen, die Bestandteil von Druck- oder Kokillengießmaschinen sind,
   – Schmelzanlagen für Edelmetalle oder für Legierungen, die nur aus Edelmetallen oder aus Edelmetallen und Kupfer bestehen, und
   – Schwallötbäder;

17. Eisen-, Temper- oder Stahlgießereien, ausgenommen Anlagen, in denen Formen oder Kerne auf kaltem Wege hergestellt werden, soweit deren Leistung weniger als 80 Tonnen Gußteile je Monat beträgt;

18. Gießereien für Nichteisenmetalle, ausgenommen
   – Gießereien für Glocken- oder Kunstguß,
   – Gießereien, in denen in metallische Formen abgegossen wird,
   – Gießereien, in denen das Metall in ortsbeweglichen Tiegeln niedergeschmolzen wird, und
   – Gießereien zur Herstellung von Blas- oder Ziehwerkzeugen aus den in Nummer 17 genannten niedrigschmelzenden Gußlegierungen;

19. Anlagen zum Aufbringen von metallischen Schutzschichten auf Metalloberflächen
   a) aus Blei, Zinn, Zink oder ihren Legierungen mit Hilfe von schmelzflüssigen Bädern mit einer Leistung von zehn Tonnen Rohgutdurchsatz oder mehr je Stunde, ausgenommen Anlagen zum kontinuierlichen Verzinken nach dem Sendzimirverfahren, oder
   b) durch Flamm- oder Lichtbogenspritzen mit einem Durchsatz an Blei, Zinn, Zink, Nickel, Kobalt oder ihren Legierungen von 50 Kilogramm oder mehr je Stunde;

20. Anlagen zum Zerkleinern von Schrott durch Rotormühlen mit einer Nennleistung des Rotorantriebes von 500 Kilowatt oder mehr;

21. Anlagen zur Herstellung oder Reparatur von Schiffskörpern oder -sektionen aus Metall mit einer Länge von 20 Metern oder mehr;

22. Anlagen zur Herstellung von Bleiakkumulatoren mit einer Leistung von 1500 Starterbatterien oder Industriebatteriezellen oder mehr je Tag;

23. Anlagen zur fabrikmäßigen Herstellung von Stoffen durch chemische Umwandlung, insbesondere
   a) zur Herstellung von anorganischen Chemikalien wie Säuren, Basen, Salze,
   b) zur Herstellung von Metallen oder Nichtmetallen auf nassem Wege oder mit Hilfe elektrischer Energie,
   c) zur Herstellung von Korund oder Karbid,
   d) zur Herstellung von Halogenen oder Halogenerzeugnissen oder von Schwefel oder Schwefelerzeugnissen,
   e) zur Herstellung von phosphor- oder stickstoffhaltigen Düngemitteln,
   f) zur Herstellung von unter Druck gelöstem Acetylen (Dissousgasfabriken),
   g) zur Herstellung von organischen Chemikalien oder Lösungsmitteln, wie Alkohole, Aldehyde, Ketone, Säuren, Ester, Acetate, Äther,
   h) zur Herstellung von Kunststoffen oder Chemiefasern,
   i) zur Herstellung von Cellulosenitraten,
   k) zur Herstellung von Kunstharzen,
   l) zur Herstellung von Kohlenwasserstoffen,
   m) zur Herstellung von synthetischem Kautschuk,
   n) zur Herstellung von Teerfarben oder Teerfarbenzwischenprodukten,
   o) zur Herstellung von Seifen oder Waschmitteln; hierzu gehören nicht Anlagen zur Erzeugung oder Spaltung von Kernbrennstoffen oder zur Aufarbeitung bestrahlter Kernbrennstoffe;

24. Anlagen, in denen Pflanzenschutz- oder Schädlingsbekämpfungsmittel oder ihre Wirkstoffe gemahlen oder maschinell gemischt, abgepackt oder umgefüllt werden, soweit Stoffe gehandhabt werden, bei denen die Voraussetzungen des § 1 der Störfall-Verordnung vorliegen, auch soweit den Umständen nach zu erwarten ist, daß die Anlagen weniger als während der zwölf Monate, die auf die Inbetriebnahme folgen, an demselben Ort betrieben werden;

25. Anlagen zur Destillation oder Raffination oder sonstigen Weiterverarbeitung von Erdöl oder Erdölerzeugnissen in Mineralöl-, Altöl- oder Schmierstoffraffinerien, in petrochemischen Werken oder bei der Gewinnung von Paraffin;

26. Anlagen zur Herstellung von Schmierstoffen, wie Schmieröle, Schmierfette, Metallbearbeitungsöle;

27. Anlagen zur Herstellung von Ruß;

28. Anlagen zur Herstellung von Kohlenstoff (Hartbrandkohle) oder Elektrographit durch Brennen, zum Beispiel für Elektroden, Stromabnehmer oder Apparateteile;

29. Anlagen zum Beschichten, Lackieren, Kaschieren, Imprägnieren oder Tränken von Gegenständen, Glas- oder Mineralfasern oder bahnen- oder tafelförmigen Materialien einschließlich der zugehörigen Trocknungsanlagen mit
    a) Lacken, die organische Lösungsmittel enthalten und von diesen 250 kg oder mehr je Stunde eingesetzt werden,
    b) Kunstharzen, die unter weitgehender Selbstvernetzung ausreagieren (Reaktionsharze), wie Melamin-, Harnstoffe-, Phenol-Epoxid-, Furan-, Kresol-, Resorcin- oder Polyesterharzen, sofern die Menge dieser Harze 25 kg oder mehr je Stunde beträgt, oder
    c) Kunststoffen oder Gummi unter Einsatz von 250 kg organischer Lösungsmittel oder mehr je Stunde,
    ausgenommen Anlagen für den Einsatz von Pulverlacken oder Pulverbeschichtungsstoffen;

30. Anlagen zum Bedrucken von bahnen- oder tafelförmigen Materialien mit Rotationsdruckmaschinen einschließlich der zugehörigen Trocknungsanlagen, soweit die Farben und Lacke
    a) organische Lösungsmittel mit einem Anteil von mehr als 50 Gewichtsprozent an Ethanol enthalten und insgesamt 500 Kilogramm je Stunde oder mehr organische Lösungsmittel eingesetzt werden oder
    b) sonstige organische Lösungsmittel enthalten und von diesen 250 Kilogramm je Stunde oder mehr eingesetzt werden, ausgenommen Anlagen, in denen hochsiedende Öle als Lösungsmittel ohne Wärmebehandlung eingesetzt werden;

31. Anlagen zur Gewinnung von Zellstoff aus Holz, Stroh oder ähnlichen Faserstoffen;

32. Anlagen zur Herstellung von Holzfaserplatten, Holzspanplatten oder Holzfasermatten;

33. Anlagen zum Schmelzen von tierischen Fetten mit Ausnahme der Anlagen zur Verarbeitung von selbstgewonnenen tierischen Fetten zu Speisefetten in Fleischereien mit einer Leistung von bis zu 200 Kilogramm Speisefett je Woche;

34. Anlagen zur Herstellung von Gelatine, Hautleim, Lederleim oder Knochenleim;

35. Anlagen zur Herstellung von Futter- oder Düngemitteln oder technischen Fetten aus den Schlachtnebenprodukten Knochen, Tierhaare, Federn, Hörner, Klauen oder Blut;

36. Anlagen zur Tierkörperbeseitigung sowie Anlagen, in denen Tierkörperteile oder Erzeugnisse tierischer Herkunft zur Beseitigung in Tierkörperbeseitigungsanstalten gesammelt oder gelagert werden;

37. Anlagen zur Herstellung von Fischmehl oder Fischöl;

38. Anlagen zur teilweisen oder vollständigen Beseitigung von festen, flüssigen, gasförmigen Stoffen oder Gegenständen durch Verbrennen, bei Anlagen zur Beseitigung von Stoffen, die halogenierte Kohlenwasserstoffe enthalten, auch soweit den Umständen nach zu erwarten ist, daß sie weniger als während der zwölf Monate, die auf die Inbetriebnahme folgen, an demselben Ort betrieben werden;

39. Anlagen zur thermischen Zersetzung brennbarer oder flüssiger Stoffe unter Sauerstoffmangel (Pyrolyseanlagen);

40. Anlagen zur Rückgewinnung von einzelnen Bestandteilen aus festen Stoffen durch Verbrennen, ausgenommen Anlagen zur thermischen Behandlung
    a) edelmetallhaltiger Rückstände der Präparation, soweit die Menge der Ausgangsstoffe 10 kg oder mehr pro Tag beträgt, oder
    b) von mit organischen Verbindungen verunreinigten Metallen, wie z.B. Walzenzunder, Aluminiumspäne;

41. Anlagen, in denen feste, flüssige oder gasförmige Abfälle, auf die die Vorschriften des Abfallgesetzes Anwendung finden, aufbereitet werden, mit einer Leistung von 10 Tonnen oder mehr je Stunde, ausgenommen Anlagen, in denen Stoffe aus in Haushaltungen anfallenden oder aus gleichartigen Abfällen durch Sortieren für den Wirtschaftskreislauf zurückgewonnen werden;

42. Anlagen zur Behandlung von verunreinigtem Boden, der nicht ausschließlich am Standort der Anlage entnommen wird;

43. Anlagen zur chemischen Behandlung von Abfällen;

44. Abfallentsorgungsanlagen zur Lagerung oder Behandlung von Abfällen im Sinne des § 2 Abs. 2 des Abfallgesetzes;

45. Anlagen zum Umschlagen von festen Abfällen im Sinne des § 1 Abs. 1 des Abfallgesetzes mit einer Leistung von 100 Tonnen oder mehr je Tag, ausgenommen Anlagen zum Umschlagen von Erdaushub oder von Gestein, das bei der Gewinnung oder Aufbereitung von Bodenschätzen anfällt;

46. Anlagen zur Kompostierung mit einer Durchsatzleistung von mehr als 10 Tonnen je Stunde (Kompostwerke).

Anhang VI: Fachkunde von Immissionsschutzbeauftragten und Störfallbeauftragten[8]

A.   Fachkunde von Immissionsschutzbeauftragten

Die Kenntnisse müssen sich auf folgende Bereiche erstrecken:

1. Anlagen- und Verfahrenstechnik unter Berücksichtigung des Standes der Technik;
2. Überwachung und Begrenzung von Emissionen sowie Verfahren zur Ermittlung und Bewertung von Immissionen und schädlichen Umwelteinwirkungen;
3. vorbeugender Brand- und Explosionsschutz;
4. umweltfreundliche Eigenschaften von Erzeugnissen einschließlich Verfahren zur Wiedergewinnung und Wiederverwertung;
5. chemische und physikalische Eigenschaften von Schadstoffen;
6. Vermeidung sowie ordnungsgemäße und schadlose Verwertung von Reststoffen oder deren Beseitigung als Abfall;
7. Energieeinsparung, Nutzung entstehender Wärme in der Anlage, im Betrieb oder durch Dritte;
8. Vorschriften des Umweltrechts, insbesondere des Immissionsschutzrechts.

Während der praktischen Tätigkeit soll die Fähigkeit vermittelt werden, Stellungnahmen zu Investitionsentscheidungen und der Einführung neuer Verfahren und Erzeugnisse abzugeben und die Betriebsangehörigen über Belange des Immissionsschutzes zu informieren.

---

8 Anhang II zu § 1 Abs. 1 der Fünften Verordnung zur Durchführung des Bundes-Immissionsschutzgesetzes (Verordnung über Immissionsschutz- und Störfallbeauftragte – 5. BImSchV) vom 30.7.1993 (BGBl. I S. 1433).

B.   Fachkunde von Störfallbeauftragten

Die Kenntnisse müssen sich auf folgende Bereiche erstrecken:

1. Anlagen- und Verfahrenstechnik unter Berücksichtigung des Standes der Sicherheitstechnik;
2. chemische, physikalische, human- und ökotoxikologische Eigenschaften der Stoffe und Zubereitungen, die in der Anlage bestimmungsgemäß vorhanden sind oder bei einer Störung entstehen können sowie deren mögliche Auswirkungen im Störfall;
3. betriebliche Sicherheitsorganisation;
4. Verhinderung von Störfällen und Begrenzung von Störfallauswirkungen;
5. vorbeugender Brand- und Explosionsschutz;
6. Anfertigung, Fortschreibung und Beurteilung von Sicherheitsanalysen (Grundkenntnisse) sowie von betrieblichen Alarm- und Gefahrenabwehrplänen;
7. Beurteilung sicherheitstechnischer Unterlagen und Nachweise zur Errichtung, Betriebsüberwachung, Wartung, Instandhaltung und Betriebsunterbrechung von Anlagen;
8. Überwachung, Beurteilung und Begrenzung von Emissionen und Immissionen bei Störungen des bestimmungsgemäßen Betriebs;
9. Vorschriften des Umweltrechts, insbesondere des Immissionsschutzrechts, des Rechts der technischen Sicherheit und des technischen Arbeitsschutzes, des Gefahrstoffrechts sowie des Katastrophenschutzrechts;
10. Information der Öffentlichkeit nach § 11 a der Störfall-Verordnung.

Während der praktischen Tätigkeit soll die Fähigkeit vermittelt werden, Stellungnahmen zu Investitionsentscheidungen und zur Planung von Betriebsanlagen sowie der Einführung von Arbeitsverfahren und Arbeitsstoffen abzugeben.

Literaturverzeichnis

Buschbeck-Bülow, Der Betriebsarzt, AR-Blattei SD 470 »Betriebsarzt«

Dangers, Der Sicherheitsbeauftragte, BG 1973, 83

Ehrich, Amt, Anstellung und Mitbestimmung bei betrieblichen Beauftragten, 1993

Ehrich, Anm. zum Beschluß des BAG vom 22.3.1994, DB 1994, 1680

Ehrich, Das Mitbestimmungsrecht des Betriebsrats bei der Bestellung und Abberufung von betrieblichen Bildungsbeauftragten (§ 98 Abs. 2, 5 BetrVG), RdA 1993, 220

Ehrich, Der betriebliche Datenschutzbeauftragte, DB 1991, 1981

Ehrich, Die Bedeutung des § 36 III 4 BDSG für die Kündigung des betrieblichen Datenschutzbeauftragten durch den Arbeitgeber, NZA 1993, 248

Ehrich, Die neue Verordnung über Immissionsschutz- und Störfallbeauftragte, DB 1993, 1772

Ehrich, Ordentliche Kündigung des betrieblichen Datenschutzbeauftragten, CR 1993, 226

Galahn, Funktion und Tätigkeit des Betriebsarztes, ArztR 1989, 329

Gemeinschaftskommentar zum Schwerbehindertengesetz (GK-SchwbG) von *Groß-mann/Schimanski/Dopatka/Pikullik/Poppe-Bahr,* 1992

Gieseke/Wiedemann/Czychowski, Wasserhaushaltsgesetz, Kommentar, 6. Aufl. 1992

Gitter, Zur Haftung des Betriebsarztes, RdA 1983, 156

Gola, Die Beauftragten sind unter uns, MDR 1976, 376

Gotzen, Die Unfallverhütungsvorschriften im Unfallversicherungs-Neuregelungsgesetz, BlStSozArbR 1963, 264

Haaz/Voßbein, Anforderungen an die Fachkunde und Zuverlässigkeit des betrieblichen Datenschutzbeauftragten gemäß § 36 Abs. 2 BDSG, Sonderbeil. 1 zu RDV 1994

Hösel/von Lersner, Recht der Abfallbeseitigung des Bundes und der Länder, 1995

Ilgenfritz, Aufgaben und Stellung des Sicherheitsbeauftragten, BB 1964, 263

Janert, Bedingte Haftung des Sicherheitsbeauftragten, Der Arbeitgeber 1964, 359

Kunig/Schwermer/Versteyl, Abfallgesetz, Kommentar, 2. Aufl. 1992

Landmann/Rohmer, Umweltrecht, Band I, Bundes-Immissionsschutzgesetz mit Durchführungsbestimmungen, 1994

Lorz, Tierschutzgesetz, Kommentar, 4. Aufl. 1992

Nickenig, Sicherheitsbeauftragte in der Unfallversicherung, BlStSozArbR 1966, 136

Ordemann/Schomerus/Gola, Bundesdatenschutzgesetz, Kommentar, 5. Aufl. 1992

Salje, Zivilrechtliche und strafrechtliche Verantwortung des Betriebsbeauftragten für Umweltschutz, BB 1993, 2297

Schaub, Die arbeitsrechtliche Stellung des Betriebsbeauftragten für den Umweltschutz, DB 1993, 481

Schelter, Arbeitssicherheitsgesetz, Kommentar, 1995

Schiefer, Schulung und Weiterbildung im Arbeits- und Dienstverhältnis, 1993

Schierbaum/Kiesche, Der betriebliche Datenschutzbeauftragte, CR 1992, 726

Schüssler, Grundzüge des Gesetzes über Betriebsärzte, Sicherheitsingenieure und andere Fachkräfte für Arbeitssicherheit, BlStSozArbR 1974, 74

Sieder/Zeitler/Dahme, Wasserhaushaltsgesetz, Kommentar, 1994

Siller, Die Funktion des Sicherheitsbeauftragten in Theorie und Praxis, BG 1972, 63

Spinnarke/Schork, Arbeitssicherheitsgesetz, Kommentar, 1992

Weber, Rudolf, Der Betriebsbeauftragte, 1988

Wolber, Die Verpflichtung des Unternehmers zur Bestellung von Sicherheitsbeauftragten, BlStSozArbR 1977, 359

Stichwortverzeichnis

(Die Zahlen verweisen auf die Randnummern des Buches)

Betriebliche Umstrukturierung

im Einklang

mit dem Arbeitsrecht

Rolf Wank
Unter Mitarbeit von
Guido Jansen
**LEAN MANAGEMENT
UND BUSINESS
REENGINEERING AUS
ARBEITSRECHTLICHER
SICHT**
Schriftenreihe
DER BETRIEB
1995. 144 Seiten. Kartoniert,
DM 58,–/öS 453,–/sFr 55,–
ISBN 3-8202-1044-X
Noch immer ist der Umbau
der deutschen Wirtschaft in
vollem Gange. Lean Manage-
ment und Reengineering-
Maßnahmen werden in
einer Vielzahl von Unter-
nehmen umgesetzt – aber

oft ist fraglich, ob die geplante Umstrukturierung
mit den Regelungen des
Arbeitsrechts im Einklang
steht. Unter welchen Um-
ständen kann man Abtei-
lungsleitern bei Einführung
flacherer Hierarchien gerin-

gerwertige Tätigkeiten
zuweisen? Wann sind Ver-
setzungen möglich? Welche
Mitbestimmungsrechte hat
der Betriebsrat bei Umstruk-
turierungen? Auf diese
Fragen gibt dieser Band
knappe und klare Antwor-
ten. Die enthaltenen Bei-
spiele veranschaulichen die
Anwendbarkeit der Rege-
lungen auf den jeweiligen
konkreten Fall. Ausdrück-
liche Berücksichtigung
finden auch die Besonder-
heiten im Konzern.

Schäffer-Poeschel Verlag
Postfach 103241
70028 Stuttgart

SCHÄFFER POESCHEL